Robinson Der Ober-oesterreicher: Oder, Hochstmerkwurdige Schicksale Johann Georg Peyers Aus Urfahr Nachst Linz Geburtig ......

Johann Georg Peyer (pseud.?)

Robinson

der

Ober-Oesterreicher

oder

höchstmerkwürdige Schicksale

Johann Georg Peyers

aus Urfahr nächst Linz gebürtig,

(ehemal. K. K. Dragoner Wachtmeisters bei dem Regimente
Prinz Eugen von Savoyen)

dessen

Gefangennehmung von den Türken, dann zehnjähriger
Aufenthalt auf einer damals noch nie besuchten Insel
in Amerika und endliche Befreiung

von

ihm selbst beschrieben.

Linz und Leipzig

in der k.k. priv. akad. Kunst- Musik- und Buchhandlung.

1802.

Inhalt.

Erstes Kapitel.

Zweites Kapitel.

Drittes Kapitel.

Achtes Kapitel.

Neuntes Kapitel.

Zehntes Kapitel.

Eilftes Kapitel.

Robins

Robinson

der

Ober-Oesterreicher.

Erster Theil.

Erstes Kapitel.

Johann Georg Peyers Geburt und Jugendstreiche. — Wird von seines Vaters Bruder an Kindesstatt angenommen, kommt nach Krinzing nächst Wien. — Dessen Verhalten bis zu seiner Zieh-Aeltern Tod.

Mein Geburtsort ist das Urfahr, ein ganz kleiner Ort und Vorstadt von Linz, jenseits der Donau in Ober-Oesterreich, wo mein Vater, als ein ehrbarer Webermeister sein Brod verdiente. So arm meine Aeltern auch waren, so baten sie doch unausgesetzt, daß sie Gott in ihren Wünschen erhören, und ihren schon mehrjährigen Ehestand, in welchem er sie bisher nur mit zwei Mädchen beglücket hatte, doch auch mit einem männlichen Sprossen segnen wolle. Er erhörte sie endlich in dem zehnten Jahre ihrer Ehe, und schickte mich am 1ten May 1713 früh um 2 Uhr als Bothe, der ihnen durch den Laut seiner Stimme verkündigen mußte, daß ihre Wünsche Gnade gefunden, und sie durch mich erfüllet worden.

Die Freude über meine Erscheinung war ohne Grenzen. Es war damals noch der Gebrauch, am 1sten May die sogenannten Maybäume zu setzen. Einige gute Freunde meines Vaters, denen er im Taumel der Freude meine Geburt auf der Stelle gemeldet hatte, kamen überein, ihm einen solchen zu setzen, und dies ward auch noch vor Ablauf einer Stunde vollzogen. Sie nahmen einen vier Klafter hohen Birkenbaum, behängten selben mit einem Fatschenkind, und gruben ihn gerade vor unserm Fenster in die Erden, nach welcher Verrichtung einige seiner Professionsverwandten, die ohnehin meistens musikalisch waren, durch einige gutgewählte Harmonieen diese wiederfahrne Ehre verkündigten. Nachdem meine Taufe, in der ich die Namen Johann Georg erhielt, geendet war, fanden sich alle seine guten Bekannten bei dem Mahle ein, wünschten ihm viel Glück zu meiner Ankunft, und tranken aus vollen Krügen auf die Gesundheit der Kindbetterinn, und des neuen Sohnes so lange, bis sie einander nicht mehr sahen. Auf diese Art endigte sich das Fest, wozu meine Erscheinung den Anlaß gegeben; welches mir meine Mutter nach einigen Jahren noch mit eben der Entzückung erzählte, welche sie an jenem Tag der Freude schon gefühlt hatte.

Ich erblickte also das Licht der Welt unter den Aspekten der Musik und der Trunkenheit; diese wirkten auch bald auf mich, und ich konnte keineswegs dieser Konstellation entgehen.

Man hielt mich zeitlich zur Schule, wenigstens meine Mutter, denn der Vater, der weder
lesen noch schreiben konnte, hielt nicht viel darauf,
und sah durch die Finger, wenn ich aus der
Schule blieb. Ich liebte in dieser Absicht auch
meinen Vater mehr als meine Mutter. Ich ging
sodann zwei Jahre in die Schule ohne lesen zu
können, und wurde endlich gar aus selbiger ge-
peitscht, weil ich noch die andern zu gleicher Lüder-
lichkeit verführte. Meine Mutter schlug mich, wie
einen Stockfisch, allein es half nichts; wenn sie
aufhörte, lachte ich, und mein Vater mit mir.
Noch heute, da ich dieses schreibe, bedaure ich
ihren gerechten Zorn, und bereue es. Allein es ist
zu spät. Man hielt mir endlich einen Instruktor
zu Hause, und es ging eine Weile gut; ehe man
sich es aber versah, war es wie zuvor.

Ich hatte nun schon das dreizehnte Jahr
erreicht und konnte schlecht lesen, noch schlechter
schreiben. Was war also mit mir anzufangen?
Die erste Zuchtzeit war versehen, ich ward nach
und nach hartnäckiger, und Reden und Schlagen
fruchtete nichts mehr. Ich sollte jetzt zur Weberei.
Ein bekannter Meister zu meiner Mutter erbarmte
sich ihres Kreutzes und nahm mich zu sich. Ich
that ungefähr drei Wochen ziemlich gut, arbeitete
fleißig, und er war sehr mit mir zufrieden. Es
war eben an den Osterfeyertägen, und die übrigen
Lehrjungen beredeten sich, wie und wo sie sich dies-
selben hindurch belustigen wollten. Recht gerne
mochte ich dabei seyn, aber woher sollte ich Geld

nehmen? Ich ging zu meiner Mutter, und bat
sie, allein viel konnte sie mir nicht geben, und
wenig half mir nicht. Ich mausete sodann meinem Meister beiläufig drei Pfund Gespinnst, und
verkaufte es um zwei Gulden. Wer war reicher
als ich? Ich führte am Ostermontag meine Tänzerinn in das Urfahr in eine Schenke hinter der
Kapuziner Kirche, wo unsere Zusammenkunft ab-
geredet war, und machte mich trotz den Größten
mit ihr lustig. Die Freude hatte mich dermassen
eingenommen, und ich sollte wohl auch sagen, die
Liebe zu meiner guten Tänzerinn, daß ich gar nicht
nach Hause ging. Den Meister befremdete dieses,
er ließ bei meiner Mutter nachfragen, aber die
wußte nichts um mich. Die Aeltern meiner Schönen kamen zu meinem Lehrmeister und erkundigten
sich um ihre Tochter, und diese entdeckten die ganze
Geschichte.

Nun hieß es bei mir: stirbt der Fuchs, so
gilts seinen Balg! Der Vater des Mädchens und
mein Lehrmeister schlichen am Osterdienstag Abends
um Zehn Uhr, jeder mit einem tüchtigen Ochsenziemer versehen, in das Wirthshaus, das sie aus-
spionirt hatten, und während ich mit ihr tanzte,
ohne es zu merken, so hatte mich mein Lehrmeister
und sie ihr Vater bei den Haaren, und Streich
auf Streich nach dem Takt der Musik mit uns zur
Thür und Thor hinaus. Noch stimmte er mir
einige neue Tänze durch das Urfahr hinunter auf
den Rücken, die ich nothgedrungen tanzen mußte;
allein auf der Brücke riß ich ihm aus, und nahm

die Flucht längs der Donau, anstatt daß ich nach
Hause hätte laufen sollen, wie er geglaubt hatte.
Dieser Auftritt machte meiner Lehre ein Ende.
Ich lief einige Tage unstet herum, und nur der
Hunger trieb mich in der Nacht am fünften Tage
an, bei meinen Aeltern Zuflucht zu suchen. Gleich
war meine Mutter mit dem Ochsenziemer hinter
mir, und jagte mich aus dem Hause, mit dem Bedeuten: ich solle zu meinem Lehrmeister, und selben
bitten, mir diesen Fehler zu verzeihen. Ich
weinte und schrie, meinem Vater drang mein
Schmerz zu Herzen, und er besänftigte meine Mutter.
Auf den Knieen, mit aufgehobenen Händen, versprach ich Besserung, und ihr zu folgen; doch das
Verhängniß vereitelte auch meinen besten Vorsatz.

Nach einigen Tagen verfertigte mein Vater
ein Stück Leinwand, das dem Barbier in Effer-
ding (6 Stunden von Linz auf der Straße nach
Regensburg) zugehörte; er trug es dahin und ich
begleitete ihn. Die Leinwand fand des Abneh-
mers Beifall, und er bezahlte uns. Während
dem dies vorging, kam ein Mann und ließ sich
den Bart abnehmen. Ich stellte mich dem Barbierer zur Seite, und freute mich zuzusehen, wie
es ihm so flink von der Hand ging. Wie dieser
seine Verrichtung geendet hatte, frug er mich, ob
ich nicht auch ein Barbierer werden wollte. Ja,
antwortete ich, recht gerne! Nun, ich brauche einen
Burschen, und du gefällst mir. Ist es wirklich
dein Ernst? Mit lauter Stimme wiederholte ich:
Ja. Mein Vater stand auf der Seite, lachte

und sagte: wenn du Lust hast, so rede aufrichtig, es ist eine gute Profession, die dich heute oder morgen ernähren, oder dein Glück auf eine andere Art zu machen, dir behülflich seyn kann. Ja, Vater! sagte ich, sie freuet mich, ich will sie erlernen. Der Barbier und mein Vater waren gleich zufrieden. Ich blieb gleich hier, und war einigermaßen froh, daß ich meinem gewesenen Lehrmeister wegen des gemausten Gespinnstes aus den Augen kam. Bevor mich mein Vater verließ, gab er mir die Lehre, mich gut zu verhalten, meinem Herrn in allem zu folgen, und hauptsächlich getreu und ehrlich zu handeln.

Nun wurde ich also Barbierer. Um mir die Handgriffe beizubringen, gab man mir einen Haubenstock, den ich mit Seifenschaum überstreichen mußte, wo mir mein Lehrherr die Züge vorwiese, die ich mit dem Messer zu machen hätte. Er explizitte mir überdies, wie die Haut anzuspannen, die Nase zu halten, und wie ich mich überhaupt dabei zu benehmen hätte.

Voll Lehrbegierde saß ich nun etliche Tage bei dem Haubenstock, und barbierte ihn mit einem Tischmesser des Tags sehr oft, so, daß er zuletzt weder Backen noch Lippen hatte; kein Blut floß, und er beklagte sich nochweniger, ich mochte mit ihm auch noch so mörderisch verfahren, als es wirklich geschah. Da ich mich endlich in den normalmäßigen Zügen fest, und selbst mein Lehrherr alles, was ich an dem Haubenstock machte, für gut er

kannte, mußte ich künftigen Samstag, an welchem
Tage es die meiste Arbeit gab, mit Hand anlegen.

Der erste, der unter meine Mörderhand
fiel, war ein vierschrottiger Flößer, der eine Haut
wie Juchten, und Barthaare wie Schweinborsten
hatte. Mit Herzhaftigkeit fing ich an, ihn ein-
zuseifen, strich das Messer auf dem Riemen, und
voll des Zutrauens auf meine Kunst und Geschicklichkeit machte ich die ersten Züge über den Backen.
Schon bei dem dritten Zug gab es Blut, ich aber
ohne es merken zu lassen, weil er nichts sagte, fuhr
fort. Aber, o Himmel! mit einem Mal, da ich
einen Hauptzug machen wollte, blieb mir das Messer im Backen stecken, den nur die Zähne aufhielten, daß er nicht gänzlich vom Gesicht abge-
schnitten wurde. Jesus Maria! schrie der Flößer,
er sprang vom Stuhl auf, das Blut floß stromweis auf mich, und er gab mir einen Schlag, daß
ich unter den Tisch flog. — Der Lärm ward all-
gemeiner, und mein Herr hatte nur Mühe anzuwenden, den Mann zu besänftigen, der in seinem Schmerzen, denselben bei den Haaren erwischte, und sehr mißhandelte. Ich blieb unterdessen
unter dem Tisch, und sah zu, wie er meinem
Herrn mitspielte. Endlich brachte er ihn doch
zur Ruhe, er häftete ihm den abgeschnittenen
Backen, und verband ihn, versicherte den Mann
aber auch zugleich, daß er ihn nicht nur umsonst
kuriren, sondern auch insbesondere für seine Schmerzen so bezahlen wolle, daß er zufrieden seyn soll.
Dann aber nahm er den Ochsenziemer, riß mich

hinter dem Tisch hervor, und peischte mich aufs
erbärmlichste, wozu ihn der Flößer noch mehr an=
reizte, so daß ich ihm heilig angelobte, in mei=
nem Leben keinen mehr zu barbieren. Jetzt schrie
er, Kanalie! packe dich aus meinen Augen! denn
mein Haus und Hof müßte ich verlieren, wenn
du noch einen Samstag bei mir barbiertest!

Nun war ich in der Baderkunst ausgelernt,
und brachte den Lehrbrief meinen Aeltern nach
Hause, den meine Mutter mit warmen Wein sogar
von meiner Haut nicht wegwaschen konnte. Un=
glücklicher Bube! fing sie weinend an, was für
Kreuz und Jammer bürdest du mir auf! siehst du,
wie dich Gott straft, da du mir nicht folgen willst.
Deine Unbesonnenheit wird dich noch in manches
Unglück stürzen. Dann wirst du es erst erkennen,
daß ich dich stets zum Guten ermahnt habe, aber
die Reue wird zu spät seyn. Rufe Gott an, daß
er dich erhöre, und dich leite, was du thun, oder
zu was du dich bequemen sollst! Ich und dein Va=
ter, wir können dich nicht ernähren, und wollen
überhaupt nicht, daß du ein Tagedieb werdest, der
zuletzt den Galgen zieret. Ich fiel nun zu ihren
Füßen, und versprach folgsam zu seyn, auch mich
künftig so aufzuführen, daß sie vollkommen zu=
frieden seyn soll.

Mein Vater hatte einen Bruder im Unter=
Oesterreich, der zu Krinzing, unweit Wien ansäßig
war, und den Weinbau pflegte. Dieser war schon
bei Jahren, und kinderlos, und verlangte mich
von meinem Vater, um einst sein Erbe zu seyn.

Mit Freuden willfahrten ihm meine Aeltern, und ich war selbst froh, daß es geschahe. Sie führten mich beide dahin, und ich ward willkommen. Gleich beim Eintritt nannte ich sie Vater und Mutter, welches beide ungemein freute. Sie sagten mir auch, daß ich sie allezeit so nennen sollte, weil sie es nun wirklich wären, und allezeit seyn würden. Meine Aeltern gingen dann zurück, und überließen mich dem Schutze des Himmels, nachdem sie mir alle nur mögliche Lehren gegeben hatten.

Die Arbeit in dem Weingarten fing im März Monat an, und ich in meinem vierzehnten Jahre voll Kräften und guten Willen, fügte mich, weil ich Lust dazu hatte, allem, was erforderlich war. Ihre gute Behandlung erweckte in meinem Herzen den Vorsatz, sie bei ihrer harten Arbeit thätig zu unterstützen, und ihnen niemals Anlaß zu geben, über mich mißvergnügt zu seyn.

Unterdessen kam ich in Bekanntschaft mit einem Camaldulenser auf dem Kaltenberg. Dieser gottesfürchtige und liebreiche Mann, der Hieronymus hieß, gewann so viel Neigung zu mir, daß er mich im Schreiben und in der lateinischen Sprache zu unterrichten, freiwillig sich anbot, nachdem ich ihm die Begierde darnach entdeckt hatte. Ich mußte die Woche zweimal früh um 9 Uhr bei ihm seyn, wo ich die Speisen, welche er überließ, und den Unterricht zugleich von ihm genoß.

In dieser Beschäftigung brachte ich einige Jahre hin, als ich von dem Tode meines Vaters in Urfahr Nachricht erhielt. Ich war darüber sehr

betroffen, weil ich ihn zärtlich liebte, konnte aber
anders nichts thun, als mich seiner im Gebete erinnern; um welches ich auch meinen Sittenlehrer,
den P. Hieronymus bat. Dieser Fall veranlaßte mich,
daß ich nun meinen Ziehältern mit wahrem Eifer
zugethan bliebe. Allein das Schicksal fing nun
an mich meiner glücklichen Tage, die ich so hinbrachte, zu beneiden, und entriß mir auch meine
Ziehmutter. Dieser Verlust ging mir sehr nahe,
und ich konnte ihn für mich um so empfindlicher
halten, als ich bisher alles ihrer zärtlichen Vor-
sorge allein zu verdanken hatte. Ein Theil meiner Glückseligkeit ging mit ihr zu Grabe. Jetzt
noch weihe ich ihrer seligen Asche eine dankvolle
Thräne.

Mein Ziehvater, der über diesen Todesfall
sehr gerührt wurde, war von dieser Zeit an ganz
tiefsinnig. Es lag mir also ob, mich der Wirthschaft mit Eifer zu unterziehen, und jenen Theil
der Arbeit, den vorhin meine Ziehmutter versah,
auf mich zu nehmen, um den Vater zu überheben.
Ich that es auch recht gerne, und um so williger,
als mich die guten und christlichen Ermahnungen
des P. Hieronymus dazu aufmunterten. Alle
übrigen Geistliche erkannten das Unglück, das mich
betroffen hatte, und waren um so mitleidiger mit
meinem Schicksale, jemehr sie den Eifer sahen,
mit welchem ich zur Unterstützung meines gekränkten Ziehvaters eilte.

Doch nach nicht gar drei Jahren, verlohr ich
auch diesen. Der Tod seiner geliebten Alten, den

er sich sehr zu Gemüthe gezogen hatte, wirkte so sehr auf ihn, daß er endlich auch ein Opfer des Todes werden mußte. Wie alle Hoffnung des Aufkommens verschwunden war, verordnete er mich durch seinen letzten Willen zum Erben seines kleinen Vermögens, den zwei Männer aus der Gemeinde unterschrieben.

Wie erschüttert war meine Seele, da er sich seiner Auflösung nahete. Mit Vergießung heißer Thränen trat ich zu seinem Sterbebette, um den letzten Segen zu empfangen. Ganz versteinert stund ich, und hörte die Ermahnungen, die er mir mit schon gebrochener matter Stimme ertheilte. Er sagte mir unter andern gleichsam mit einem prophetischen Geist: daß, wenn mir Gott mehrere Jahre vergönnen sollte, ich manche schwere Trübsale erfahren würde, in welchen ich aber niemals verzagen, sondern festes Vertrauen auf ihn fassen solle. Denn, setzte er hinzu: "er prüfet zuweilen den Menschen, den er liebt, durch Widerwärtigkeiten, und findet er ihn standhaft im Glauben an ihn, so schickt er auch Hülfe, da er keine vermuthet. — Ganz abgemattet reichte er mir zum Zeichen des Abschiedes die schon kalte Hand, die ich in Thränen schwimmend mit Verehrung küßte. Gleich darauf verschied er.

Zweites Kapitel.

Will in seiner betrübten Lage Camaldulenser werden;
da er aber nicht sogleich aufgenommen werden
konnte, wie er wünschte, ließ er sich unter dem
Dragoner-Regimente von Savoyen in seinem
22sten Jahre anwerben. Die Veranlassung dazu.

Mein Unglück war nun auf das äußerste gestiegen.
Gleich nach meines Vaters Beerdigung pflegte
die Grundobrigkeit ihre Gerechtsame durch die
Abhandlung über das hinterlassene Vermögen und
setzte mir als Waisen einen Vormund aus der Gemeinde, dem ich gehorchen und nach seiner Anordnung leben sollte. Ich hatte keine Anverwandte
in der Gemeinde, die sich meines Besten angenommen hätten; aus Mangel derselben also mußte
ich mir gefallen lassen, was mit mir vorgenommen
wurde. Ich hatte selbst so viel Beurtheilung,
daß es anders nicht seyn könne, und daß diese
Vorkehrungen nur die Erhaltung meines Eigen-
thums, so gering es immer sey, zum Zweck hätten.
Ich sah dieses alles gar wohl ein; ich scheuete
mich auch keinesweges der Arbeit, die mir oblag,
und wußte gar wohl, daß es mich selbst beträfe,
für dem ich es verrichte. Doch der Gedanke, von
so vielen abzuhängen, und bei dem mindesten

Versehen nach ihrer Willkühr behandelt zu werden,
war meiner ungekränkten Seele mehr als empfindlich. Ich konnte mir sonach leicht die Vergleichung machen, die zwischen der Behandlungsart
meiner seligen Aeltern, und der jetzigen Vormund-
schaft seyn würde, wozu noch zum Ueberfluß der
quälende Gedanke kam, meiner Lieblingsleidenschaft,
der lateinischen Sprache, in der ich es durch die
Jahre hindurch, als ich den wohlthätigen Unterricht des P. Hieronymus genossen, soweit gebracht
hatte, daß ich mich mit jedem messen konnte, nicht
mehr so, wie vorher, obliegen zu können. Alles
dieses zusammen, und ich muß gestehen, mit
unter auch ein wenig Stolz, zu dem mich die
Kenntniß meiner selbst dieses Vorzuges wegen,
den ich mir vor allen übrigen meines Gleichens
im Dorfe zu haben schmeichelte, verleitet hatte,
verbitterten meine dermalige Lage so, daß ich Entwürfe über Entwürfe machte, wie ich mich aus
selbiger loswinden und zu meiner Beruhigung
entwischen könnte.

Das einzige und zuverläßlichste Mittel es
dahin zu bringen, schien mir, daß ich mich be-
werbe, in den Orden der Camaldulenser aufgenommen zu werden, wo ich durch die Länge der
Zeit, als ich schon unter ihnen wandelte, eine
genaue Kenntniß der Ordensregeln sowohl als
der andern Nebensachen erlanget, und über dieß
noch das Wohlwollen der Obrigkeiten, so wie aller
übrigen Ordensbrüder für mich hatte. Dieser
schmeichelhafte Gedanke erquickte meine niederge-

schlagene Seele, ich vergaß auf einige Zeit das
Uebel, das mich drückte, und bequemte mich dem
Scheine nach zu allem, was ich abzuändern nicht
vermögend war.

Nun ging ich mit mir selbst zu Rathe, wie
ich mich dabei zu benehmen hätte; das Beste, was
mir beifiel, war, daß ich meinem Wohlthäter
und Freund, dem P. Hieronymus, dem meine
Lage ohnehin am besten bekannt war, meine Gedanken eröffnen, und ihn um Rath und Beistand
bitten sollte; dies that ich auch. Ich kam dann
eines Morgens in seine Zelle, und nachdem ich
mich um sein Wohlbefinden erkundiget hatte, fing
ich in einem wehmüthigen Tone an, meine Nothdurft ihm vorzustellen, und ihm endlich auch das
Mittel zu entdecken, wodurch ich allen diesen zu
entgehen hoffte, nämlich: bittlich anzuhalten,
um in den Orden aufgenommen zu werden.
Dieser rechtschaffene Mann hörte mich mit seiner
gewöhnlichen Gelassenheit bis zu Ende meines
Vortrags, ohne mich zu unterbrechen, mit aller
Aufmerksamkeit an, und da er sahe, daß nichts
mehr erfolgte und ich schwiege, sagte er ganz liebreich: Mein lieber Peyer! ich muß aufrichtig gestehen, daß es in dieser Sache sehr hart sey, einen solchen Rath zu ertheilen, der dem Rathfra-
genden nützlich, und dem Rathgeber nicht nachtheilig sey. Es ist wahr, und ich glaube es auch
ganz gerne, daß dich dein dermaliger Zustand, der
ganz gewiß von dem vorigen unterschieden seyn
muß, in die Lage versetzt, wo du dich auf eine
gewisse

gewiſſe Art gedrückt und gekränkt fühleſt, und
daher ganz natürlich iſt, daß du das von dir
zu entfernen ſucheſt, was dich ſchmerzt, und nach
jenen Mitteln ſtrebeſt, die dir in dieſer Angelegenheit Rettung zu verſchaffen vermögend ſeyn ſollen.
Nun iſt erſt die Frage, ob dies der wahre Weg
ſey, deine Abſicht zu erreichen? Du mußt dich
vorher gut prüfen und wohl überlegen, was dies
für ein Stand ſey, nach dem du trachteſt, und ob
du ihn immer ſo finden würdeſt, wie er dir jezo
in deinem ſo ſcheinenden Unglück, wovon er dich
freilich erlöſen könnte, vorkommt. Der geiſtliche
Stand, und beſonders der unſrige, iſt wahrhaft
ein harter Stand, es gehört, um ihn zu wählen,
mehr, als eine jähe Aufbräuſung der aus ihrer
ruhigen Lage geriſſenen Seele dazu, die ſich nach
wieder erlangter Ruhe neuen und weit empfind-
licheren Peinen ausgeſetzt finden würde, als jene
immer waren, wider welche ſie in ſelbigen Schutz
und Rettung geſucht hatte. Du biſt jung und unerfahren, und traueſt vielleicht einem Irrlicht, das
dich mehr täuſchen, als leiten könnte. Ich kann
dir nach der Beſchaffenheit deiner Lage hiezu keinen
Rath ertheilen, ſo gerne ich auch ſonſt wollte, die
Würde meines Standes und die Erfahrung, die
mir meine Jahre zuwege gebracht, und die Leiden-
ſchaften des menſchlichen Herzens zu durchforſchen
Gelegenheit verſchafft haben, verbieten es mir, ja
ſie verpflichten mich vielmehr nach meinem beſſern
Wiſſen und Denken dir auf alle mögliche Art davon
abzurathen, damit nicht einmal der Fluch, den diß

eine fehlgeschlagene Hoffnung auspreſſen könnte,
auch mich im Grabe noch treffe. Sollteſt du dich
aber beſſer geprüft, und dann gefunden haben,
daß meiner Abmahnung ungeachtet du dennoch
den Trieb darnach nicht überwältigen könneſt, ſo
will ich von Herzen gerne, was von mir abhängt,
zu Erreichung deines Zweckes beitragen. Ich bitte
dich alſo, rufe Gott um ſeinen Beiſtand an, und
bitte ihn, er wolle dir ſeinen heiligen Geiſt ver=
leihen, damit du in dieſer zweifelhaften Lage nach
ſeinem Willen deine Schritte lenkeſt, und das thuſt,
was zu ſeiner Ehre und deiner Seele Heil gereiche.‟

Ich fing an bitterlich zu weinen, und bat ihn
mich nicht zu verlaſſen, er wäre nach dem Verluſt
meiner Aeltern, mein einziger Troſt, den ich noch
auf dieſer Welt hätte, und ich wäre auch in allem
ihm zu folgen bereit, nur möchte er mir, wenn ich
alles dies gethan hätte, was er mir nun gerathen
hatte, mit ſeiner viel vermögenden Fürſprache beim
P. Prior, zur Erreichung meiner Abſicht behülflich
ſeyn. Der gute ehrwürdige Mann fühlte ſich
wahrhaft durch meine Thränen erweichet. Er
verſprach mir nochmals alles zu thun, was von
ihm abhienge, wandte ſich, um ſeine Zähren zu ver=
bergen, gegen ſeinen Schrank, reichte mir einige
Speiſen, und bat mich ihn bald wieder zu beſuchen.

Dieß war das erſte Mal, daß ich das Kloſter
kleinmüthig verließ. Ohne einen andern Geiſt=
lichen zu beſuchen, noch mich zu erkundigen, ob
etwas zu ihren Dienſten ſey, ſchwankte ich ganz
betäubt und ſinnlos den Berg herab meinem Dorf

zu, und machte Betrachtungen über die Bedenklich
keit meines Vorhabens.

Der Winter, der dem Hauer und Weinbauer
zur Erholung seiner Kräften vergönnt ist, war mir
diesmal eine gewünschte Jahreszeit, die ich auch
in Rücksicht meines Vorhabens mit Wucher benutzte. Da ich zu Hause nichts zu versäumen
hatte, brachte ich meine meiste Zeit in dem Kloster
zu, wo mir dann mit Erlaubniß der Obrigkeit,
nachdem ich mich den Tag hindurch, wenn meine
Studierstunden vorüber waren, zu verschiedenen
häuslichen Verrichtungen gebrauchen lassen, auch
das Nachtlager vergönnet wurde, um mich in der
üblen Witterung keiner unnöthigen Gefahr über
den Berg auszusetzen. Diese Gelegenheit wählte
ich eigentlich zu meiner wahren Prüfung. Ich
rufte Gott mit so vieler Inbrunst um seine Gnade
an, und bat ihn, mir einen Fingerzeig zu geben,
ob es sein heiliger Wille sey, daß ich, um in den
Orden aufgenommen zu werden, förmlich anhalte.
Ich fand mich immer mit den nemlichen Gesinnungen belebet, und entdeckte solche meinem geistlichen Gewissensrath, dem P. Hieronymus, der mir
dann endlich sagte, dem Rufe des Himmels zu
folgen, und um die Aufnahme zu bitten. Dessen
Erlaubniß zufolge verfaßte ich sie in lateinischer
Sprache, und wählte zur Ueberreichung derselben
den Neujahrstag 1735 in dieser Absicht, weil ich
wußte, daß vor Anfang der Fasten Kapitel gehalten werde, in welchem immer solche Sachen, die
von Wichtigkeit waren, vorgenommen würden.

Nun war mir ein Stein vom Herzen, und ich lebte der süßen Hoffnung, aufgenommen zu werden. Und in der That wurde ich auch bei Haltung des Kapitels vorgerufen, und mir die Hoffnung gegeben, so bald einer aus der Gesellschaft mit Tod abgehen sollte, denn sie hatten einige sehr alte und immer kränkliche unter ihnen, so wäre ich derjenige, der eines solchen Stelle ersetzen würde — es stände übrigens nicht in ihrer Macht, mehrere aufzunehmen, als die Stiftung zu ihrem Unterhalt abwerfe. Dies war der Bescheid, mit dem ich mich befriedigen mußte, er schlug mich zwar zu Boden, allein was konnte ich anders thun, als Gott in seinen Rathschlüßen anbeten.

Dieses Versprechen blieb für mich ein Geheimniß, gleich wie es auch allen übrigen eines war, daß ich um die Aufnahme in den Orden angehalten habe. Unterdessen hatte ich beständig den Genuß ihrer Wohlthaten, und wurde durchaus als ein zukünftiges Mitglied ihrer Gemeinde angesehen und behandelt.

Nun tritt die merkwürdige Epoche meines Lebens ein, die alle meine bisherigen Hoffnungen mit einemale vernichtete, und mich auf einen blutigen Weg führte, vor welchem ich jeden, der dies liest, warne: er hat mich in der Folge unendliche Seufzer und Thränen gekostet, zu denen mich eine unüberlegte Handlung in einer unglücklichen Stunde verleitete.

Es ist schon weiter oben erwähnt worden daß ich mit Kommissionen außer dem Kloster ver-

schickt wurde, welches denn auch viele Jahre
schon meine Verrichtung war. Es traf sich zu
meinem Unglück, daß ich am 22ten Jun. 1735,
welchen Tag ich, so lang mir ein Puls schlägt,
nicht vergeßen werde, mit einem Auftrag nach
der Stadt an den Herrn Anton Billizoti bürgl.
Gewürz- und Spezerei-Händler im Fischhof von
dem P. Sub-Prior abgefertigt wurde. Ich
verließ nach dem Essen gegen 11 Uhr das Kloster,
und kam beiläufig gegen 2 Uhr in Wien an. Es
war ein sehr heißer Tag. Ich verrichtete meine
Kommißion, die in Ueberreichung eines Billets
bestand, gegen welches ich etwas übernehmen
sollte, das zu meinem Unglück für diesen Tag
nicht geschehen konnte; er gab mir also den Bescheid, daß er es, sobald ers haben würde, gleich
durch einen besonderen Bothen überschicken wollte,
worauf ich Willens war abzugehen. Doch er sah
meine Mattigkeit, und ließ mir einen Krug Wein
samt Brod und etwas von einer gebratenen Gans
reichen, und ich mußte solches in der Küche verzehren. Ich trank nach meinem Durst, aß die
Gans und das Brod, und leerte endlich den Krug,
welcher bei einer halben Maß halten mochte, und
bedankte mich. Wie ich vor das Haus kam,
wußte ich nicht, was ich thun sollte; zum Rückweg war es mir noch zu früh und auch zu
warm. Ich wendete mich mit einem Male rechts,
und schlug den Weg links durch die Drey-Ra-
bengaße in die Leopoldstadt ein, ohne zu wißen
warum.

Ich merkte wohl, daß mir der jähe Trunk den Kopf in Unordnung gebracht hatte, ohne betrunken zu seyn, welcher Unart ich niemals ergeben war. In diesem Taumel kam ich auf die Schlagbrücke, wo ich eine Menge Menschen theils in Beschäftigungen, theils in Unterhaltung antraf. Dieses Gewühl und die Gegenstände um mich her nahmen mich so ein, weil sie mir etwas seltenes waren, daß ich mich gänzlich vergaß, und mit aufgesperrtem Munde und Augen starr vor mich hinsah, ohne auf das, was neben mir vorging, Acht zu haben. Mit einem Male bekam ich von einem neben mir vorbeigehenden Träger, der eine Kiste auf dem Rücken hatte, einen Stoß, daß ich der Länge nach gegen das Brückengeländer hinfiel. Ich riß meine Augen noch weiter auf, um ihn zu betrachten, als er mich mit den Worten um Verzeihung bat: Maulaff, kannst du nicht auf dich Acht geben! Alle die herumstehenden Müßiggänger lachten aus vollem Halse, ich aber ganz beschämt, hob meinen Hut auf, und verließ, ohne ein Wort zu sagen, die Brücke. Doch im Fortgehen wendete ich mich nochmals um, um zu sehen, ob er mir nicht noch eine Entschuldigung seiner Ungeschicklichkeit halber nachriefe, allein es erfolgte nichts, und wir schieden als gute Freunde.

Nun ging ich ganz gemächlich durch die Hauptstraße, blickte bald rechts bald links, um was sich mir darstellte, mit einer gewissen Aufmerksamkeit zu betrachten. Als ich gegen die

barmherzigen Brüder kam, hörte ich schon von
weitem eine Musik, wobei gejauchzet und auf das
fröhlichste gelebt wurde. Die Neugierde trieb
mich nun auch dahin. Es war eine Werbung,
und gerade vor dem Wirthshaus zum schwarzen Bären. Hier saßen bei einem Tische die
Musikanten, auf einem andern standen Weinkrü-
ge und angefüllte Gläser, gleich neben diesen ein
paar zinnerne Teller, worauf Dukaten und Thaler in Menge lagen. Ich fragte die Nebenste-
henden, wie das Regiment hieße: man sagte, es
heißt das Savoyensche Dragonerregiment, wovon
der Prinz Eugen Eigenthümer sey. Als ich nun
so stand und sahe, rief der Korporal: Spielleute,
seid nicht so schläfrig! im Augenblick ließen sich
die Geigen und Waldhörner auf das angenehmste
hören. Die Musik fuhr mir durch das Herz und
ich ward mit einem Mal aufgeräumt; ich lachte
mit den Umstehenden, da die Soldaten die Dukaten
und Thaler bald auf den Tisch, bald wieder in die
Teller warfen. Jetzt kam einer mit einem Glas
Wein auf mich zugegangen und präsentirte mir
solches, allein ich bedankte mich mit aller Höflichkeit. Ein junges Frauenzimmer stand neben mir,
und zog mich beim Rock, ich sah mich um, und
sie sagte: guter Freund! geh er lieber fort, es
möchte ihm sonst ein Unglück zustoßen! — ich
achtete diese gutgemeinte Warnung nicht, und
wollte aus Ehrgeiz der Gefahr trotzen. Sie hatten mich aber schon in die Augen gefaßt, denn
ohne Ruhm zu melden, ich war ein sauberer und

gutgewachsener Pursche, maß 5 Schuh 7 Zoll.
Der Korporal redete zu einem andern Soldaten
auf lateinisch, und sagte: Wir müssen sehen, diesen Menschen zu bekommen — sie dachten aber
nicht, daß ich es verstände. Auch jetzt wich ich
noch nicht von der Stelle, ich war wie verzaubert.
Es sammelten sich immer mehr Menschen um
mich, die merken konnten, daß man auf mich
Jagd mache. Man flüsterte mir rückwärts in das
Ohr, mich zu entfernen, wozu ich Zeit genug hatte.
Allein das Schicksal wollte, daß ich bliebe. Endlich nahm der Korporal ein Glas Wein und that,
als wollte er trinken, setzte aber ab, und kam
zu mir; er präsentirte es mir mit den Worten:
Gute Freunde können sich immer aus einem Glase
die Gesundheit zutrinken, er hoffe, ich würde es
ihm nicht abschlagen. — Mein böser Genius be-
meisterte sich meines rechten Arms, ich nahm das
Glas, und trank; die Musik machte einen Tusch,
und es wurde ohne Aufhören in die Runde getrunken; ich verlohr alle Gegenwart, und griff
selbst nach dem Hut des Korporals, der mir ihn
ohne Widerrede ließ, und in weniger denn fünf
Minuten war ich als Dragoner gekleidet.

Drittes Kapitel.

Peyers gute Aufführung machte, daß er bald zum Korporal avancirte, so wie ihn auch seine Tapferkeit in dem darauf 1737 erfolgten Türkenkriege zum Wachtmeister machte. Verliehrt in der unglücklichen Schlacht bei Krozka sein Pferd, und wird von den Türken gefangen.

Wie ich mir nun gebettet hatte, so konnte ich auch liegen. Ich würde sehr unredlich handeln, wenn ich jemand beschuldigen sollte, daß er mir Anlaß gegeben hätte, einen Schritt zu thun, der mich auf immer unglücklich gemacht hatte. Ich selbst war das Werkzeug und der Stifter alles des Elends, das mich bis zu meinem Tod nicht mehr verließ.

Sobald ich die Montur am Leibe hatte, führte mich der Korporal zum Hauptmann, der sein Quartier im schwarzen Bären hatte, und stellte mich ihm vor. Es war ein ansehnlicher und sehr freundlicher Herr. Er fragte mich um alle meine Umstände, ich entdeckte ihm dieselben, ohne sogar meine Absicht, Karthäuser zu werden, nicht auszulassen, ich bat ihn sehr demüthig, er wolle die Gnade haben, sich meines Besten anzunehmen, und mir zu einem Theil meines Vermögens zu verhelfen, da ich mich in meinem dermaligen Stand vor

den Banden losgemacht hätte, die mich veohbt
gebunden hielten. Er versprach mir es, und hat
es auch redlich gehalten. Er bewirkte mittelst des
Hofkriegsraths, daß mir die Grundobrigkeit von
meinem Eigenthum hundert Gulden herausgab,
und das Ganze in Pachtung überließ, wofür mir
bei einstweiliger Zurückkunft Rechnung abgelegt
werden solle. Dieser gute Herr hat mich während
der fünf Monate, als ich unter seinen Befehlen
auf der Werbung blieb, recht menschenfreundlich
behandelt, und durch seine guten Lehren, die er
mir von Zeit zu Zeit gab, in mir so viel gewirket,
daß ich ihm allein die Erhaltung meines moralischen Charakters, und die Beförderungen in dem
Regimente zu verdanken hatte.

Gleich den Tag nach meiner Engagirung wurde
ich mit noch anderen Vieren assentiret, und erhielt
bei Zurückkunft auf den Werbeplatz mein Handgeld,
das in Zwanzig Gulden bestand, wovon mir Zwei
Gulden, die verzehret worden, abgezogen wurden.
Einen Gulden schenkte ich dem Korporal, um mir
ihn zum Freunde zu machen, und Einen Gulden
gab ich der Kameradschaft zu vertrinken. Damit
aber meine Wohlthäter, die Geistlichen, und besonders der P. Hieronymus, von meinem Schicksale
unterrichtet wurden, meldete ich dem Korporal,
ob ich nicht die Erlaubniß haben könnte, auf den
Kaltenberg zu gehen, um mich denen Geistlichen,
so wie auch in Krinzing meinen Bekannten in meinem neuen Stande zu zeigen, er ging unverzüglich
zum Hauptmann, der mir dann auch erlaubte, in

Begleitung eines alten Mannes, so früh ich morgen wollte, dahin zu gehen, nur müßte ich trachten, mich vor 9 Uhr Abends, auf keine Weise. aber
betrunken, auf dem Werbeplatz wieder einzufinden.

Schon um 2 Uhr des Morgens stand ich
auf, und weckte zugleich nach der Abrede den
Kameraden, der mich begleiten sollte: den Paß,
um vor die Linie gehen zu dürfen, hatte der
Korporal schon Abends vom Hauptmann unterschrieben erhalten. Wie ich dann, so gut wie
möglich, geputzt, mit Stiefel und Sporn versehen, und den Palasch an der Seite ausge-
rüstet war, gingen wir um 5 Uhr aus der
Leopoldstadt ab, und waren bis halbsieben Uhr
schon in Krinzing. Je näher ich dem Orte kam,
je mehr pochte mir das Herz. Gleich beim
Eingang erblickten mich einige Einwohner, die
mich anstaunten, und nicht gleich erkannten, ich
hatte aber nicht zwanzig Schritte vorwärts gemacht, als ein Lärm entstand, der einem Feuer-
lärm ähnlich war, eines schrie hier, das andere
dort, der nahm mich bei der Hand, dieser
fragte mich um die Ursache, und auf diese Art
bekam ich eine Begleitung, die mir bis zu meinem Vormund folgte. Als ich da eintrat, und
die andern vor dem Hause zurück blieben, kam
er mir entgegen, ohne mich zu erkennen. Ich
nahm ihn bei der Hand, aber wie erschrack er,
als er sahe, wer ich wäre. Todenbleich ward
sein Angesicht, und er konnte nichts anders sagen, als: Um Gotteswillen, Peyer! was hast du

gethan? ich machte den Herzhaften, und fragte warum? der Kaiser, braucht Leute, die für ihn streiten und sterben, sagte ich ganz entschloßen. Nachdem wir von meinen Angelegenheiten gesprochen hatten, ersuchte ich ihn, den Vorgang der Herrschaft zu melden, an welche ohnehin vom Hofkriegsrath meinetwegen mit nächsten das Erforderliche erlaßen werden würde. Er gab uns ein Frühstück, und wollte auch, daß wir auf Mittag bleiben sollten, allein ich dankte, und machte mich nach dem Kloster auf den Weg.

Der erste Strauß war nun überstanden. Weit mehr aber fürchtete ich mich vor diesem, wie ich meine Unbesonnenheit entschuldigen würde. Der Weg dahin war mir viel zu kurz, um mich in gehörige Verfaßung zu einer rechtmäßigen Vertheidigung zu setzen. Doch es mußte gewagt seyn. Ich ging sodann gegen die Pforte, und war vielleicht in einer schreckbarern Lage, als mancher Missethäter. Als ich das Zeichen zum Aufsperren mit der Glocke gegeben hatte, kam der Pförtner, und öffnete die Thüre, aber mit welchem Entsetzen wich er zurück, als er mich erkannte! Was ist das, Peyer? sagte er: nur stille — daß kein Lärm wird — ist der P. Hieronymus in seiner Zelle? fragte ich; ganz vermuthlich antwortete er, der wird eine Freude haben, wenn er dich sieht; ich zuckte die Achsel, und ging getröstet darauf zu. Wie ich angeklopft hatte, hörte ich gleich den gewöhnlichen Gruß, und öffnete die Thüre; sobald er mich

geblickte, lief ich auf ihn zu, und fiel ihm zu
Füßen, mit der Bitte: mir ein Vergehen zu
verzeihen, woran keine böse That von mir Schuld
sey, sondern ein Etwas, was ich nicht nennen,
noch bestimmen könne. Als ein sehr vernünftiger Mann hob er mich auf, und tröstete mich
mit den Worten: „Der Herr gehet ganz geheime
Wege mit uns Menschen, wir wissen erst noch
da nicht warum, wenn wir sie zurück gelegt
haben.“ Er gab mir so noch einige Lehren,
wie ich mich in diesem Stande zu verhalten
hätte, und sagte: in jedem Stande könne man
Gott dienen, nur läge es bei uns, wie wir ihm
dienen wollen. Nun hieß er mich zum Sub-
Prior gehen, und selben wegen den Auftrag, so
ich von ihm hatte, Nachricht zu ertheilen, ich
that es unverzüglich, und setzte diesen ebenfalls
durch meine Erscheinung in Verlegenheit.

Unter diesen Zerstreuungen rückte die Tisch-
zeit heran, und wir, ich und mein Kamerad,
hielten das Mittagmahl auf Befehl des Priors
mit dem Pförtner, wo wir hinlänglich bewirthet
wurden. Dies war aber auch die letzte Wohlthat, die ich da genoß. Nach dem Essen beurlaubte ich mich bei dem wohlthätigen P. Hieronymus, und dankte ihm für alles bis auf
diese Stunde genossene Gute mit Vergießung
häufiger Thränen. Noch im Fortgehen ermahnte er mich, Gott niemals zu vergessen, und
mich in alles, was er über mich verhängen
würde, mit Gelassenheit zu ergeben, so würde

ich mitten im größten Leiden Änderung erhalten. Ich versprach ihm, in allen, wie vorhin
zu folgen, und — schied.

Tiefsinnig und mit beklemmten Herzen
schwankte ich an der Seite meines Kameraden
über den Berg herab wieder auf Krinzing zu,
wo wir gezwungen bei mehreren Nachbaren ein-
kehren mußten. Man bedauerte überhaupt mein
Schicksal, dem ich so unvermuthet in die Schlin-
gen rannte, und machte mir Anträge zur Loskau-
fung. Allein das gewisse Etwas, was mich dazu
verleitet hatte, verhinderte mich, Vorschläge anzunehmen, die ich auch durch verstellte Herzhaftigkeit, die nichts anders im Grunde als eingebil-
dete Schande war, von mir ablehnte. Diese
Hartnäckigkeit preßte unter andern einem sehr
saubern Mädchen, die des Richters in Krinzing
einzige Tochter war, häufige Thränen aus, sie folgte
mir in das Zimmer meines Vormünders, und
beschwur mich, ihren Bitten Gehör zu geben, und
wohl zu überlegen, was ich thäte; sie wisse gewiß, daß ihr Vater einverstanden mit meinem
Vormünder alles anwenden würde, mich loszu-
kaufen, und daß sie bei dieser Verweigerung eben
so unglücklich würde, wie ich selbst. Nun erst
gingen mir die Augen auf, daß sie in mich verliebt war. Ich stellte ihr die Unmöglichkeit vor,
daß an keine Loslassung mehr zu gedenken wäre;
da ich schon assentiret, und freiwillig dazu gegangen sey. Sie nahm wehmüthig meinen Hut,
und steckte einen von Flittergold verfertigten

Strauß darauf, den ich ihr zu Liebe tragen sollte,
versprach mir auch, mich mit nächsten, wenn sie
nach Wien käme, auf dem Werbplatze zu besuchen,
bis wohin ich der Sache nachdenken möchte. Sie
hielt ihr Wort beßer, als ich; doch das Verhängniß gestattete mir nicht eher vernünftige Ueberlegungen anzustellen, als bis ich dem Verderben im
Rachen lag. Wir nahmen endlich Abschied, und
machten uns auf den Rückweg, wo wir noch lange vor der bestimmten Zeit auf dem Werbplatz ein-
trafen.

Dieser Tag hat mich sehr viel gekostet, ich
war froh, daß ich ihn überstanden hatte. Eins
aber, und zwar das nothwendigste hatte ich noch
zu thun, nämlich meiner lieben Mutter nach Ober-
österreich meinen Zufall zu berichten, und was sie
während meiner Abwesenheit zu thun habe, die
Anleitung zu geben. Ich habe aber weder die Zeit,
als ich in Wien war, noch so lang ich mit dem
Stab in Ungarn lag, eine Antwort erhalten, und
weiß sonach zur Stunde nicht, was aus ihr und
meinen Schwestern geworden, noch auch, wem
mein Vermögen zugefallen ist.

Die Anzahl der Neugeworbenen von unserm
Regimente belief sich nun auf 95 Köpfe. Wir er-
warteten nun täglich einen Transport aus Mähren,
an den wir uns anschließen sollten, um uns zur
Armee, die gegen die Franzosen stand, zu verfügen.
In dieser Erwartung kam uns der unvermuthete
Befehl, statt nach den Niederlanden, nach Groß-
wardein in Ungarn zu marschiren, und dort das

Regiment zu erwarten, welches bei schon vorläufig getroffenen Friedenspräliminarien von der Armee aufgebrochen, und ein Theil davon nächstens dort eintreffen würde. Wir verließen sonach Wien, am 12ten Nov. 1735, und sezten unsern Weg in ganz kurzen Märschen dahin.

Sobald das Regiment beisammen war, wurden die Rekruten in die Eskadrons eingetheilt. Mein schöner Wuchs brachte mich zur Leib-Eskadron, die bisherige gute Aufführung aber, meine Schrift, in der ich mich auf der Werbung durch Kopirungen verschiedener Tabellen geübt hatte, und mein übriges geschicktes Betragen verschafften mir vor den Uebrigen auf Empfehlung meines Werb-hauptmanns die Gnade, zum Vice-Korporal ernannt zu werden. Aber, o Gott! wie theuer kam mir, obschon unschuldig, diese kleine Ehre zu stehen, wegen welcher ich fast mein Leben am Galgen zu verlieren verdammt werden sollte! Doch Gott, dem ich mich in meiner Trübsal empfohlen hatte, hat es anders bestimmt.

Ein gewisser Niclas Dietrich, seiner Profession ein Friseur, der zwar obligat war, aber durch seine Schwänke, die er dem Obristen und Regiments-Kommandanten beim Frisiren vormachte, sich so in die Gunst desselben zu sezen wußte, daß dieser ihm auf wiederholtes Bitten endlich die Versicherung gab, seiner bei erster Gelegenheit zu gedenken. Dietrich konnte dieses nach geendigter Campagne um so eher hoffen, weil er wußte, daß die Stellen ersezt werden würden, die während der

derselben leer geworden waren. Wie sehr er=
grimmte nun dieser Bösewicht wider mich, da
ich ihm als Rekrut vorgezogen wurde. Er be=
schloß mein Verderben. Ich kam in etlichen Ta=
gen zum Obristen auf Ordonnanz und saß im Vor=
zimmer, als Dietrich ihn frisirte. In diesem Au=
genblicke erwachte der Satan in ihm, und er
stahl demselben aus der Chatouille, die auf dem
Schreibtische offen stand, in der Geschwindigkeit
einen ledernen Beutel mit 100 Dukaten, den er
vor einer Stunde erst hineingelegt hatte, machte
sich aus dem Zimmer, wo ich allein blieb, in der
sichern Vermuthung, daß der Verdacht auf Nie=
mand andern, als auf mich fallen würde, wenn
sie abgehen sollten. Zum Ueberfluß seines Spitz=
bubenstreiches leerte er den Beutel, und warf ihn
in das Eck des Vorhauses, wo ich ihn im Hinaus=
gehen liegen sah, mit Freude aufhob und zu mei=
nem Unglück in die Taschen steckte. Ich wurde
endlich abgelöst; ging in mein Quartier, und nach=
dem ich mich ein wenig in Ordnung gebracht hatte,
nahm ich meine Baarschaft, die in 30 Dukaten
bestand, worunter die Hundert Gulden, so mir die
Herrschaft auf Abschlag meines Vermögens bezahlen
mußte, und andere Geschenke, sammt dem von mir
selbst Ersparten begriffen waren, und that sie mit
einem Vergnügen in diesen unglücklichen Beutel,
welches mir die Schönheit desselben fast mehr als
die Ducaten selbst verursachten. Der Tag verstrich,
und ich legte mich in Gottes Namen zu Bette.
Es war ungefähr Mitternacht, als mich der Ad=

jutant in Begleitung von drey Mann aufweckte
und zu folgen hieß. Ich erschrack, wie leicht zu er-
achten, war mir aber keines Verbrechens bewußt, und
folgte auch ganz gelassen in den Arrest. Man
nahm mir hier alles ab, wie gewöhnlich, und auf
diese Art kam auch der schöne lederne Beutel mit
meinen 30 Dukaten in desselben Hände. Noch
in der Nacht, so bald ich an Ort und Stelle war,
stattete der Adjutant dem Obristen über meine
Verhaftung den Bericht ab, und legte ihm den bei
mir gefundenen Beutel mit den 30 Dukaten vor
Augen. Sobald er diesen erblickte, sagte er: dies
ist mein Beutel, der Kerl ist der Dieb, der ihn mit
den 100 Dukaten gestohlen hat; erst heute früh
habe ich diese Summe hineingelegt und sie zum
Spiele bestimmt, ich wollte Abends nach dem Spiel
den Verlust daraus bezahlen, den ich erlitten habe,
ward aber sehr betroffen, da ich ihn nicht fand,
da ich ihn doch mit eigenen Händen dahin gelegt
hatte. Man lege ihm heute noch die Eisen an;
denn der muß hängen, so wahr ich Obrister bin!
dies wurde auch vollzogen; wie mir aber dabei zu
Muthe war, kann man sich leicht vorstellen. Ich
durchging mein Gewissen, fand mich rein, und
konnte mir am allerwenigsten beifallen lassen, daß
meine Arrestirung aus Argwohn eines so beträcht-
lichen Diebstahls, wozu der unglückliche Beutel als
Corpus delicti Veranlassung gab, erfolget wäre.
Meine Angst war unaussprechlich; doch ich verhielt
mich geduldig, und ergab mich dem Willen Gottes,
auf dessen Hülfe ich mit Zuversicht baute.

Es war 9 Uhr des Morgens, als ich zum Verhör geführt wurde. Man fragte mich um meinen Namen, Geburtsort, Alter, und wie lang ich diene; da ich alles dieses beantwortet hatte, hieß es weiter, ob ich gestern beim Herrn Obristen auf Ordonanz war? ich sagte ja; ob ich mir keines Vergehens dort bewußt sey? ich sagte nein. Man fragte mich weiter, wessen der Beutel und das Geld, das darinnen ist, sey? ich sagte, daß ich den Beutel im Vorhause des Herrn Obristen in einem Winkel liegend gefunden, und seiner Schönheit wegen aufgehoben hätte, das Geld aber, nämlich die 30 Dukaten, wären theils jene hundert Gulden, zu welchen mir der Herr Hauptmann N. als mein Werbsofficier durch den Hofkriegsrath in Wien bei meiner Herrschaft verholfen hätte, theils aber Geschenke, und auch sonstige Ersparungen von meiner Löhnung. — Es wurde weiter gefragt, ob ich nicht die Chatouille des Herrn Obristen auf dem Schreibtisch hätte offen gesehen — ich antwortete, daß ich keinen Tritt in des Herrn Obristen Zimmer, ungerufen, gethan hätte, noch vielweniger die Keckheit gehabt haben würde, mich dem Schreibtische desselben zu nähern. — Nun sagte man mir unverhohlen, daß in dem nämlichen Beutel, den ich gehabt, und der bei mir gefunden worden, hundert Dukaten gewesen, und mit demselben aus der Chatouille eben den Vormittag, da ich auf Ordonnanz stand, gestohlen worden seyen, und daß niemand anders der

Dieb derselben seyn könne, als bei dem man
den Beutel und auch noch zum Theil einige de
Dukaten gefunden hätte, man würde mich schon
zum Geständniß zu bringen wissen, wohin
die übrigen siebenzig, die von der Summe ab-
gängig wären, etwa versteckt worden. Ich
schauderte vor dieser Zumuthung, mich als einen
Dieb behandelt zu wissen. Ich betheuerte meine
Unschuld, fing zu weinen an, und bat, wegen
meinem Gelde Erkundigung bei dem Herrn Hauptmann N. aus dessen Händen ich gedachte hundert Gulden im Golde erhalten hätte, einzuziehen.

Meine gute Vertheidigung und die Gründe,
mit welchen ich selbe führte, mögen dem Verhör
einen kleinen Schein meiner Unschuld gegeben
haben; ich mußte abtreten, und wurde kurz
darauf wiederum in meinen Arrest abgeführt.
Wie ich nun wieder alleine war, fiel ich
auf die Knie, mit Thränen rufte ich zu Gott
um Rettung aus dieser großen Verlegenheit, in
welcher ich Ehre und Leben auf die schmählichste
Art zu verlieren befürchten mußte. Ich war
von meiner Unschuld durch mich selbst überzeugt,
und konnte also nicht klug genug werden, wer
diesen Diebstahl begangen haben müsse, am allerwenigsten aber konnte ich mir beikommen lassen,
daß meine Vicekorporalsstelle diesen Nieder-
trächtigen, wie ich alsdann erfahren müssen, zu
einer so schändlichen That aus Rache zu verleiten
vermögend gewesen sey. Gott aber, auf den ich

mein festes Vertrauen setzte, half mir wunderbar aus diesem Unglück.

Meine bisherige gute Aufführung, und die gute und mit Gründen bewiesene Vertheidigung im Verhör, so wie auch die vermuthliche Erkundigung in Betracht meines Geldes beim Hauptmann N, auf den ich mich bezogen hatte, alles dieses zusammen muß dem Obristen meine Unschuld halb dargethan, und dem wahren Thäter auf die Spur zu kommen, bewogen haben. Aus uns zweien, nämlich mir und Dietrich, mußte es einer seyn, weil um diese Zeit keine andere Seele bei ihm im Quartiere war, und er selbst keinen Fuß aus demselben gesezt hatte. So fiel vermuthlich nun auch der Argwohn auf ihn. Seine lockere Lebensart war bekannt, welcher er nun, da er Geld hatte, um so mehr folgte; es wurden ihm Spionen von allen Seiten gesetzt, und zu seiner geschwinderen Bloßgebung ausgestreut, daß Peyer durch den bei ihm gefundenen Beutel, des Diebstahls überwiesen, sicher hängen müsse, und daß auch kein anderer, als eben dieser, solchen begangen haben könne. Alle diese Diskurse waren ihm angenehm, und überzeugten ihn gleichsam, daß er außer Verdacht sey. Er wurde aufgeräumt, und am ersten Sonntag nach der That, welches der sechste meiner Verhaftung war, fiel er in die Grube, die er mir gegraben zu haben glaubte. Im Gemeindewirthshause war Musik, wovon Dietrich ein Liebhaber war. Es sammelten sich nach und nach mehrere, und unter diesen auch seine Aufseher.

Es wurde getanzt, getrunken und endlich auch ge=
spielt, Dietrich verlohr nichts, um so mehr aber
der Korporal, der aus Absicht verlohr. Dieser
stellte sich aufhören zu wollen, Dietrich bot ihm
Geld an, stand auf, ging hinaus, und brachte
ihm zwei Gulden; das Spiel erhitzte alle, man
trank dazwischen, die Köpfe wurden voll, und die
zwei Gulden waren abermals weg. Nun sagte er
zu Dietrich: Leihe mir noch einmal, wenn ich
schon verliere, lieber recht. Dietrich, der sich
nicht mehr recht gegenwärtig war, vergaß sich, und
zog seinen Beutel aus dem Sack, kam aber den
Augenblick zu sich, hielt ihn unter den Tisch,
und nahm einen Dukaten daraus, den er dem
Korporal mit diesen Worten hingab: dies ist alles,
was ich habe! Allein, es war zu seinem Verder=
ben wirklich genug, man spielte nach dem Schein,
trank aber um so eifriger, um ihn bald fertig zu
machen. Unterdessen entfernte sich der Korporal
unter dem Vorwand von Geschäften, ging aber
auf der Stelle zum Obristen, um ihm alles zu
berichten, was vorgegangen war. Nun war kein
Zweifel mehr, daß nicht Dietrich der Dieb sey;
es ward daher beschlossen, ihn sobald er recht be=
trunken zu Hause seyn würde, in Arrest zu neh=
men, um hinter ein Verbrechen zu kommen, das
er so geschickt zu vollführen gewußt hatte. Der
Befehl wurde nach der Vorschrift vollzogen; und
noch entdeckte es sich in der nämlichen Nacht, daß
dieser Bösewicht den Diebstahl begangen habe,
da man bei vorgenommener Untersuchung noch funf

zig Dukaten in seinen Beinkleidern eingenäht, jetzt
aber nur noch im Geldbeutel vorfand, die übrigen
vierzig waren verschwelget. So betrunken er immer war, so mußten ihm doch die Eisen angelegt
werden.

Nun kam die Reihe an ihn; mir blieb dieser
Vorgang noch ein Geheimniß. Sobald sein Rausch
verschwunden war, und er sich in Eisen fühlte, erwachte sein Gewissen, und er äußerte sich zum
Profosen, alles gerne zu gestehen, wenn er nur
der Strafe dadurch zu entgehen hoffen dürfte.
Allein dies half ihm nichts! Er wurde Morgens
um 9 Uhr zum Verhör geführt; und da er in sel-
bem den Diebstahl sowohl als die Ursache, die ihn
dazu verleitet, eingestanden hatte; wurde auch auf
der Stelle Kriegsrecht über ihn gehalten, und er
zum Strange verdammt.

Unterdessen seufzte ich unaufhörlich zu Gott,
und bat ihn, meine Unschuld zu entdecken. Ich
lag eben auf meinem Strohsack, und war mit der
Erinnerung des P. Hieronymus beschäftiget, die
mir dieser bey meinem Abschied gab: in allen meinen
Widerwärtigkeiten niemals zu verzagen, sondern
mit festem Vertrauen auf die Barmherzigkeit Gottes zu bauen, und dessen Hülfe mit Zuversicht zu ge-
wärtigen, wenn die Noth auf das höchste gestiegen zu seyn schien. Diese Erinnerung erfüllte
mich dergestalt mit Hoffnung daß ich ohnvermerkt,
durch die schlaflosen Nächte ermattet, in einen
Schlummer verfiel, in dem mir träumte, als
wäre ich in der Klausur des P. Hieronymus, wo

ich mit ihm von diesem meinem Unglück spräche, er
mir aber mit lächelnden Mienen bedeutete, daß
dasselbe sich zu meinem Vergnügen enden würde.
Noch mit diesem erquickenden Gegenstand behaftet,
trat der Adjutant ein. Ich erschrack von Herzen,
als ich ihn sahe, und hob mich von meinem Stroh-
lager auf; doch er lachte, und fragte mich, wie es
gienge; — sehr schlecht, wie Sie sehen, war meine Antwort. O, behüte der Himmel! versetzte
er, ich komme eben, ihm zu sagen, daß er seines
Arrestes erledigt, und unschuldig erklärt sey.
Vor Freuden wurde ich ohnmächtig, und sank
rückwärts auf den Strohsack. Wie lang ich in
dieser Betäubung zugebracht, war mir unwissend;
nur sah ich, da ich wieder meiner Sinnen mächtig war, daß man mir eine Ader geöffnet, und die
Eisen abgenommen habe. Wie ich dieses bemerkte,
glaubte ich zu träumen, ich hob bald die Hand,
bald wieder den Fuß in die Höhe, um zu sehen,
ob die Eisen wirklich weg wären, und da ich mich
dessen als gewiß überzeugte, erhob ich mein
Herz zu Gott, und dankte ihm für seine Rettung.
Allein ich war sehr kränk, und nicht vermögend
aufzustehen. Ich mußte noch selbigen Abend in
das Spital getragen werden, wo ich vierzehn
Tage zubrachte, während welchen man mir den
schlechten Streich, den mir Dietrich aus Rache,
daß ich ihm als Vicekorporal vorgezogen worden,
gespielt habe, erzählte, wegen welchem er aber
sein Leben am Galgen, wohin er mich zu bringen
Willens war, verlieren mußte.

Als ich endlich beim Rapport als Rekonvaleszent gemeldet wurde, ergieng der Befehl, daß ich mich beim Obristen einfinden sollte, den mir der Korporal andeutete. Ich gieng demnach sauber adjustirt, ohne Stock, nur mit meinem Seitengewehr, zur Zeit des gewöhnlichen Rapports dahin. Ich wurde gleich gemeldet, mein Aussehen war noch sehr schlecht, und konnte nur sehr langsam gehen. Beim Eintritt sagte der Obrist: Mein lieber Peyer! es thut mir leid, daß er eines schlechten Kerls wegen hat unglücklich werden sollen, allein dieser Bösewicht, der sogar mich nicht verschont hat, ist für seine böse That bestraft worden. Hüte Er sich, sich ein anderes Mal etwas zuzueignen, das nicht sein ist, Er hat zu seinem Verdruß das Lehrgeld gegeben, wie weit es der unglückliche Beutel auch in der unschuldigsten Absicht gebracht hat, und wie weit er es noch hätte bringen können, wenn die Wahrheit nicht wäre entdeckt worden. Er ist an dem ausgestandenen Ungemach selbst Schuld: hätte er ihn aufgehoben, und mir vorgewiesen, so hätte ich eher Rath schaffen können; so aber mußte ich blos dem Fingerzeige folgen, den mir die erste Entdeckung, wo mein Geld hingekommen seyn könne, gab, und das war der Beutel, der bei Ihm gefunden worden. Dies ist aber nun alles vorüber. Hier nehme Er seine 30 Dukaten, und diese 6 auch dazu, die ich Ihm, als eine kleine Schadloshaltung für den unschuldig ausgestandenen Kummer, sammt dem unglücklichen Beutel, der Ihm eine lange Erin-

nerung hinterlaffen foll, verehre; thue Er fich
damit etwas zu gute, damit Er wieder Kräfte
bekommt. Ueber diefes nehme Er diefen Stock!
(hier griff er rückwärts in die Fenfterecke) Er
ift von heute an wirklicher Korporal bei der Leib-
Eskadron, wo Er vorhin, als Vice-Korporal
ftand; ich hoffe, daß Er fich ferner fo aufführen
wird, daß es Ihm Ehre und mir Freude machen
möge. — Ich dankte ehrfurchtsvoll für alles,
und verfprach, mich fo zu betragen, daß er die
mir erwiefene Gnade zu bereuen, niemals Urfache
haben folle. Nach diefem Vorgang wurde zum
Rapport gefchritten, dem ich nun zum erften
Male beiwohnte, und in welchem unter andern
auch mein Avancement dem Regiment bekannt gemacht wurde.

Diefes mir zugeftoßene Unglück hat nun
meine Beförderung veranlaffen müffen, welche
mir, die Wahrheit zu bekennen, fehr theuer zu
ftehen kam, und wofür ich einen jeden warnen,
oder wohl gar darauf Verzicht zu thun gebeten
haben will. Es lag mir nun vor allem ob, mich
über einen Skrupel, der mir wegen dem Tod
des unglücklichen Dietrichs in meinem Gewiffen
aufgeftiegen war, zu beruhigen. In diefer Abficht gieng ich zu dem Pfarrer des Orts, und
entdeckte ihm, was mich plagte. Diefer als ein
chriftlicher Mann, hieß mich guten Muthes feyn,
indem nicht ich, fondern er fich felbft durch feine
fchwarze That dazu gebracht habe. Denn, fagte
er, wer andern eine Grube gräbt, fällt zuletzt

gewiß selbst darein, was in diesem Vornehmen auch wirklich geschehen ist. Bei allem dem konnte ich doch dem Drange meines Herzens nicht widerstehen, und nahm einen Dukaten von denen, die mir der Obrist geschenkt hatte, und gab ihn dem Pfarrer mit der Bitte: sein Gebet für den Verstorbenen zu Gott zu schicken, und ihn zu bitten, daß er mich von dieser Blutschuld, zu welcher ich unschuldiger Weise Anlaß gegeben, befreien wolle. Er versprach mir es, und ich ward beruhiget.

Da ich nun von diesem Unglück durch die Hülfe Gottes befreyet war, auch meine Kräfte nach und nach zunahmen, bequemte ich mich mit aller Anstrengung, meinem Dienste gewachsen zu seyn. Man fieng an, täglich die Mannschaft zu üben, und verschiedene Manövers vorzunehmen, wozu immer die Rekruten am meisten beordert wurden. Wir erhielten im Jun. 1736 Befehl zu kampiren, wo zugleich sich die Rede verbreitete, daß, nachdem der Kaiser sich mit Rußland wider die Türken in eine Allianz eingelassen, und demselben 30,000 Mann Hülfstruppen zu geben beschlossen habe, wir ohnfehlbar selbst mit im Kriege verwickelt werden würden. Es hat sich auch in der Folge bestätigt. Ganz auf den Kriegsfuß gesetzt, rückten wir an die Grenzen von Bosnien, wohin nach und nach mehrere Regimenter marschirten, und endlich eine Armee von mehr als 30,000 Mann formirten.

Sobald von Seiten Oesterreichs 1739 der Pforte der Krieg erklärt war, fiengen auch die

Feindseligkeiten an. Es fielen täglich Scharmützel vor, die übrigens unbedeutend wären, aber immer Folgen von Beträchtlichkeit nach sich zogen. Wir standen mit zwei Divisionen von unserem Regimente bei der Armee, die sich vor Banjaluka formirt hatte, über welche General Seckendorf das Kommando führte. Die Türken versammelten sich hier ungemein stark, und es kam endlich nahe bei der Festung zum Treffen, welches aller bewiesenen Tapferkeit der Kaiserlichen ohngeachtet zum Nachtheil derselben ausfiel. Bei dieser Gelegenheit rettete ich meinem Obristen, der schon im Gedränge der Janitscharen war, durch einen raschen Angriff mit 20 Mann meiner Eskadron Freiheit und vielleicht auch das Leben, für welches tapfere Unternehmen er mich auf der Stelle zum Wachtmeister ernannte.

Das Kriegsglück war uns überhaupt zuwider. Wir machten verschiedene Märsche, ohne einige Absicht erreicht zu haben. Wir rückten mit einem guten Theil der Kavallerie zur Armee des Feldmarschalls Neuperg nach Servien, und ich wurde in der unglücklichen Schlacht 1739 bei Krozka von den Türken gefangen.

Viertes Kapitel.

Wird als Sklave von der Armee nach Konstantinopel geführt, und auf dem Sklavenmarkt öffentlich einem bemittelten Türken verkauft.

Die Ursache meiner Gefangenschaft war mein Pferd, das während der Aktion erschossen wurde. In der Hoffnung, ein anderes zu erhaschen, trat ich hinter das Treffen, und war eben beschäftigt, mich eines zu bemächtigen, als ich von zween Spahis angesprengt einen Schlag mit dem Pustkon auf den Kopf erhielt, der mich zu Boden strekte. Einer davon erhaschte das Pferd, und der andere warf mir einen Riemen mit einer Schlinge um den Leib, so daß ich ihm so geschwinde, als ich laufen konnte, folgen mußte. Zum Glück für mich waren sie bald bei ihrem Haufen, wo sie langsamer ritten, und ich zu Athem kommen konnte. Sobald sie da angelangt, mußte ich meinem Erobe- rer all mein Geld und was ich sonst hatte, über- liefern, wobei er immer redete, das ich nicht ver- stand, und auf seinen Säbel wieß. Wie nun die Säcke leer waren, deutete er mir, daß ich mich auskleiden sollte; ich that es ebenfalls, und war der Meinung, daß mir wenigstens die Beinkleider, worinnen mein Reichthum eingenäht war, bleiben

würken. Aber eben diese waren es, wornach er
trachtete. Es mußte ihm nicht unbekannt seyn,
daß die deutschen Soldaten ihre wenige Baarschaft
gerne darinnen verbergen. Er zwang mich mit
grimmigen Worten damit zu eilen, und half mir,
um nur bald dazu zu gelangen, selbst die Stiefeln
auszuziehen. Als er sie nun auch hatte, fieng er an
das Beseße zu untersuchen, und da er aus der Stei-
fe desselben wahr nahm, daß etwas eingenäht sey,
zog er sein Messer heraus und trennte. Aber
welche Augen machte er, da er so viele Dukaten auf einmal herausstürzen sah: es waren ihrer
gerade funfzig. Mit der freundlichsten Art klopfte
er mich auf die Schulter, und sagte mir einen
Schwarm Worte in seiner Entzückung, die mich
wenig aufrichteten, gab mir blaue türkische Hosen
die ich anzog, und legte mir an einem Fuß und
an beiden Händen die Eisen an. Ich hatte mir
bisher noch geschmeichelt, daß, wenn er seine Beute hätte, er mir in Rücksicht derselben die Freiheit
geben würde; allein ich betrog mich gewaltig; er
führte mich in ein Zelt, und übergab mich einigen
Türken, die schon mehrere von uns zu bewachen
hatten, zur Aufsicht. Doch gab er mir eine gute
Portion Brod, und einen Krug Wasser zu meiner
Labung, und verließ mich.

Nun hatte ich Zeit mein Unglück zu überden-
ken, in das mich der erste unüberlegte Schritt zur
Anwerbung geführt hatte. Jetzt bereute ich ihn
freilich, allein es half nichts mehr, und ich grämte
mich vergebens. Das Beste, was ich thun konnte,

war, den Himmel um Geduld und Rettung anzu-
flehen. Das schmerzlichste, was mich am meisten
quälte, waren die Eisen, die man mir angelegt
hatte; sie waren freilich nicht allzuschwer, doch
lästig und hinderlich in allem, was ich thun mußte.

Als ich vier Tage auf diese Art hingebracht
hatte, kam mein Herr mit noch zwei andern Türken
vor das Zelt, wo ich war, und bedeutete mir, ihm
zu folgen. Sie brachten mich zu einem andern
Zelt, und führten zwei gesattelte Pferde heraus,
auf deren eines er mich zu setzen und das andere
an der Hand zu führen hieß. Bevor ich aber
dies vollziehen konnte, lösete er mir das Eisen der
rechten Hand ab, und hängte es an den Sattelknopf
des Pferdes, das ich reiten sollte. Meine Kleidung bestand aus einer rothen Mütze, einem brau-
nen Bunde und blauen Hosen; an Füßen hatte
ich alte Calloschen, die er mir gab, und auf dem
Rücken statt des Tornisters, einen Futtersack von
Zwillich, worinnen mein Brod war. In dieser
Equipage setzte ich mich auf das Pferd, das ein
erbeutetes Dragonerpferd war, übrigens aber recht
gut ging, und so setzten wir unsern Weg langsam
fort, so, daß immer einer oder auch zwei voraus,
ich in der Mitte war, und Einer von ihnen den
Schluß machte. Dieser erste Ritt währte bis in
die dunkle Nacht, wobei weder wir, noch die Pferde
die mindeste Nahrung genossen. Endlich wurde
in einem Dorf Halt gemacht; man stieg ab und gab
den Pferden Futter, welche zu versorgen, ich mich
selbst gleich annahm, wobei mir auch alle drei

redlich beistanden. Da nun dieß geschehen war,
aßen sie Reis und Schöpsenfleisch, und gaben mir
eine hinlängliche Portion. Sobald das Nachtmahl
vorüber war, war ich in der Erwartung, daß
mich mein Herr schließen würde, um mir die Gelegenheit zur Flucht zu benehmen, zu meiner Verwunderung erfolgte es nicht, er redete zwar etwas
zu mir, deutete mir mit der Hand, daß ich mich
legen könnte, und begab sich zu den andern wieder
in die Stube. Ich legte mich auch gleich unter
der Schupfen auf die Erde nieder. So müde ich
war, floh mich dennoch der Schlaf, und eine
Menge quälender Gedanken über das Elend meiner
Lage überfiel mich. Ich war in einem Wirbel fürch-
licher Aussichten, wovon mir die mindest gefährliche
die Haare emporsträuben machte. Doch ich ermannte mich selbst wieder, betete, und schlief endlich ruhig ein. Es war beiläufig, wie ich dafür
hielt, vier Uhr, als ich erwachte. Nachdem ich
mein Morgengebet verrichtet hatte, machte ich mich
über die Pferde, damit alles, wenn es ihnen belieben würde, zur Abreise in Bereitschaft sey.
Doch habe ich nachher erst erfahren, daß die Türken keine Liebhaber vom frühen Aufbruch sind,
denn schon länger als eine Stunde war ich mit
allem fertig und wartete auf sie, als erst einer
nach dem andern erschien, und sich alle über meinen Eifer verwunderten. Mein Herr kam auch
zu mir, zeigte auf seine fünf Finger, und fuhr mit
der andern Hand gegen den Kopf, wodurch er mir
zu verstehen gab, daß ich täglich bis 5 Uhr früh

schlafen

schlafen könne. Uebrigens war er sehr freund=
lich mit mir, klopfte mich immer auf die Schul=
ter und sorgte wenigstens für meine Nothdurft,
an der es mir niemals gemangelt hat. End=
lich stopfte ein jeder seine Pfeife, und da sie
sahen, daß ich keine hatte, zog einer eine aus
seinem Futtersack, schenkte mir auch einen Tabacks=
beutel mit Zugehör, und ich mußte mir die Pfeife an=
brennen, bevor sie aufsaßen. Dann aber schwang
sich jeder auf sein Pferd, und wir ritten in eben
der Ordnung, wie Tags vorher, weiter.

Auf diese Art ritten wir zehn volle Tage,
ohne eigentlich zu wissen wohin. Das hatte ich
zwar bemerkt, daß wir die Armee verlassen hatten,
denn es kam uns schon am dritten Tage nichts
mehr von derselben zu Gesichte, nur konnte ich nicht
erfahren, in welcher Gegend wir waren. Als es
aber schon gegen Abend zugieng, erblickte ich in der
Entfernung einige Thürme, die sich immer mehr
zeigten, je näher wir kamen, und mit einem Male
hatte ich eine ziemlich große Stadt vor mir. Das
Herz fing mir gewaltig an zu schlagen, weil ich der
Meinung war, es könne Konstantinopel selbst seyn.
Es wurde inzwischen später Abend, als wir dahin
kamen; wir ritten immer gerade zu, als wenn
wir nur durchziehen wollten, doch plötzlich wen=
deten wir uns links gegen ein Haus, wo wir ab=
stiegen. Ich machte mich nach Gewohnheit gleich
über die Pferde, und that, wie sonst. Mein Herr
und seine zwei Begleiter giengen in die Stube,
um sich vermuthlich nach Speise umzusehen, wäh=

rend ich meine Arbeit verrichtete. Als ich noch
so beschäftiget war, kam ein Mann, fast eben so
gekleidet wie ich, zu mir, und redete mich auf
deutsch an. Kamerad, sagte er, woher kommt die
Reise? Ich erfreute mich der Sprache, die ich schon
fast vierzehn Tage nicht mehr gehört hatte, sagte,
von der Kaiserlichen Armee, und erzählte ihm in
Kürze alles. Ich, sagte er, bin eben daher, und
bei Banjaluka gefangen worden, ich war unter
Hessen-Darmstadt, bin nun schon ein Jahr hier,
und geht mir sehr elend. Ich fragte ihn, wie die
Stadt hieße, er antwortete, es sey Adrianopel,
und wir würden unseren Weg vermuthlich nach
Konstantinopel nehmen, wohin wir noch vier
gute Tagreisen hätten. Ich erschrack, so oft ich
diese Stadt nennen hörte, und zuckte die Achseln.
Ich griff in meinen Futtersack und reichte ihm
ein Stück Brod mit der Frage, ob er es wolle:
mit der größten Begierde nahm er es, mir aber
giengen die Augen über, da ich ihn so heißhungrig
essen sah. Endlich beurlaubte er sich, und sagte:
daß er in der Nähe wäre, und sich nun zu Hause
einfinden müsse, er hoffe mich morgen noch zu
sehen und gieng. Mir war es eines Theils sehr
lieb, daß er fort war, um allen Argwohn zu
vermeiden. Mein Herr brachte mir auch bald
darauf zu essen, und ich legte mich nachher ungehindert auf das Stroh, um über meine bevorstehende Lage nachzudenken. Mancher unbesonnene
Wagehals würde sich meine nächtliche Freiheit, die
ich ungeschlossen genoß, längst schon zu Nutzen

gemacht haben, sein Heil in der Flucht zu versuchen; allein ich wollte es nicht wagen; denn,
ob mir schon dieser Gedanke am zweiten Tag
unserer Reise aufstieg, hatte ich doch nicht so
viel Muth, ihn wirklich auszuführen, aus Furcht,
ertappt zu werden und mein Schicksal zu verschlimmern; wer weiß, dachte ich, ob sie dich nicht
probiren und selbst lauern, ob du es nicht ver-
suchest; oder auch andern den Auftrag gegeben
haben, auf dich Obacht zu haben, welches ich
alles nicht wissen konnte. Auch wäre es immer
bei der Menge von Hunden, deren Größe und fürchterliches Ansehen schon erschreckten und womit
jedes Haus angefüllt ist, sehr gewagt gewesen zu
entfliehen. Diese Hunde dienen den Eigenthü-
mern bei Tage zur Hütung ihrer Schaf- und anderer Viehheerden, und des Nachts ihrer Woh-
nungen, und fangen bei Anbruch derselben ein ent-
setzliches Gebelle an, das dem Anruf der Soldaten
um ein Lager her, um die Posten in Aufmerksamkeit zu erhalten, füglich zu vergleichen ist, und
womit sie auch bis zur Aufgang der Sonne unausgesetzt fortfahren. Wehe alsdann einem Fremden, der unter sie geräth, er ist auf alle Fälle,
wo nicht verloren, doch verrathen. Sie setzen ihm
so zu, daß er aus Angst um Hülfe rufen muß,
wenn er nicht zerrissen seyn will. Ich habe die
traurigsten Beispiele davon gesehen. Die einzige
Art, sich ihrer noch halb und halb zu erwehren,
ist, daß man sich anstellt, als greift man nach
einem Stein, den sie allein fürchten und dadurch

etwas zurückweichen; läßt sich aber ein solcher
Unglücklicher beifallen, sich mit einem Stecken zur
Wehre zu setzen, so springen sie ihn zugleich an,
und zerfleischen ihn. Diese Betrachtungen schreck-
ten mich ab, und ich unterdrückte meine aufsteigen-
den Gedanken in der Geburt, um mein Unglück
nicht zu vermehren.

Wie ich nun zur weitern Reise alles in Ordnung gebracht hatte, saß ich eine gute Weile in
tiefen Gedanken und erwartete die Befehle meines
Herrn. Endlich kam er ganz allein, ich stand
auf und nahm den Zaum seines Pferdes, den ich
ihm reichen wollte, er aber deutete mir, daß ich
es nur lassen solle, und gab mir zu verstehen, daß
er noch fortgehen müsse. Er verließ das Haus,
und kam erst nach einer halben Stunde zurück.
Unter dieser Zeit hatte ich tausend ängstliche Gedanken, und darunter auch diesen, ob ich nicht
etwa gar hier bleiben müsse, welches ich aus der
Ursache wünschte, weil ich schon einen Landsmann
hier wußte, dessen Unglücksgefährte ich seyn würde.
Doch es erfolgte nicht. Wir setzten uns zu Pferde
und verließen Adrianopel. Mich wunderte sehr,
daß ich meinen Kameraden diesen Morgen, wie er
versprochen hatte, nicht zu sehen bekommen habe,
und warf im Reiten meine Augen links und rechts,
wo eine Menge Türken in den Straßen wandelten,
die uns angafften. Endlich kamen wir in ein sehr
enges Gäßchen, und fast zu Ende desselben stand
mein Kriegskamerade und schrie mir ein trauriges
Lebewohl zu; ich dankte ihm sehr wehmüthig und

vergoß Thränen. O Gott, rief ich, was wird
mir noch alles bevorstehen! — und in solchen nieder-
schlagenden Gedanken brachte ich die meiste Zeit
meiner Reise hin. Als wir nun noch fast vier
Tage zurückgelegt hatten, kamen wir am letzten
derselben, nachdem wir uns um einen Hügel wenden mußten, in eine Ebene, auf welcher sich dem
Auge der prächtigste Anblick von Konstantinopel
darstellte. Mein Herr, der vorausritte, wendete
sich zu mir, zeigte mit der Hand dahin und
redete einige Worte, wovon ich nichts als
Istambol fassen konnte, und daraus schloß,
daß er mir sage, daß dies Konstantinopel sey.
Wie mir bei diesem Anblick wurde, kann ich
nicht sagen, ich glaube aber, daß, wenn man
mir eine Ader geöffnet hätte, schwerlich ein
Tropfen Blut geflossen wäre, so erschrack ich
darüber. Ganz in Gedanken versunken ritten
wir noch mehr als zwei Stunden, worüber der
Abend schon wirklich einbrach, als wir zu einem
Stadtthor gelangten, wo uns beim Eintritt von
der Wache fürchterliche, mehr einem Gebrülle als
Menschenstimmen ähnliche Worte zugeworfen wurden, allein wir hielten uns nicht dabei auf, und
setzten unsern Weg durch die sehr engen Straßen
und die Menge der Menschen, die hin und wieder
giengen, noch fast eine Stunde fort, bis wir in
einer abgelegenen Gaße endlich anhielten. Hier
stieg mein Herr vom Pferde und ich that das nämliche, die andern zwei ritten aber, nachdem sie sich
beurlaubet hatten, weiter fort. Nun öffnete sich

das Hausthor, und er winkte mir, mit den Pferden zu folgen. Ich mußte mich bücken, um den Kopf an der Hausthüre nicht anzustoßen, die er gleich wieder sorgfältig verschloß, so bald ich darinnen war. Nun kamen ihm einige Personen freudig entgegen und hießen ihn willkommen; ich konnte aber nicht unterscheiden, ob sie Manns- oder Frauenspersonen wären. Unterdessen führte ich die Pferde in den Stall, sattelte sie ab, und gab ihnen Futter, wobei mir Jemand, den ich der Stimme nach für ein Weibsbild hielt, denn der Kleidung nach konnte ich sie für eine solche nicht halten, Hülfe leistete, übrigens aber sich ganz höflich und leutselig betrug. Da nun unter dieser Beschäftigung eine gute Stunde verfloß, und ich endlich nichts mehr zu verrichten wußte, setzte ich mich auf ein Stück Holz und erwartete in banger Angst, was geschehen würde. Ganz tiefsinnig und in Wehmuth versunken, stützte ich mit der rechten Hand mein Haupt, als die schon gemeldete Person wieder kam und mich ganz sachte auf die Achsel klopfend, ihr zu folgen bedeutete; sie mochte wohl in meinem Gesichte bemerkt haben, daß mich das Schicksal der Gefangenschaft und die Entführung aus meinem Vaterlande drücke, auch vielleicht noch Thränen im Auge, die mir dasselbe entrissen hatte, daher sprach sie in einem ganz liebreichen Tone zu mir, um mich, wie ich vermuthete, zu trösten. Sie gab mir eine hinlängliche Portion Reis und Schöpsenfleisch, wovon sich drey hätten sättigen können, und Brod sammt einem Krug

mit Wasser; da ich aber eben nicht großen Hun=
ger fühlte, ob ich schon den ganzen Tag nichts
zu essen bekommen hatte, so war ich auch bald
befriediget, und es blieb mehr als die Hälfte
übrig. Nach einer Weile erschien sie wieder,
und da sie sah, daß ich nicht mehr esse, winkte
sie mir, ich nahm mein Brod, und sie führte
mich neben der Stallung in ein kleines Behält=
niß, wo eine Gattung vom Bette war, das sie
mir, um zu schlafen, anwies. Sie klopfte mich
mit freundlichen Gebärden etliche Mal auf die
Schultern, lächelte und verließ mich endlich; doch
nahm ich wahr, daß sie die Thüre verriegelte.

Nun war ich mir ganz überlassen; ich fiel
daher auf meine Knie, hob meine Hände gen
Himmel, und betete mit Inbrunst zu Gott, des=
sen Willen ich alles überließe, was mit mir
geschehen könne, nur bat ich, mir Geduld und
Beharrlichkeit in meinem christlichen Glauben zu
verleihen. Gestärkt durch die Zuversicht seines
Beistandes, erhob ich mich von der Erde, und
legte mich, so wie ich war, auf das Bette,
wo mich durch die ausgestandene vierzehntägige
Strapaze und den noch überdies drückenden
Kummer meiner unglücklichen Gefangenschaft ein
solcher Schlaf überfiel, daß ich erst, da die
Sonne schon durch die Thüre in mein Behält=
niß schien, erwachte. In hastiger Eile sprang
ich von meiner Ruhestätte, und wollte mich zur
Pflegung der Pferde anschicken; als mir einfiel,
daß ich angeschlossen sey; ich probirte, ob ich

die Thüre öffnen könne, allein sie war wirklich
verschlossen. Ich setzte mich also nochmals auf
das Bette, und verrichtete mein Morgengebet.
Ich war eben damit fertig, als ich den Thür-
riegel schieben hörte, und die Thüre sich öffnete.
Es war eben die nämliche Person, die mich gestern Abends dahin geführt hatte; sehr freundlich
und gesprächig sagte sie mir eine Menge vor,
wobei ich aber nichts anders thun konnte, als
sie betrachten. Sie war noch jung, und nicht
häßlich, auch nicht verhüllt, wie gestern Abends,
und ich hatte jetzt Zeit genug, ihre Person ungestört zu übersehen. Ich bin der Meinung,
daß ihr auch mein erstauntes Auge, mit dem
ich sie so scharf gefaßt hatte, nicht mißfiel, weil
sie sich, ohne etwas zu thun zu haben, so lange
bei mir aufhielt. Dann gieng ich zu meiner
Arbeit, und besorgte die Pferde, die sich eben
die Ruhe wohl bekommen ließen. Da ich sie
tränken wollte, fand ich das Geschirr nicht, das
ich gestern hatte, ich wußte also nicht, was ich
thun sollte, in die Wohnung getraute ich mich
nicht, und heraus kam auch Niemand, dem ich
mein Bedürfniß hätte bedeuten können. Ich
wartete noch eine gute Weile, als endlich die
Person mit einem Stück Kukuruzbrod auf mich
zueilte, und es mir darreichte; ich dankte ihr auf
meine Art dafür, und gab ihr durch Zeichen
zu verstehen, daß ich ein Geschirr zur Tränkung
der Pferde bedürfe. Sie begriff es gleich, was
ich wollte, und brachte es, das ich ihr dann

aus der Hand nahm, und damit zum Brunnen
gieng; so wie ich es gefüllt hatte, erbot sie sich auch
es zu tragen, doch ich gab dies nicht zu, und
trug es selbst, da es ohnehin nicht schwer war.
Und nun war meine Arbeit vollendet. Mein
Herr ließ sich die Ruhe recht wohl schmecken,
es war meiner Rechnung nach fast zehn Uhr,
als er erst zum Vorschein kam, und die Tobacks-
pfeife im Mund in den Stall trat. Ich stand
bei seinem Eintritt auf, und da er sahe, daß
alles ordentlich war, gab er mir sein Wohlgefallen durch Kopfnicken zu erkennen. Erst
dann bemerkte er, daß ich nicht rauche, er
frug mich durch Zeichen, warum ich es nicht
thue, allein ich zuckte die Achsel, und zeigte ihm
den leeren Beutel, gleich mußte ich ihm in die
Stube folgen, wo er mir dann einen ganzen
Bund des besten Tabacks gab, sammt Schwamm
und Stein; ich dankte ihm recht ehrerbietig
für alles, was ihm ungemein schmeichelte; denn
der Türk ist überhaupt ehrgeizig, durch Ehrer-
bietung kann man sich am ersten in seine Gewogenheit setzen, welches ich nachher vielmal
erfahren habe.

So brachte ich drei volle Tage hin, während welchen mir nichts an Essen mangelte.
Mein Herr war fast nie zu Hause, und wenn
die Pferde versorgt waren, wußte ich für Lang-
weile nicht, was ich thun sollte. Auf die Gasse
konnte ich nicht, weil das Haus stets gesperrt
war, und wenn es auch offen gewesen wäre, so

würde ich es doch nicht gewagt haben, hinaus
zu gehen, um keinen Argwohn zu geben. Ich
mußte sonach die meiste Zeit, wenn ich nicht
im Stalle zu thun hatte, in meinem Behältniß
zubringen, wo mir bei müßigen Stunden meine
unglückliche Lage doppelt empfindlich fiel, und
unvermerkt Thränen auspreßte. In solcher Be-
klemmung saß ich den dritten Tag meines Hierseyns auf dem Bette, als die Person wieder
ganz unverhofft in das Behältniß trat; noch
rollten mir die Thränen über die Backen, als
sie von mir stand, und eine gute Weile,
ohne ein Wort zu reden, mich betrachtete.
Durchdrungen von Mitleid fiel sie mir mit einem Male um den Hals, und suchte mich durch
Worte zu trösten, sie weinte selbst zärtlich, und
wischte mir mit der linken Hand die Thränen
vom Gesichte, ihr Herz pochte gewaltig, das ich
in der größten Bewegung fühlte. Ich mußte mich
mich Gewalt fassen, um diesem zärtlichen Auftritt ein Ende zu machen, sie hielt mich noch
eine Weile bei der Hand, da ich aber in ihrer
Sprache mich nicht ausdrücken konnte, wie sie
gewünscht haben mochte, so begnügte sie sich mit
der Beruhigung, mir wenigstens bewiesen zu
haben, daß auch in dem Herzen einer Türkin
Mitleid über das Schicksal eines Christen zu
finden sey. Sie verließ mich sonach unter einem heißen Händedruck, und begab sich in ihre
Stube, kam aber nochmals zurück, und hatte
ein Stück gebratenes Schöpfenfleisch und Brod,

das sie mir gab, welches ich auch um so köst-
licher fand, je seltener es mir eine geraume Zeit
hindurch zu Theil wurde.

Während ich nun meine Leckerbissen verzehrte, kreuzten sich tausendfältige Gedanken über
den zärtlichen Auftritt meiner Hausfrau in meinem Kopf, wovon immer einer den andern ver-
drängte, und ich zuletzt selbst nicht klug genug
werden konnte, wenn ich auch alles so nahm,
wie ich sollte. Ich bedauerte sie übrigens, und
es that mir sehr leid, daß ich aus Mangel der
Sprache, ihr für die gute Denkungsart nicht
meinen Dank abstatten konnte, den sie verdiente.
Wie der Abend heranrückte, sorgte ich für meine
Pferde, die ich immer mit aller Sorgfalt pflegte, und war noch in der Erwartung, meinen
Herrn zu sehen, als die Frau mir mein Nachtmahl vorsetzte, wozu ich wegen dem erst kurz
genossenen Schöpsenbraten wenig Appetit hatte.
Sie stand die ganze Zeit als ich aß, mir an
der Seite, woraus ich schloß, daß ihr Mann
nicht zu Hause seyn müsse, und redete beständ-
dig in den freundlichsten und herzlichsten Ausdrücken, wie ich wohl merken konnte. Sobald
sie aber sah, daß ich nicht mehr aß, trug sie
das Uebrige ab, und brachte noch eine hübsche
Portion von gebratenem Fleisch. Ich stellte ihr
durch Bewegungen meiner Hände vor, daß ich
satt sey, allein sie nöthigte mich, es anzunehmen. Ich behielt es also, und steckte es in
meinen Tornister. Es wurde Nacht, und ich

legte mich nieder; aber keine Zuriegłung erfolgte.
Nachdem ich eine Weile so zugebracht hatte,
merkte ich Jemand an der Thüre, und war der
Meinung es sey der Herr; die Thüre öffnete
sich, und die Frau stand halb entblößt vor derselben. Ich richtete mich auf, da sie aber sah,
daß ich nicht schlief, deutete sie mir mit der
Hand, daß ich liegen bleiben sollte, schloß die
Thüre zu, und schob den Riegel ganz stark vor,
den sie aber, wie ich hörte, sachte wieder zu-
rückzog. Dieser Besuch schien mir verdächtig,
ich stand auf, und probirte ob die Thüre ver-
riegelt sey, sie war es aber nicht. Nun zweifelte ich nicht mehr, daß sie eine Absicht, welche es immer wäre, vorhabe, und dachte, wie
ich sie an der Ausführung hindern könnte. Ich
sah, daß in der Thür eine Handhabe sey, die zu
meinem Vorhaben paßte, ich suchte sonach ein
Stück Holz, um solches zwischen die Handhabe
und den Thürstock zu schieben, und fand einen abgenutzten Besenstiel, den ich dazu verwendete, und der auch recht tauglich war. Nun
legte ich mich in Gottes Namen wieder nieder, und
dachte in meinem Sinn: kannst du schon nichts
Gutes thun; so mußt du doch trachten, etwas
Böses zu verhüten. Ich schlief sodann ein, und
mochte eine gute Stunde geschlafen haben, als
ich meiner Meinung nach durch das Krachen der
Thüre erweckt wurde. Ich horchte, ob nicht etwas
nachfolgen möchte, doch es blieb alles still; nur
war mir, als ob ich nach einer Weile ganz

leife hätte gehen gehört. Ob ich mich betrogen
habe, oder ob es wahr gewesen, kann und will
ich nicht behaupten. Genug, es kostete mich den
Schlaf, als die einzige Wohlthat wodurch ich
mein Elend nicht fühlte. Nachdem ich so schlaf=
los da lag, und dem Betragen dieser Frau von
heute Nachmittag an bis jetzt nachdachte, so
glaubte ich eine thörichte Liebe, die sie gegen
mich gefaßt hatte, zu entdecken. Mir schauderte
vor den Folgen derselben, und um so mehr, da
ich, wie ich noch nicht anders vermuthen konnte,
noch länger unter ihren Augen bleiben sollte.
Ich konnte mir schlechterdings die Rechnung ma=
chen, daß ich ihren Versuchen öfters ausgesetzt
seyn würde, und im Nichtbefriedigungsfall mir
einen Feind mehr zuzöge, der mir mein Schicksal
doppelt fühlbar machen könne. Doch von diesem
Uebel wurde ich bald befreyt. Ich stand, da ich
ohnehin nicht schlafen konnte, früher auf, hielt
mich aber übrigens ganz ruhig, und verrichtete
meiner Gewohnheit nach, meine Andacht, verließ
dann nach deren Vollendung, meine Kammer,
und machte mich an meine Arbeit, womit ich aber
nicht sehr eilte, weil es noch früh war; sobald
diese vollendet war, griff ich nach meinen Schöp=
senbraten, der mir zum Frühstück doppelt wohl=
schmeckte. Ich war eben damit fertig, als mein
Herr in den Stall kam, um nachzusehen; da er
aber alles im besten Stande, und auch schon ge=
schehen sah, lächelte er mir seine Zufriedenheit
mit einem freundlichen Kopfnicken zu, und gieng

wieder zurück. Die Frau sah ich nicht, was
mich aber auch in der Muthmaſſung beſtärkte, daß
ſie durch die fehlgeſchlagene Nachtviſite böſe auf
mich geworden, und meinen Anblick vermeide.
Noch mit dieſen Gedanken beſchäftigt, trat mein
Herr angekleidet unter die Thür, und winkte mir
ihm zu folgen, worauf ich denn hinter ihm zum
Hauſe hinaus gieng. Als ich die Thür zuſchließen
wollte, erblickte ich die Frau, welche mir zu-
lächelte, und mit der Hand ein Zeichen machte,
das ich noch nicht verſtand, wohl aber nach etwa
einer Stunde erfuhr, daß es ein Abſchiedszeichen
war.

Wir giengen durch viele elende, enge und
ſchmutzigen Gaſſen, in denen eine Menge
Menſchen hin und her wandelten, ohne daß ich
noch einen Argwohn ſchöpfen konnte, in welcher
Abſicht ich dieſen Weg machen müſſe. Als mir beiläufig eine Stunde zugebracht hatten, langten
wir endlich auf einem geräumigen Platz an, wo
ich von weitem ſchon mehrere Menſchen wahrnahm, die theils in Haufen beiſammen ſtanden,
theils auch zu zwei und mehreren auf der Erde
ſaßen. Wir träfen nun auch ein, aber o
Himmel! wie wurde mir, da ich ſahe, daß
dies der Menſchenmarkt ſey, wo dieſe wie das
Vieh verhandelt wurden. Mir wurde todten-
übel, und mein Ausſehen muß von meiner Angſt
gezeugt haben. Ich ſeufzte im Stillen zu Gott,
und opferte ihm mein Schickſal auf. Das
Schauſpiel war von Bedeutung. Es waren

etliche hundert solcher unglücklichen Menschen
beiderlei Geschlechts, mehr aber weiblichen, als
männlichen, deren einige verhüllt, andere aber
im Angesicht aufgedeckt, wiederum andere, die
nur ein Stück Leinwand um sich hatten, sonst
aber ganz nakend wären, und so von den Kaufs-
lustigen sich von allen Seiten besehen lassen mußten; Kinder von jedem Alter u. s. w. Als ich
nun so meinem Verhängniß entgegen sah, kam
ein schöner angesehener und wohlgekleideter Türk,
dem ein schon bejahrter Sklave nachtrat, auf
uns zugegangen. Mein Herr, der ihn gleich
beobachtet hatte, kam ihm etliche Schritte entgegen, redete mit ihm, wobei er öfters auf
mich deutete. Sie kamen beide zu mir, und er
betrachtete mich genau. Endlich redete er mich
auf wälsch an, woher ich wäre? obgleich ich
diese Sprache nicht reden konnte, so hatte ich
doch vermöge der lateinischen, in der ich sehr
fest war, seine Frage verstanden, und antwortete
ganz frey in der lateinischen Sprache: — Ich
bin aus Oesterreich ob der Enns, und war Wachtmeister unter dem Dragoner-Regiment des Prinzen Eugen von Savoyen. — Bravissimo! rufte er
aus, und schlug mich auf die Schulter — dann
handelte er um mich mit wenig Worten, und
zahlte ihm auf der Stelle 80 Zechinen auf die
Hand.

Fünftes Kapitel.

Peyers höchstbeglückter Sklavenstand im Hause Omars,
seines Patrons; gewinnt dessen Neigung durch
seine Geschicklichkeit im Reiten, und die Liebe
der Fatime, Omars Schwester, durch die Musik.

———

Sobald mein Eroberer das Geld im Beutel hatte, trat er nochmals zu mir, reichte mir zum
Abschied die Hand, und gab mir durch Zeichen
zu verstehen: daß ich einen guten Herrn bekommen hätte; ich aber wünschte ihm alles Unglück
auf den Hals, welches er wegen meiner Gefangennehmung allein schon hinlänglich verdient
hätte. Nun war ich wirklicher Sklave; denn
vorhin war ich immer nur als Gefangener zu
betrachten. Das Wort Sklave fuhr mir so
vielmal durch das Herz, als ich daran dachte, und um so mehr, da ich mir alle die Erzählungen, die ich in meiner Jugend gehört
hatte, und die eine Menge Greuelscenen enthielten, welche an solchen unglücklichen Menschen
ausgeübt worden, nun von neuem in die Erinnerung zurückführte, und daraus den Schluß
zog, daß es mir eben so, wie jenen, ergehen
könne. Ich stand, wie man sich bei dieser
meiner betrübten Lage ganz leicht vorstellen kann,

mit

mit kreutzweis über einander geschlagenen Händen
und erwartete mein Schicksal, als mein Patron,
der unterdessen einige Weibsleute, die auf den
Sklavenmarkt ganz verhüllt gebracht worden, an=
gesehen hatte, zurückkam, und mir ihm zu folgen
winkte. Im Namen Gottes, dem ich mein neues
Schicksal aufgeopfert hatte, machte ich den ersten
Tritt in seinem Dienste. Der alte Sklav, der ihn
begleitet hatte, gesellte sich zu mir, und da er
gehört hatte, daß ich ein Deutscher sey, redete er
mich in meiner Muttersprache, obgleich nicht ganz
verständlich, an. Wer konnte darüber mehr ent=
zückt seyn, als ich; über welchen glücklichen Zufall
ich ihm meine Freude nicht verbergen konnte, ich
nahm seine Hand und drückte dieselbe mit innigster
Rührung, wobei ich ihn zugleich bat, in meinem
Elende mein Freund zu seyn und mir in jenen
Verrichtungen, die mir aufgetragen werden würden,
Unterricht zu geben. Er versprach mir alles und
hielt Wort. Er sagte mir während dem Gehen, daß
der Herr Omar hieße, und daß er sich mit der
Handlung, aber nur im Großen, abgebe, übrigens
aber der beste Mensch von der Welt sey, auch seine
Leute sehr gut halte, und selben an nichts mangeln
lasse, wenn sie sich anders gut betrügen. Er
habe mehrere Reisen in fremde Länder gemacht,
und kurz vor dem Tode seines Vaters, der vor
zwei Jahren gestorben sey, kam er von denselben
zurück; erst dieses Jahr habe er seine Mutter ver=
loren, sey noch nicht verheirathet und lebe mit sei=
ner Schwester ganz ruhig und eingezogen. Er

5

habe auch ein eigenes Haus in der Residenz, aber ein viel schöneres in Galata, einer der Vorstädte jenseits des Meerbusens, wo seine Magazine sich befinden, und in welchen er mit seiner Familie, die nun mit mir in sieben Personen bestand, die Zeit wechselsweise zubringe. Ich, sagte er, bin schon 20 Jahre in diesem Hause und habe ihn als einen Knaben von zehn Jahren angetroffen, er zählt nun 30, seine Schwester Fatime *) aber, die erst während dieser Zeit geboren worden ist, ist 14 Jahre alt. Schon bei dem Tode seines Vaters erhielt ich die Freiheit, allein ich wußte nicht wohin; meine Freunde werden gewiß alle gestorben seyn, und hier geht mir nichts ab, so blieb ich lieber und will auch in diesem Hause mein Leben beschließen. Kann ich nicht mehr dienen, so hab ich vom Herrn das Versprechen, versorgt zu werden. Ich bin aus Sklavonien, und ward 1718 im vorigen Kriege, den der Kaiser mit der Pforte geführt hat, gefangen, und dem Vater unsers Herrn verkaufet, der mich immer sehr leidlich behandelt hat. Du kannst Gott danken, daß du in diese Hände gekommen bist, es kommt nun nur auf dich an, wie du dich aufführen wirst. — Durch diese kurze Schilderung fiel mir ein Stein

---

*) Das Andenken Fatimens, Mahomets einziger Tochter, ist den Türken so ehrwürdig und heilig, daß sie beinahe allen ihren Töchtern diesen Namen beilegen. Doch hüten sie sich denselben einer Uebergetretenen zu geben, aus Furcht, daß er entheiliget werden möchte, wenn diese etwa wieder zur vorigen Religion zurückkehren sollte.

vom Herzen, ich versprach, mich so zu betragen, daß sich Niemand darüber beschweren soll; nur fürchtete ich, besonders im Anfange, bis ich den Hausgebrauch kenne, oder bestimmt wisse, welcher Verrichtung ich obliegen solle, mißhandelt zu werden; weiß ich dieselbe einmal, so wird mir sie Niemand mehr heißen dürfen. Dies hast du nicht zu befürchten, es ist bei uns nicht, wie in andern Häusern. Der ist ein Türk, nur dem Namen nach, und ganz anders, als viele seines Gleichen, die nie aus ihrem Neste gekommen sind. Er kennt die Menschen und ihre Gebrechen, und hält ihnen aus dieser Ursache auch vieles zu gut, das andere minder Aufgeklärte mit Schärfe bestrafen.

Unter diesen erquickenden Gesprächen kamen wir zu Omars, meines Herrn Hause, das zu Ende einer sehr engen und dunklen Gaße lag: Kurul, mein Kamerade trat bei Annäherung zu demselben vor und klopfte an das Hausthor, das von inwendig durch einen Drathzug geöffnet wurde. Das Herz schlug mir im Hineingehen gewaltig, und ich nahm nach europäischer Art meine Mütze vom Kopf. Kurul führte mich in unsern Aufenthalt, der neben dem Hausthor in einem saubern hellen Zimmer bestand, wo das Tageslicht durch zwei kleine Glasfenster hinein fiel. Gegen der Wand war ein von beiläufig anderhalb Schuh errichtetes Gestelle mit Brettern, worauf ein Teppich und über denselben mehrere mit Roßhaaren gestopfte Polster lagen, die unsere Betten aus

machten, ein niederer Tisch und einige Stühle.
Nun fragte mich Kurul, wie ich hieße, ich sagte
Georg. Ha, rief er: Jurko, gut! unter diesen
Worten trat Omar ein, und gab Kurul einige
Befehle, die, wie ich merkte, mich angiengen.
Dieser verließ das Zimmer, sagte mir aber, nur
seiner hier zu warten, und gieng fort. Er war
ungefähr eine Stunde aus, als er mit zwey
Menschen eintraf, deren einer einen Pack auf
dem Kopf hatte, den er in unserm Zimmer ablegte,
und eine vollständige Kleidung für mich enthielt.
Ich mußte mich auf einem Lehnstuhl setzen, worauf
mir der andere von diesen Zweyen die Haare am
Kopf sehr kurz abschnitte, und zugleich auch bar-
birte. Wie dieses vorüber war, mußte ich mich
reinlich waschen, und dann vom Fuß bis zum Kopf
neu und recht sauber ankleiden. An Kleidungs-
stücken hatte ich alles doppelt, Hemden aber und
Binden nebst Schnupftüchern von jedem ein halb
Dutzend; denn Kurul sagte mir, daß der Herr
die Reinlichkeit an seinen Leuten sehr gerne sehe,
nichts aber weniger vertragen könne, als Schmutz
und Unreinigkeit. Da ich also ganz angezogen
war, wobei mir Kurul als Kammerdiener hülfreiche
Hand geleistet hatte, mußte ich mit ihm in das
Speisezimmer, um den Tisch zu decken. Dies war
das erste Mal, daß ich eine türkische Wohnung
betrat. Wie erstaunte ich aber, als ich dasselbe
so schön fand; ich konnte meine Verwunderung
nicht verbergen, und sagte es meinem Kameraden,
welcher mich bedeutete, daß die übrigen noch viel

schöner wären. Da nun alles in Ordnung war,
sagte er mir kurz, was wir zu thun hätten, und
wie ich mich dabei verhalten müsse. Jetzt kam
Omar und betrachtete mich von allen Seiten.
Meine Gestalt, die durch die saubere und gut
passende Kleidung sowohl als durch die übrige
Reinlichkeit ein besseres Ansehen bekommen hatte,
setzte ihn in eine Art von Entzücken, das seine
Herzensgüte ganz an den Tag legte, er klopfte mich
auf die Achsel und sagte mir in wälscher Sprache:
ich sollte mich nur gut aufführen, so würde ich mich
über meinen dermaligen Stand nie zu beklagen
Ursache haben. Ich neigte mich zum Zeichen meiner Versicherung; dann giengen wir in die Küche,
und holten die ersten Speisen, die in Schüsseln
von feiner Erde oder sogenanntem Porcellain, mit
dergleichen Deckeln angerichtet waren. Sobald
wir dieselbe auf den sehr niedern, nur etwa zwei
Spannen hohen Tisch gesetzt und die Polster für
drey Personen um denselben gerichtet hatten, erschien Omar mit zwey Frauenzimmern, die anfänglich verschleyert und sehr nett gekleidet waren, in
dem Speisezimmer, sie setzten sich endlich und fin-
gen an zu essen. Ich stand unbeweglich an der
Seite meines Patrons, und Kurul bei den Frauenzimmern. Noch hatte ich nicht wahrgenommen,
daß die Frauenzimmer ihre Schleyer zurückgelegt
hatten, erst dann bemerkte ich es, wie ich Omar
die Teller wechselte und seine Schwester auf ihn
redete. Ein Blick, den ich diesen Augenblick auf
sie warf, begegnete dem ihrigen, als sie mich be-

trachtete, und trieb mir die Röthe ins Angesicht,
ich schlug aber die Augen zur Erde, in der Meinung, ein Verbrechen begangen zu haben, das ein
Sklave nie wagen sollte. Es wurde während der
Tafel viel gesprochen, doch alles auf türkisch, wovon, wie ich aus einigen Mienen vermuthen konnte,
ich die Veranlassung war. Mein Herr trank Wein,
wie es viele andere ebenfalls thaten, wenn sie allein
speiseten, und ich nach der Hand oft erfahren habe,
die Frauenzimmer aber hatten ein anderes Getränke, das ich noch nicht kannte. Sie saßen fast
eine Stunde, verließen die Tafel endlich und begaben sich in das Zimmer, woraus sie gekommen
waren. Nun trugen wir ab, und stellten alles
wieder in Ordnung. Man brannte Sandelholz,
um das Zimmer auszuräuchern, während welchem
der Kaffeh bereitet wurde. Diesen trug ich auf
einem Teller in einer silbernen Kanne und Kurul
trug die Schalen. Sie saßen alle drey neben
einander auf rothdamastenen Polstern und hatten
ein kleines niedriges Tischchen vor ihnen, auf das
ich den Kaffeh stellte. Kurul schenkte selben ein,
ich aber präsentirte solchen nach der Reihe wie sie
saßen; da nun jedes versehen war, standen wir
und warteten bis sie geendet hatten; trugen die
Geschirre zurück, und giengen endlich auch zum
Essen. Dieses hielten wir in einem Zimmer neben
der Küche, wobei Kurul und ich, die Köchinn,
welche eine freie Türkinn und etwa dreyßig Jahre
alt war, und noch ein Mädchen, das eine Sklavinn

und aus der Wallachey gebürtig war, die Gesell=
schaft ausmachten.

Ich freute mich recht, daß ich den ersten Dienst
verrichtet hatte, und hoffte mit der Hülfe des Him=
mels und durch die Bereitwilligkeit meines Kame=
radens auch das übrige nach und nach zu lernen,
was mir noch obliegen solle; nur wünschte ich, die
sogenannte fränkische Sprache, die die allgemein
übliche unter unsers gleichen seye, wie Kurul sagte,
bald Gelegenheit zu haben, erlernen zu können,
bis dahin tröstete ich mich mit der lateinischen
Sprache, weil in unserem Hause wälsch gesprochen
wurde, so gut als möglich zu helfen; ein Glück
war es allerdings für mich, daß Kurul so halb
und halb deutsch sprach, welches mir eine große
Hülfe war.

Als wir nun nach dem Essen in unserm Zim=
mer, und ich meine übrige Kleidung in einem
Schranke, den mir Kurul angewiesen, eingesperrt
hatte, wurde eine kleine Glocke gezogen, die zum
Herrn zu kommen, bedeutete. Kurul gieng dahin,
kam aber gleich wieder und meldete, daß wir mit
dem Herrn ausgehen würden. Er nahm sodann
seine Eisen und legte sich selbige um den linken Fuß
und um die linke Hand, und gab mir deren eben=
falls, daß ich es so mache. Sie waren nicht schwe=
rer, als höchstens zwei Pfunde. Er sagte mir,
daß wir, obschon wir im Hause keine trugen, ohne
solche nicht auf der Gasse unter den Türken er=
scheinen dürften, wenn wir nicht Ungelegenheiten
ausgesetzt seyn wollten, von welchen selbst der Herr

nicht verschont bleiben würde. Sobald wir in
Ordnung waren, erschien Omar, und wir beide
folgten ganz bedächtlich. Wie wir so durch die
Gaßen, die mit ungemein vielem Volke angehäuft
waren, fortwanderten, waren die meisten Augen,
denen ich mit meinem neuen Anzuge sowohl als
der übrigen guten Gestalt auffiel, auf mich gerichtet, worüber sogar dem Herrn selbst von einigen
Bekannten, die ihm begegneten, und wie ich aus
den wiederholten Betrachtungen meiner Person
schließen konnte, Komplimente gemacht wurden,
die ihm vermöge seines freundlichen und zum Theil
auch vergnügten Betragens gegen dieselben nicht
mißfallen haben mußten. Wir kamen endlich in
ein sehr unansehnliches Haus, und gleich bei dem
Eintritt erblickte ich eine Stallung, auf die er
zugieng. Kurul deutete mir, daß hier des Herrn
Pferde wären; ich sah deren vier, wovon zwei vom
Kopf bis auf die Füße verhüllt waren. Sobald
Omar den Stall betreten hatte, winkte er mich zu
sich und zeigte mir die Pferde nach der Reihe. Er
fragte mich, ob ich gut reiten könne, ich sagte ja.
Er ließ sich also einen goldbraunen Türken, ein
sehr schönes Thier satteln, und ich erhielt einen
Schimmel; ich richtete mir das meinige selbst,
indem ich die Steigbügel nach meinem Fuß schnal-
len mußte. Wir ritten nur Schritt für Schritt
in den Gaßen, bis wir endlich bei einem Stadtthor hinaus gegen den Meerhafen zu kamen. Nun
ritt er scharf, allein ich blieb ihm nichts schuldig,
mein Pferd zieng sehr gut und ließ mit sich machen,

was ich wollte; trottirte er, so that auch ich es,
ich fiel mit ihm in alles ein; dieses gefiel ihm.
Ha, schrie er, bravo, Jurko! bravo! welches mir
ebenfalls schmeichelte, und so kamen wir unvermerkt dem Hafen zu. Nachdem wir beiläufig
mehr als zwei Stunden so zugebracht hatten, wendeten wir uns gegen eine andere Seite der Stadt,
die sich von außen ungemein prächtig zeigte, und
kamen endlich sehr ermüdet, wozu die Hitze, die
uns die Sonnenstrahlen sowohl als selbst die starke
Bewegung durch das Reiten verursachte, das meiste
beitrug, gegen den Abend in Omars Wohnung
zurück. Das Thor öffnete sich bei unserer Ankunft,
und wir ritten in selbiges, wo ich die Schwester
des Herrn und das andere Frauenzimmer am Fenster erblickte, die uns in unserm Aufzuge betrachteten.
Wir stiegen ab und die Stallknechte führten die
Pferde in ihre Behörde. Omar gab mir seine
Zufriedenheit an der Stelle zu erkennen, die ich mir
durch die erwiesene Geschicklichkeit im Reiten erworben hatte; ich beugte mich dafür ehrerbietig,
weil ich anders nichts thun konnte, und gieng in
unser Zimmer, um mich abzukühlen, Kurul aber
zum Herrn, um ihn zu entkleiden.

Nach etwa einer Stunde kam Kurul vom
Herrn zurück, wo ich mich unterdessen gereiniget,
und alles in Ordnung gebracht hatte, um, wie
ich vermeinte, zum Dienst beim Nachtmahl ge-
bührend erscheinen zu können, allein ich vernahm,
daß wir Abends, wenn kein Gast da wäre, nichts
dabei zu thun hätten, und daß Fatime und Zam-

rem, so hieß das eine Frauenzimmer, die der er=
stern Gouvernante, und eine zum mahometanischen
Glauben übergetretene Italiänerinn wäre, sich
durch die Weibsleute sich beim Nachtmahl bedie=
nen ließen, weil der Herr gewöhnlich Abends
nichts zu sich nehme, sondern nur, um beiden
Gesellschaft zu leisten, denselben beiwohne. Nun
aber sagte er mir mit einer besondern Freude, daß
wir in einigen Tagen die Stadt verlassen, und die
Wohnung in Galata beziehen würden, die ihrer
angenehmen und reizenden Lage, und der gesün=
dern Luft wegen jener in der Stadt weit vorzu=
ziehen wäre, und wo man überhaupt mehr Frei=
heit genieße, und nicht die ganze Zeit so eingesperrt
zu leben gehalten sey. Ein überaus schöner und
großer Garten, der zu diesem Hause gehöre, und
der mit dem köstlichsten Obst prange, vermehre
das Angenehme derselben um vieles, wozu der
Eintritt den Hausleuten, wenn auch der Herr und
die Frau sich darinnen befinden, immer freistünde,
die sich dann sehr oft in Gespräch, oder auch gar
in unterhaltende Spiele zur Verkürzung der Zeit
auf die herablassendste Art einließen. Fatime,
sagte er, sey eine Liebhaberinn der Musik, sie
spiele das Clavier sehr meisterhaft, welches ihr
Omar für vieles Geld von Wien auf der Donau
habe bringen lassen, und in welchem sie ein Sklave
von ihrem 7ten Jahre an unterrichtet hat, dem der
Vater unsers Herrn bei seinem Tode dieser wegen
die Freiheit geschenkt hat. Sie sänge sehr an=
genehm, wobei ihr Zamrem, die ebenfalls eine

gute und liebliche Stimme habe, Gesellschaft
leiste. Bei dieser Erzählung fiel mir ein, daß
auch ich eine Musik könne, und sagte zu Kurul,
ob man nicht ein Hautbois, oder auch ein Flageolet zu kaufen bekäme; warum zu kaufen? antwortete er, unser Herr hat deren selbst, und
bläset sie: ist das möglich? rief ich aus, wenn
ich eine haben könnte, wie lieb wär mir es. Ich
hatte diese Worte kaum ausgesprochen, so verließ
Kurul das Zimmer, und meldete Omar meine
Wünsche. Erfreut über diese Nachricht, befahl
er, mich zu rufen. Ich erschrack anfänglich, doch
ich faßte mich, und gieng herzhaft dahin; unter
dieser Zeit holte er aus seinem Zimmer zwey Haut-
boen sammt Noten, und gieng eben in das Zimmer der Fatime, als ich eintrat, wohin ich ihm
folgen mußte. Die Frauenzimmer kamen ihm
entgegen, und wunderten sich sehr, da ich nach
einer derselben griff, und probirte. Sobald ich
merkte, daß das Rohr gut sey, bließ ich einige
Paßaden in so angenehmen Tönen, daß sich alle
erstaunten, Fatime fiel mir in den Arm, und
schrie: bravo, bravo! ich neigte mich, und
schwieg. Während dem legte Omar die Noten
vor, ich bließ Secundo, und da ich es durchsah,
las ich: Von Wagenseil in Wien. Nun giengen
wir zu Werke, und ich ward nach Vollendung desselben von einem wie vom andern ungemein ge-
lobt. Ich hatte selbst nicht so viel Zutrauen zu
mir, daß ich auf diesesmal so bestehen würde,
weil ich schon eine geraume Zeit nicht geblasen

hatte, ob ich mich gleich zur Zeit, als ich in Un=
garn lag, täglich, und mit aller Anstrengung dar=
innen übte, und von jedem Kenner das unpar=
theiische Lob des Unverbesserlichen erhielt. Diese
musikalische Geschicklichkeit gewann mir von die=
sem Augenblicke die Gnade der Fatime und des
Omars, die ich auch unausgesetzt, und immer
mit mehrerem Eifer zu verdienen beflissen war.
Der größte Vortheil, der mir bei dieser Gelegen=
heit erwuchs, war, daß ich Fatimen ohne er=
röthen zu dürfen, betrachten konnte. Sie war
schön, wie ein Engel; erst vierzehn Jahre alt,
hatte sie schon alle Reize der Grazien ihres Ge=
schlechts; Wohlwollen gegen alle war in ihren
Augen zu lesen, das der sanfte Blick derselben je=
dem, den er traf, mit Zuversicht verkündigte; ihre
einnehmende Stimme, die wie der Ton der lieb=
lichsten Harmonie durch die Seele drang, war dem
Laut einer beglückenden Gottheit ähnlich, die den
Sterblichen Heil und Glückseligkeit zurief; mit ei=
nem Worte: sie war ein Engel in Menschengestalt,
und man ward unschlüssig, ob man mehr die
Schönheit ihres Körpers, oder die Güte ihrer
schönen Seele bewundern sollte.

Noch voll von Empfindungen des Mitleids,
das die betrübte Lage meines so unverdienten
Sklavenstandes in ihrem zärtlichen Herzen erregt
hatte, zu dem mich das unerbittliche Verhäng=
niß meiner so vielen Vorzüge ohngeachtet den=
noch verdammt hat, und der mir bei all der gu=
ten Behandlung, die ich in dem Hause ihres

Bruders zu erwarten hatte, aus der Ursache beschwerlich fallen mußte, weil ich mich in keiner der Sprachen ausdrücken konnte, die in ihrem Hause gesprochen wurden, gieng sie in ihr Cabinet, und kam über eine Weile mit einem Buch in der Hand auf mich zu, und übergab mir solches mit diesen Worten: „Hier ist eine Grammatik, aus der man wälsch und französisch lernen kann, welches einem, der lateinisch versteht, nicht schwer fallen wird.“ — Omar bejahte die Worte seiner Schwester, und Zamrem sagte, daß sie und Fatime die Lehrmeisterinnen seyn, und mich bald zum reden zwingen würden. Ich nahm das Buch, und dankte ganz ergebenst für die Gnade, mit dem Versprechen, mir alle Mühe zu geben, diesen Zweck bald erreichen zu können. Da ich also hier nichts mehr zu thun zu haben glaubte, wollte ich mich entfernen; Allein Omar zog die Glocke, und Kurul erschien, dem er den Auftrag gab, mir zu sagen, daß er beschloßen habe, mir die Aufsicht über die Pferde aufzutragen, weil er gesehen, daß ich ein guter Reiter sey, dem Pferde von diesem Werthe anvertrauet werden können. Ich sollte künftig hin alle Tage im Stalle nachsehen, ob die Pferde gut und ordentlich gepfleget werden, selbige ausreiten, wie ich wolle, ohne ihn zu fragen, und es übrigens mit ihnen halten, als wenn sie mir eigen wären. Er werde Morgen mit mir dahin gehen, um den Stallknechten anzudeuten, daß sie mir in allem den strengsten Gehorsam

leiften. Ich versprach alles genau zu erfüllen,
was er befehlen würde, und nun gieng ich und
Kurul zum Nachtmahl, mit dem man schon eine
gute Zeit gewartet hatte.

Ganz in Gedanken vertiefet verzehrte ich
daffelbe, ohne zu merken, was ich genoßen hatte,
wozu das ftille Betragen, das bei dem Tisch
herrschte, noch mehr beitrug. Nach dem Effen
begaben wir uns in unfer Zimmer und da ich
hörte, daß wir heute nichts mehr bei Omar zu
thun hätten, so trachtete ich nach der Ruhe, um
unter dem Vorwand des Schlafes meinen Gedanken über die wunderlichen Auftritte des erften
Tages meines so glücklich anscheinenden Sklaven-
ftandes nachzuhängen. In diefer Abficht machte
ich mir mein Bette, das aus einer Matraze und
zwey großen Polftern, dann einer sehr reinli-
chen Decke beftand, und legte mich so in Gottes
Namen nieder.

Nun überdachte ich jedes Ereigniß diefes Tages, und merkte, wie wunderbar Gott die Fälle
leite, die den Bedrängten zur Linderung feiner
Leiden eben in dem Augenblick treffen müffen,
wo er das Schlimmfte erwartet. Ich ftellte
mir hierbei den unerwarteten Anblick des Skla-
venmarktes vor, der meine Seele mit einem Male
so zu Boden drückte, daß ich felbft nicht mehr
wußte, ob ich lebend, oder todt fey. Hätte ich
mir nun in diefer verzweiflungsvollen Lage in der
ich am Morgen war, das Glück, das mich durch
meinen Verkauf getroffen, halb so einfallen laffen,

so würde ich mich selbst für einen Träumer oder
Wahnsinnigen gehalten haben; wie sehr muste sich
also meine Seele aus Dankbarkeit vor Gott ernie-
drigen, daß er diese für mich so schreckliche Aussicht bei all meinem Unglück dennoch so gewendet
hat, daß ich mich in Mitte desselben glücklich
schätzen, und mit meinem Schickfal zufrieden
seyn konnte. In diesen erquickenden Gesinnungen überfiel mich der Schlaf, aus dem ich erst
gegen vier Uhr des Morgens erwachte.

Ganz in der Stille verließ ich mein Lager,
und zog mich an, um meinen Kameraden der
Ruhe nicht zu berauben, die er noch wirklich genoß, und die ich ihm so herzlich gerne vergönnte.
So bald ich mit allem fertig war, nahm ich die
Grammatik in die Hand, und fand zu meinem
größten Vergnügen, daß sie nebst der wälschen
und französischen Sprache auch die deutsche enthielt; ich durchgieng sie mit Aufmerksamkeit, und
entwarf mir einen Plan, in welchem ich nach
den Regeln der lateinischen, auch mit wälschen,
die ich in meiner dermaligen Lage der französischen
vorzog, verfahren wollte, mit welchem es mir
auch in der Folge so gelung, daß ich mich, bevor noch drey Monate verflossen waren, in dem
nothwendigsten ganz verständlich ausdrücken konnte, welches meiner Herrschaft nicht nur angenehm, sondern mir selbst sehr vortheilhaft war.
Was aber am meisten dazu beitrug, war das
gnädige Betragen Fatims und Zamrems, die nach
der Hand, da ich schon einige Zeit im Hause

war, sich beständig mit mir abgaben, und bald von diesem und jenem in wälscher Sprache mit mir redeten, wodurch ich nicht nur eine Fertigkeit erlangte, sondern auch mit jenen Ausdrücken in der Sprache selbst bekannt wurde, die der Sache, wovon die Rede war, als eine Eigenheit angehörten.

Unterdessen wurde im Hause alles munter. Ich fragte Kurul, ob wir des Morgens nichts beim Herrn zu thun hätten, er sagte aber nein, nur müsse man ihm frisches Wasser und die Zugehör in Bereitschaft halten, und die Kleidung vom Staube reinigen, die dann wieder an den Ort hingeleget werden, wo man sie gefunden hat. Er kleide sich selbst an, und nehme das Frühstück bei seiner Schwester, das die Weibsleute besorgen. Verlange er übrigens etwas, wozu er uns nöthig habe, so rufe er uns durch die Klingel. Dieser kurze Unterricht gab mir auch von dieser Seite Kenntniß, und wir giengen nun das herzurichten, von dem wir erst geredet hatten, wonach wir uns wieder in unsere Stube verfügten. Nun fiel mir ein, daß mir die Kette gestern beim Aufsitzen wegen ihrer Kürze hinderlich war, und fragte, ob keine längere vorhanden wäre, o ja! sagte Kurul, und öffnete einen Schrank, mit dem Bedeuten, mir eine zu wählen, wie ich sie zu meinem Vorhaben bedürfe. Ich nahm so dann eine, die mir dienlich schien, und legte sie in Bereitschaft, weil ich mir vorstellte, daß ich sicher würde reiten müssen. Nach beiläufig einer Stunde wurde die Klingel gezogen.

Kurul

Kurul gieng und brachte mir den Bescheid, daß
Omar gleich kommen würde. Wir legten dann
unsere Ketten an und begleiteten ihn. Sobald
wir in dem Stalle angelangt waren, hielt er den
Knechten eine Rede, in welcher er ihnen meldete,
daß er mir die Aufsicht über die Pferde übertragen
habe, daß sie mir in allem und jedem, was ich
immer thun und befehlen würde, so wie ihm selbst,
Gehorsam leisten sollten, und daß ich von heute an
die volle Gewalt habe, so oft und wenn ich wollte,
mit oder ohne Begleitung die Pferde zu reiten,
oder auch an der Hand mit führen zu lassen. Zum
Zeichen meines Stall-Kommando übergab er mir
eine sehr schöne mit Leder eingeflochtene Reitpeitsche,
deren er sich sonst selbst bedienet hatte. Nun
deutete ich einem der Reitknechte, daß er sich einen
Klepper, der gestern geruhet hatte, für sich satteln,
und dem andern, daß er mir die Decke von einem
Araber abnehmen solle. Ich legte dabei selbst
Hand an, und war besonders bei dem Mundstück
und der Kinnkette sehr behutsam, erstens ob alles
gut sey und zweitens, daß es dem Thiere selbst
nicht hinderlich falle. Die Vorsicht und Genauig-
keit, die ich dabei beobachtete, gefiel Omar ungemein, besonders da er sahe, wie ich dem mindesten,
das obschon unbedeutend, dennoch von Beträchtlichkeit werden könnte, abzuhelfen wußte. Wie alles
in Ordnung war, ließ ich meinen Araber vorführen,
der ein schönes, junges und frisches Thier war,
und schwung mich mit einer anständigen Leichtig-
keit auf denselben, ritt ganz gemächlich durch die

6

Gaßen auf das Thor zu, wo ich gestern mit Omar hinausritt. Sobald ich außer der Stadt gegen den Hafen zu war, hieß ich den Reitknecht halten, und nahm mit meinem Pferde die Schule vor, in der ich ihn über eine halbe Stunde in allen Wendungen hielt, dann aber ließ ich ihn Schritt für Schritt einen guten Weg weiter vorwärts gehen, und lenkte ihn links im Galopp gegen ein Stadtthor zu, durch welches ich wiederum zurück in die Stadt kam und nach Hause ritt. Die Hitze war zu stark um noch eines zu reiten, und mußte selbiges bis auf den Abend verschieben; wie ich dann auch für die Zukunft die Ordnung machte, daß die Pferde immer bis 6 Uhr abgefüttert werden mußten, um sie vor der großen Hitze noch nach Hause zu bringen, und so verfuhr ich auch Nachmittag.

Als ich zu Hause ankam, hörte ich, daß Omar noch nicht zurück gekommen sey, Kurul putzte das Tisch-Silber, und ich machte mich über die Grammatik, welche bei müßigen Stunden mein Zeitvertreib wurde. Ich war noch in dieser Beschäftigung, als Omar nach Hause kam und in unsere Stube trat, um zu sehen, ob ich schon zurückgekommen sey, wie er mich erblickte, gab er mir ein Zeichen, ihm zu folgen. Sobald er in seinem Zimmer war, fragte er, wie der Araber sich verhalten habe, ich sagte ihm dann alles, so gut ich konnte, und meldete zugleich, daß mich die Hitze abgehalten hätte, den Goldbraunen auch noch zu reiten, daß ich aber beschlossen hätte, ihn gegen den Abend zu nehmen. Heute nicht, gab er mir

zu verstehen, sondern morgen früh, denn, sagte er,
er war erst gestern aus, es ist genug, wenn sie
die Woche dreimal geritten werden. Mit dieser
Anordnung war ich zufrieden. Dann meldete
ich ihm ferner, daß ich befohlen hätte, wie die
Pferde Morgens immer bis 6 Uhr abgefüttert seyn
sollten, um sie noch vor Anbruch der großen
Hitze bereiten zu können; dies hieß er recht gut;
ich fragte weiter: ob ich also alle Morgen, ohne
mich mehr zu melden, mich zur Nachsicht in die
Stallung verfügen, und dann nach den drei in
der Woche bestimmten Tagen die Pferde bereiten
könne? Ja, antwortete er, es ist auf keine Weise
nöthig, sich zu melden; weil ich weiß, daß ich
einem gesetzten und vertrauten Menschen die
Freiheit auszugehen ertheilet habe, die er zu meinem Dienste verwenden und nie mißbrauchen wird.
Ich betheuerte ihm feyerlich und legte die Hand
auf mein Herz, zum Zeichen der Aufrichtigkeit,
mit der ich spreche, daß Er von mir niemals
etwas zu befahren habe, das Ihm schädlich oder mir
nachtheilig seyn würde. Ich wollte mich nun entfernen, und da ich schon im Umwenden begriffen
war, fragte er mich, ob ich mit Gelde versehen
sey: ich antwortete nein! und sagte, daß mir
der Spahi alles bis auf das Hemd abgenommen
hätte: — Nun griff er in seinen Busen und
gab mir 2 Zechinen aus seinem Beutel, mit der
Bemerkung: er schenke mir dieselben, damit ich
doch nicht gar ohne Geld sey, und mir das verschaffen könne, zu was ich Lust und Verlangen

hätte. Ich küßte ihm dafür die Hand, die er
mir aber recht freundschaftlich drückte, und mich
mit den Worten entließ: ich sollte mich nur immer so betragen, wie gestern und heute, so
würde es mir niemals an etwas mangeln.

Ich war von Omars Güte durchdrungen,
und pries die Vorsicht, die mich ihm zugeführt
hatte. Das wenige Geld, das ich nun in der
Tasche hatte, wirkte so jähe auf mich, daß ich
mich für Freude nicht sogleich fassen konnte. Das
erste, was ich mir zu kaufen vornahm, waren
Schreibmaterialien, die ich als das nothwendigste zu meinem Gebrauch haben mußte. Nun deckten wir den Tisch; sobald die Tafel vorüber,
und auch wir abgespeiset hatten, bat ich Kurul,
mich dahin zu führen, wo man das, was ich
haben wollte, bekomme. Bey einem Armenier,
der unweit unseres Hauses seine Krambude hatte,
erhielt ich alles, was ich brauchte. Der Besitz
dieser Wenigkeiten war mir über alles, und noch
am nemlichen Tage fieng ich nach meinem Plan zu
arbeiten an. Ich lernte, wie ein Schulknabe mit
Anstrengung auswendig, um mich durch eines und
das andere dazu geschickt zu machen, wobey mir
die lateinische Sprache zur Beihülfe diente.

Auf diese Art brachte ich die ersten sechs Tage
im Hause Omars hin, als mich ein lautes Geschrey,
das ich bisher noch nicht beobachtet hatte, nach
Mitternacht weckte. Unruhig darüber rufte ich
Kurul, der mich aber, als er erwachte, auslachte und
folgenden Bescheid ertheilte: „Dieses Geschrey, sagte

er, ist die Aufrufung zum Gebet der Muselmänner,
welches sie von den Thürmen der Moschee des
Sultan Achmet, die unweit von unserm Garten
entfernt steht, statt der Glocken machen. Die
Türken haben zu ihrem Gebete fünf Eintheilungen.
Das erste Gebet verrichten sie vor Aufgang der
Sonne, das zweite zur Mittagsstunde, das dritte
zwischen Mittag und Sonnen=Untergang, das
vierte nach Sonnen=Untergang, und das fünfte
um halb zwey Uhr nach Mitternacht. Sie
schreien aber auch um so stärker heute, weil
Freitag ist, der bei ihnen eben das für sich hat,
was bei uns Christen der Sonntag." Dieses zu
wissen war mir sehr lieb. Ich verweilte zwar
noch eine Weile im Bette, da mir aber der Schlaf
gänzlich vergangen war, stand ich auf, und
kleidete mich an, um, wenn es Zeit seyn würde,
den Pferden nachzusehen, bis dahin aber überließ
ich mich meiner Beschäftigung im Schreiben. Als
ich mir nach dessen Vollendung Wasser vom Brun=
nen holte, traf ich im Hof eine Weibsperson an,
die ich noch nie gesehen hatte, die mich aber sehr
freundlich grüßte, und in eine Ecke neben dem
Garten hineingieng. Ich fragte Kurul, wer dort
wohne, er sagte mir, es sey ein schon bejahrter
Türk, der viele Jahre bei Omars Vater im Dienste
gewesen, und nun als Beschliesser zugleich auch
den Garten versehe; dieses junge Weib habe er
sich erst vor einem Jahre genommen, die er aber
bei all ihrem Fleiß und Eingezogenheit dennoch
sehr hart halte, worüber ihm der Herr schon oft

seinen Unwillen zu erkennen gegeben habe. So
darf man auch in den Garten gehen? fragte ich,
Ja, war Kukuls Antwort, er ist auch darum immer offen, außer wenn Omar oder Fatime allein
darinnen seyn wollen, und da sperren sie ihn immer von innen zu. Diese Nachricht war mir
erwünscht. Ich nahm mir gleich vor, wo möglich heute noch, wenn Omar und Fatime in
der Moschee *) seyn würden, wie Kukul gesagt hatte, in den Garten zu gehen. Nun aber
schien es mir Zeit zu seyn, meine Geschäfte zu
besorgen. Ich traf aber alles in bester Ordnung
da an, hielt mich eine kurze Zeit dabei auf, und
nachdem ich den Stallleuten zu verstehen gegeben,
daß ich heute nicht ausreiten würde, begab ich
mich wieder nach Hause.

Ich fand wirklich unter dem Gewühle der
vielen Menschen, die sich in den Gassen befanden, keine Unterhaltung, wiewohl mir die
Tage, die ich in dieser großen Stadt schon zugebracht hatte, noch nichts widriges aufge-
stoßen war. Was mich noch unterhielt, war,
weil ich im Reiten mich da und dorthin begeben
könnte, wo etwas zu meiner Notiz zu sehen wäre,
was einem Fußgänger, und besonders einem

---

*) Die Mannspersonen sind in den Moscheen zu
ebner Erde, das Frauenzimmer aber, wenn es dahin
geht, welches selten geschieht, befindet sich auf der Gallerie in der Höhe, oder unter den Schwibbogen von
der Moschee.

Sklaven, wegen der erstaunlichen Größe der Stadt sehr sauer werden würde. Ich nahm nun meine Schreiberei wieder vor, hatte aber noch wenig daran gemacht, als Kurul sagte, daß Fatime und Zamrem in die Moschee zu gehen Willens wären, und dazu schon bereitet seyen. Ich wollte sie gerne sehen, ohne daß es den Anschein des Vorwitzes haben sollte; ich nahm daher den Wasserkrug und stellte mich unter die Thüre, womit ich, wenn ich sie auf der Stiege hören würde, zum Brunnen eilen wollte, wo sie vorbeigehen mußten. Ich stand noch nicht lange, als ich das Geräusche der Kleider hörte. Wie ich sie nun bald zum Vorschein zu kommen glaubte, machte ich mich ganz langsam von der Thüre weg, als sie mir schon entgegen kamen. Ich blieb ganz ehrerbietig stehen, und neigte mich, Fatime aber gab mir auf wälsch einen guten Morgen, und Zamrem fragte, wie es gienge, ich beantwortete beide Fragen in der nämlichen Sprache, und sie verließen mich. Ich blieb, wie angeheftet, an der Stelle, und konnte mich von dem majestätischen Wesen der Fatime, welches ihr Wuchs und Gang mittheilten, nicht erholen, eine unwillkührliche und mir unbekannte Gewalt riß mich hin, ihr, so lang ich konnte, mit den Augen zu folgen. Beide waren weis gekleidet, und die Art dieses Anzuges gab beider gutem Körperbau noch mehr Ansehen. Sie trugen ganz kleine, aber hohe Turbans, von deren Spitze ein dicker Schleyer bis tief zur Erde herabhieng, wodurch sie zwar sehen, aber im geringsten nicht ausgenommen, noch erkennt werden konnten. Der Taumel, mit dem ich behaftet war, verließ mich, als das Thor hinter ihnen geschlossen ward, und ich begab mich in tiefen Gedanken mit Fatime beschäftigt in das Zimmer. Ich war nicht lange darin, als Omar ganz zierlich angekleidet sich gleichfalls in die Moschee begab. Wir machten einen langen Weg, bis uns endlich ein sehr großes und prächtiges Gebäude in die Augen fiel, das die vormals christliche, und der heiligen Sophia geweihte Kirche war. Wir trafen eine Menge Menschen beiderlei Geschlechts an, die sich aus der Ursache dahin verfügten, weil der Sultan selbst jeden Feyertag dieselbe besucht. Sie steht gerade dem großen Thore des Serails gegen über, aus welchem er zu Pferde von den Azamoglans *) begleitet, seine Andacht zu verrichten kommt. Da es einem Christen nicht erlaubt ist, die Moschee zu betreten, so verließen wir unsern Herrn, und ich nahm meinen Rückweg nach Omars Hause.

Als ich da angelangt und geklopft hatte, öffnete mir des Beschliessers Weib, die ich gestern

---

*) Sind meist solche junge Leute, die zu Gefangenen gemacht, oder von Morea und Albanien statt des Tributs gegeben werden; die schönsten von ihnen kommen in das Serail, wo sie erzogen, oder zu dem Janitscharen-Corps abgegeben werden.

das erstemal früh im Hofe angetroffen hatte, das
Thor. Mit eben der Freundlichkeit, als gestern,
redete sie auf mich, das ich aber zu meinem Verdruß nicht verstand. Ich gieng in das Zimmer,
nahm die Grammatik, und machte mich mit dieser
gegen die Gartenthüre; da die Beschliesserinn meine
Absicht merkte, öffnete sie. Ich sah einen nicht
großen, aber sehr angenehmen, und mit vielen
Bäumen besetzten Garten, in dessen jedem Ecke
ein Lusthaus, worinnen Ruhebetter standen, errichtet war. Ich betrachtete alles genau, und
dachte, daß Fatime und Zamrem auf solchen zuweilen der Ruhe genießen würden, wenn die Hitze
in ihren Zimmern sie eine angenehme Kühle zu
suchen zwänge, und ich betrog mich auch nicht,
wie ich nachher selbst oft erfahren habe; hatte aber
übrigens nicht das Herz, mich auf eines desselben
niederzulassen. Sie waren mit allen Gemächlich-
keiten versehen, um jedem Bedürfniß, das einem
zustoßen könnte, abzuhelfen. Nachdem ich den
Garten von allen Seiten durchstrichen hatte, suchte
ich einen Ort, wo ich vor den Sonnenstrahlen, die
diesen Tag ungemein brennend waren, gesichert, mich
mit meinem Studium abgeben konnte. Ich wählte unweit des Eingangs einen Schatten, und ließ
mich in der Absicht unter solchen auf die Terrasse
nieder, daß, wenn etwa nach mir gerufen würde,
ich es leichter vernehmen könnte, wiewohl ich, da
es noch nicht zehn Uhr war, dies nicht zu befürchten
hatte. Ich nahm sonach mein Buch, und übte
mich eine gute Weile mit aller Anstrengung, bis

mir endlich die außerordentliche einen Schlaf verursachte, von dem ich mich nicht entwehren konnte.
Die Grammatik entfiel mir, und die Papiere, auf
welchen ich ein und anderes schriftlich angemerkt
hatte, lagen zerstreut um mich herum. Unter
dieser Zeit kamen Fatime und Zamrem aus der
Moschee zurück. Die Hitze trieb sie beide in den
Garten, um sich abzukühlen. Die Beschließerinn
sagte der Fatime in Geheim, daß ich darinnen sey,
diese, ohne gegen Zamrem etwas zu erwähnen,
gieng unter dem Scheine eines Spaziergangs auf
jene Gegend zu, wo sie mich schon erblickt hatte,
während dieser Zeit Zamrem in das Sommerhaus
gieng, um sich darin zu erquicken. Die um mich
zerstreuten Papiere, und das entfallene Buch waren Zeugen meines tiefen Schlafes; sie schlich sich
mit aller Behutsamkeit zu mir, hob ein Blatt auf,
und schrieb in der Eile mit einem Bleistift folgende
Worte in wälscher Sprache unter die von mir ge-
machten Anmerkungen: „Lieber Unglücklicher! Dein
Schicksal, das Dich so unverdient betroffen, hat das
Herz einer Dame gerührt; sie will Dir wohl, und
es hängt nur von Dir ab, glücklich zu werden.
Uebrigens sey verschwiegen!“ — Dieses Blatt
legte sie ganz sanft auf die Erde, und verließ
mich. Sobald sie so weit von mir entfernt war,
daß ich sie nicht mehr sehen konnte, rufte sie der
Zamrem, um mich dadurch zu ermuntern, die ihr
auch aus dem Sommerhaus antwortete. Ich erwachte auf diesen Laut, ohne zu wissen, woher
er gekommen, raffte meine Papiere zusammen,

legte sie in das Buch, und machte mich, so geschwind ich konnte, aus dem Garten in mein
Zimmer.

Da ich im Hause Niemand hörte, auch Kurul
noch nicht angekommen war, und mir dennoch
bald Mittag zu seyn schien, so gieng ich in das
Speisezimmer, um den Tisch zu decken, und richtete unterdessen alles in Bereitschaft. Ich war
schon mit allem fertig, als beide Frauenzimmer
die Treppe herauf kamen. Fatime fragte mich, ob
Omar zu Hause sey? ich antwortete mit nein, und
sie giengen in ihre Zimmer, sich zu entkleiden.
Als ich noch am Brunnen mit Reinigung des
Wassergefässes beschäftiget war, traten Omar und
Kurul in das Haus. Bald, nachdem die Kleider gewechselt waren, wurde gespeiset. Fatime
war haute sehr aufgeräumt, und unterhielt ihren Bruder beständig in türkischer Sprache, wobei
alle drey mehrmals in ein ausgelassenes Gelächter
ausbrachen. Man trug endlich den Kaffeh auf,
und Omar gab Kurul den Befehl, Morgen alle
Anstalten zu treffen, da er Willens sey nach Galata in das Haus zu ziehen, und dort auch das
Mittagmahl einzunehmen. Während Kurul diesen Nachmittag alles nöthige besorgte, mußte ich
mit Omar in die Stallung gehen, wo er an-
ordnete, daß ein Knecht mit einem Klepper und
dem Goldbraunen sich gegen den Abend nach
Galata heute noch überfahren laßen, und die
Pferde bis zu seiner morgigen Ankunft gut pflegen sollte; dem anderen aber ernstlich befahl, die

nemliche Sorgfalt für die zwey zurückblei=
benden zu tragen, wie ihm dann auch der Be=
schließer täglich nachsehen würde, dem er alles
was sich immer ereignen sollte, sogleich zu mel=
den hätte.

Nachdem auch von dieser Seite alles in
Richtigkeit gebracht worden, machten wir uns
wieder auf den Rückweg nach Hause. Noch hat=
te ich meine Grammatik seit der Zurückkunft aus
dem Garten nicht berührt, ich nahm sie also vor,
um die zusammgesteckten Anmerkungsblätter an ih=
re gehörige Stellen einzutheilen. Da ich aber je=
des derselben durchlesen mußte, um an seinen Platz
zu legen, kam mir auch jenes von Fatime mit
Bleistift überschriebene in die Hand. Ich las es,
las es wieder, und verwunderte mich über den
Inhalt, noch mehr aber, da ich deutlich sahe,
daß es von einer fremden Hand geschrieben sey,
und meine Schrift aus der Ursache ohnmöglich
seyn konnte, da ich keinen Bleistift in meinem
Vermögen hatte. Ich erschrack, wie leicht zu er=
achten, über diesen Zufall, noch mehr aber über
den Sinn dieser wenigen Worte, den ich mir
erst durch Nachsuchen unter den in der Gramma=
tik befindlichen Gesprächen verständlicher machte.
Ich war sehr betroffen, und dachte über das
Wort: „einer Dame“ — nach; welche von bei=
den, Fatime oder Zamrem, könnte dieselbe seyn?
ja, das wußte ich nicht, und konnte mir also
dies Räthsel nicht lösen. Es war immer eine
halbe Liebeserklärung, für die ich es halten konnte,

Sie mag nun von Fatime oder Zamrem kommen,
dachte ich, es ist gleichviel, eine und die andere
sind Türkinnen, durch was wollten sie dich glücklich machen? etwa daß du dich beschneiden ließ-
sest? dafür schauderte mir. Ich gerieth in eine starke Verwirrung. Doch muß ich gestehen,
daß bei allem dem die Eitelkeit in mir rege wurde, und ich mir auf meine gute Gesichtsbildung
diesen verliebten Vorfall schrieb, in dem ich
mich selbst noch mehr bestärkte, wenn ich mir das
gefällige und mehr als freundschaftliche, ja ich
kann sagen, zärtliche Betragen der Fatime, (die
ich aus diesem Grunde auch eher, als Zamrem,
für die Schreiberinn hielt) ihre durchdringenden
Blicke, mit denen sie mich betrachtete, so oft ich
ihr zu Gesichte kam, und mit einem Worte, alles
vorstellte, wodurch sie mir mein Schicksal er-
träglicher zu machen suchte. Doch ich wurde bei
allen diesen Muthmaßungen nicht klüger, und
entschloß mich die Zeit abzuwarten, wo mir vielleicht eine nähere Erklärung über diesen Zweifel
gegeben würde, bis dahin sollte alles ein tiefes
Geheimniß für mich bleiben. Das Blatt aber
legte ich nicht wieder in das Buch, sondern ver-
wahrte es mit aller Sorgfalt, und schätzte es
höher als Gold.

Ich war kaum mit obiger Beschäftigung zu
Stande, als Omar die Glocke zog. Bei meiner
Dahinkunft lagen schon die Instrumente und Musikalien in Bereitschaft. „Wir wollen uns ein
wenig unterhalten, sagte er, weil wir sonst nichts

anders zu thun haben." Ich neigte mich, und
nahm alles, wie es lag, unter den Arm. Er
gieng in das Zimmer der Fatime, wohin ich ihm
folgte. Beide Frauenzimmer waren schon vorbereitet zu dieser Unterhaltung, das Clavier stand
offen, und sobald ich die Musikalien niedergelegt
hatte, nahm jede ihre Partie, und verfügte sich
an ihren Ort. Wir spielten einige Stücke, wo
Zamrem mit ihrer Stimme akkompagnirte, die
recht lieblich sang. Ich hatte sie noch nicht so
betrachtet, wie diesmal. Sie saß mir gegen
über, wo mir jede ihrer Mienen, die einem schönen Gesicht noch mehr Grazie mittheilten, wenn
sie mit Affekt begleitet sind, ins Auge fiel, und
ich gab ihr in meinem Sinne das Lob eines sehr
schönen Geschöpfes, das sie auch wirklich verdiente.
Mit dieser Unterhaltung verfloß beiläufig eine
Stunde, als Omar wieder neue Stücke brachte,
wovon er jedem seine Stimme gab. Da ich nun
die meinige übersah, merkte ich, daß es zwey waren. In der Meinung, daß sich eine von uns
gefähr angeklebt habe, wollte ich sie zurückgeben,
als ich aber las: Flageoleto Solo, fiengen alle
ein lautes Gelächter an, auf das sie sich schon gefaßt hielten. Dann zog Omar dieses von mir
schon längst gewünschte Instrument aus seinem
Kleide, und präsentirte mir es. Ich nahm es
mit einer Freude, die ich nicht verbergen konnte.
Beide Frauenzimmer hatten auch noch keines gesehen, vielweniger davon gehört, und waren um
so begieriger nach seinem Tone, und der Wirkung,

die es im Gehöre verursachen würde. Es kommt
bei diesem lauttönigen Instrumente nur immer auf
die Geschicklichkeit desjenigen an, der es spielt,
damit er ihm die Gewalt benehme, um es lieblich
und angenehm zu machen, worinnen ich mich als
Meister kannte. Da ich solches probirt, und wie
ich mich dabei zu verhalten hatte, abgenommen,
legte ich es auf die Seite, und wir fiengen das
Stück nach ihren Stimmen an, das eines der
schönsten war, so ich je gehört habe. Als wir
nun so weit gekommen waren, wo das Flageolet
einfallen mußte, ergriff ich es mit Eile, blies mit
einer solchen Begeisterung, und brach dabei in
solche rührende Töne aus, die durch die Seele
drangen, und wobei, da ich meiner schönen Zu-
hörerinnen Erstaunen wahrnahm, ich mich selbst
übertraf; man fiel nach dessen Vollendung mit den
übrigen Stimmen wieder ein, und fuhr damit so
lange fort, bis es ihr Ende erreichte.

Kaum schwiegen die Instrumente, als mir
von Seiten der Frauenzimmer sowohl, als Omars
selbst, alles nur erdenkliche Lob ertheilt wurde, ja
es fehlte nicht viel, daß mich Fatime für Freude
küßte. Es war aber auch in der That etwas auf-
ferordentliches, ja man darf sagen, hinreissendes
schon in der Komposition des Stückes selbst, das
durch die Kunst des Spielers, durch Erzwingung
des Lieblichen noch mehr verschönert wurde. Selbst
Omar war davon eingenommen, und fragte mich,
ob er es noch lernen könne, ich sagte ja, und
um so leichter, da er ohnehin die Hauboe bliese,

welches ihm einen großen Vorsprung gewähre,
er würde es aus dieser Ursache in sehr kurzer
Zeit begreifen, nur wäre noch ein gleiches Instru=
ment dazu erforderlich. Dieses äufferte er sich,
wiffe er schon zu erhalten. Ich mußte sonach zur
Unterhaltung ein und andere Stücke nach meiner
Fantasie blasen, die sie ungemein ergözten. Unter
andern fielen mir bei dieser Gelegenheit auch eine
Menge Ober=Oeſterreicher Tänze ein, die ich, weil
sie aus meinem lieben Vaterland waren, dessen
ich mich eben dadurch erinnerte, mit desto mehr
Begeisterung bließ, und den Takt mit dem Fuß
gab, daß so gar auch beide Frauenzimmer sämmt
Omar mir darinnen nachfolgten und endlich mit
solcher Gewalt auf den Fußboden stießen, däß alles,
was auf den Tischen lag, auf die Erde stürzte,
wobei es eben so zugieng, wie zu Linz im Landhause
auf der Redoute, wo man von dem vielen Ge=
stampfe auf dem Orcheſter, das die Muſikanten
mit ihren Füſſen machen, zulezt nichts von der
Muſik vernimmt.

Das Flageolet machte mich zum Abgott der
Familie. Jedes derselben gieng mit mir in einem
solchen Grade der Freundschaft und der Vertrau=
lichkeit um, als ob ich ein Glied derselben wäre,
ohne auf den Abstand zu sehen, der sich zwischen
ihnen und mir befinde. Es war auch in der That
vielleicht im ganzen türkischen Gebiete, oder doch
wenigstens in Konstantinopel das einzige Haus,
wie ich es nachher erfahren habe, wo Herr und
Frau mit ihren Dienern und Sklaven so menschen=

freundlich, liebreich und so zu sagen, brüderlich umgiengen, und wo die Untergebenen so viele Freiheit hatten, sich dem Serail oder den Frauenzimmern ungescheut nähern zu dürfen.

Wie ich nun merkte, daß die musikalische Ergötzlichkeit ein Ende hatte, räumte ich alles zusammen, und nahm das Bezauberungs-Instrument, nämlich das Flageolet und überreichte es Omar, allein Fatime stellte sich dazwischen, und bat ihren Bruder, mir es zu lassen, weil ich ihr zur Unterhaltung in Galata zuweilen spielen sollte. Omar willfahrte ihr gerne, und sagte: „es freue ihm sehr, ihr dieses Vergnügen zu machen, sie solle sich desselben, so oft sie wolle, ungehindert bedienen." Sie nahm es nochmals in ihre Hand, und that, als wollte sie es genauer betrachten, wand aber unvermerkt einen rothseidenen Beutel, worinnen 12 Zechinen befindlich waren, darum, und gab es mir mit unvermerkbarer Geschicklichkeit zurück. Ich entfernte mich, und gieng als der glücklichste Sklave im ganzen ottomanischen Reich zu Bette.

Sechstes Kapitel.

Er erhielt von Fatime, die ihn liebte, den Namen
Azem. Sie macht ihm wiederholt den Antrag,
sich beschneiden zu lassen, und sie zu heyrathen;
allein er widersteht herzhaft, verläßt aber den=
noch nach drey Jahren aus Anhänglichkeit an sie
seinen guten Herrn, der ihn ihr schenken mußte.
Sie nahm ihn mit sich als Eigenthum in das
Haus Calil Osman, den sie geheyrathet hatte,
der ihn aber aus Verdacht eines heimlichen Ver=
ständnisses mit ihr grausam mißhandeln läßt.

———

Der Tag war kaum angebrochen, als sich im
Hause schon alles bewegte. Die Frauenzimmer
waren die ersten, die sich mit ihren Habselig=
keiten, aus dem Hause machten, theils um noch
vor der Hitze an Ort und Stelle zu kommen,
theils auch um die Küche bestellen zu können.
Da nun alles in voller Bewegung war, melde=
ten sich die Lastträger, und man war beschäftiget,
sie sobald als möglich zu befördern. Kurul, der
den Hausgebrauch wußte, begleitete sie, nachdem
alles, was dahin gehörte, aufgepackt war, wor=
unter hauptsächlich Fatime's Clavier gerechnet
wurde, bis zur Ueberfahrt über den Meerbusen,
und von da bis in das Haus. Ich und Omar

verweilten nach deren Abgang noch eine gute
Stunde, unter welcher Zeit alles gut versperrt
und der Beschließer und sein Weib gerufen
wurde, um ihnen das Haus und die Aufsicht
darüber mit Nachdruck zu empfehlen. Die
Schlüssel von den Zimmern nahm Omar zu sich,
und ich mein Buch und das Flageolet, weil
meine übrigen Wenigkeiten schon voraus abge-
gangen waren. Endlich da nichts mehr zu besorgen war, giengen wir gemächlich dem Ufer
zu, und kamen in einer Viertelstunde über den
Meerbusen nach Galata *).

Omar, dessen Ankunft durch die Ueberbrin-
gung der Bagage schon vorläufig verbreitet worden, fand mehrere seiner Bekannten am Ufer,
die ihn willkommen hießen und unter freundlichen
Discoursen bis ins Haus begleiteten. Es war
alles noch im Aufräumen begriffen, als wir an-
langten; ich machte mich demnach Kurul zur
Hülfe, und somit kam alles bald an Ort und
Stelle. Das Haus war sehr ansehnlich, und um
vieles geräumiger, als jenes in der Stadt, es

---

*) Ist eine von den Vorstädten Konstantinopels über
dem Meerbusen, und liegt derselben gerade gegen über
an einer steilen Anhöhe. Sie ist sehr stark bewohnt.
Es sind hier die meisten europäischen Kaufleute und derselben Magazine, und überhaupt wohnen hier Osmanen, Griechen, Armenier, Franken und Juden. Die
Griechen haben hier 6 Kirchen, die Katholiken 3, und
die Armenier auch einige. Man findet viele Weinhäu-
ser, welche von Griechen und Armeniern gehalten werden.

hatte eine gute Lage, die die Aussicht nach dem
Meerbusen noch verherrlichte. So angenehm
aber dieses zusammen dem Auge war, so würde
es dennoch bei der von Omar angenommenen
Lebensart, die nicht das mindeste von der türkischen
an sich hatte, immer sehr viel gewagt gewesen
seyn, solche frey und ungehindert mitten unter
seinen Glaubensgenossen fortzuführen, wenn nicht
mit den Vortheilen der angenehmen Lage dieses
Hauses noch dieser verbunden gewesen wäre, daß
es durch seinen Raum, den es einnahm, von allen
Gebäuden abgesondert, eine Gaße vor sich allein
formirte, und dadurch alle Gelegenheit benahm,
von außen innen zu werden, was inwendig vorgieng. Dieses allein war bei einer von Vorurtheilen durchaus eingenommenen Nation, als die
türkische ist, höher zu schätzen, als alles übrige.

Da nun jedes im Hause beflissen war, zu dem
Vergnügen der Herrschaft, die ihre Leute wie
Kinder liebte, und sie ohne den geringsten Zwang
thun ließ, was sie wollten, das seinige beizutra-
gen; so war es leicht zu vermuthen, daß diese
gnädige Behandlung alle Hausgenossen zur Erreichung der Absicht dieser Veränderung aufmuntern mußte. Spaziergänge und Musik waren
von Seiten der Frauenzimmer; Reiten aber und
Diskourse nebst einem guten Tische von Seiten
Omars die Lieblingsneigungen, doch muß ich ihm
auch zum Lobe nachsagen, daß er bei allem diesem
seine Handlungsgeschäfte mit allem Fleiße besorgte,
und auch manchen Tag in seinen Magazinen

und mit den Vorgesetzten derselben hinbrachte.
Das am meisten beschäftigte Geschöpfe im Hause
war ich; weder ein noch anderer Theil konnte
oder wollte wenigstens ohne meine Theilnahme
keine ihrer vorgesetzten Vergnügungen genießen,
ich mußte jedem zu Befehle stehen, dem es beliebte,
was ich denn auch mit aller Bereitwilligkeit immer vollzog; doch in die Länge konnte ich es
nicht aushalten, und fiel beiden Theilen selbst auf;
daher beliebten sie eine Eintheilung zu treffen,
wie ich einer und der andern Parthei zur Unterhaltung seyn sollte. Fatime und Zamrem baten
unter andern Omar, ihnen zu erlauben, daß sie
sich täglich eine Stunde mit mir abgeben durften,
um mich in der wälschen Sprache zu üben,
welches zum gemeinschaftlichen Besten das höchst-
nöthige wäre — nur käme es auf ihn an, die
Stunde zu bestimmen, in welcher, ohne sein Vergnügen abzukürzen, dieses vorgenommen werden
könnte. Omar, der die Güte selbst war und seiner geliebten Schwester in allem, was ihrem Willen
nur einigermaßen schmeicheln konnte, mit brüder-
licher Liebe zuvorkam, war mit diesem Antrag sehr
zufrieden, sagte aber: da er Willens sey, alle
Morgen mit mir auszureiten, und sie ohne dies
gerne länger per Ruhe pflege, als er, so würde
dieses Geschäfte sich am füglichsten nach seiner Zurückkunft, bis dahin sie sich mit Zamrem im Garten unterhalten könnte, vornehmen lassen. Dieser
Antrag wurde mit Freuden aufgenommen, und
beide kamen nun auch mich zu fragen, ob ich mich

ihrem Unterricht unterziehen und sie als meine
Lehrmeisterinnen mit dem einem Schüler gebüh-
rendem Gehorsam anerkennen wollte. Ich neigte
mich, und dankte für die Gnade und versprach,
ihnen in all und jedem blindlings zu folgen.
Ha, vederemo! schrie Fatime und lachte von
Herzen über die Art, mit der ich mich, vermuthlich nicht zum besten, in der Sprache ausgedrückt
hatte, wendete sich aber nochmals gegen Omar,
und sagte: was ich mir dieser Tage vorgenommen habe, fällt mir jetzt eben ein. Der Name
Jurko gefällt mir nicht, ich wünschte ihm daher
mit Deiner Erlaubniß den Namen Azem beilegen
zu dürfen, er ist wohllautender, und seinem Ganzen auch angemessener. Omar lachte über die Ein-
fälle seiner Schwester und stellte ihr frey, mich zu
nennen, wie sie wollte, doch müßte sie auch beflissen seyn, mich in der türkischen Sprache zu unterrichten, wenn sie mich zu einem Türken machen
wollte, was ihr nicht, wie er meine, gar so leicht
gelingen werde. Laß mich nur machen, antwortete sie, ich nehme alles auf mich. Nicht wahr,
Azem? Ich zuckte die Achsel und lachte, und alle
lachten mit mir.

So war ich nun dem Namen nach ein Türk,
zu dem mich ein Frauenzimmer willkührlich machte,
das blos einer Laune folgte, die meine wenige
Geschicklichkeit und ein Etwas, das ich selbst nicht
wußte, für mich einnahm. Es wäre eine Thorheit von mir gewesen, diesem nichtsbedeutenden
Dinge mich zu widersetzen; ich dachte, der Name

schadet mir nichts, und in meiner Lage könne ich
mir wohl das immer gefallen lassen, was ihr Vergnügen macht, und um so mehr, da ich es als ein
Zeichen ihrer Zuneigung betrachten konnte, die einem Bedrängten, wie ich war, von einem so liebreichen Geschöpfe, einer Fatime, auf alle Fälle Labung seyn mußte. Meine Muthmaßung, daß das
unter meinen Anmerkungsblättern beschriebene
Blatt, so ich in der Grammatik gefunden, von ihr
sey, bestärkten alle diese zärtlichen Ausbrüche gegen
mich, und meine Eitelkeit bildete sich auf dieselben
nicht wenig ein, doch ließ ich nichts merken, und
war immer nur bedacht, wie ich ihr gefällig seyn,
und dadurch ihre Neigung mehr gewinnen könnte.
Dies ist der Triumph, den sich die Schönheit und
das zärtliche mit Empfindung erfüllte Herz eines
Frauenzimmers auch gegen den unbefangensten
Mann zu erwerben weiß.

Unterdessen ritten Omar und ich alle Morgen frühe, in der Gegend von Galata, die sehr
angenehm ist, spazieren, und betrachteten die
Schönheiten der Gegenstände mit aller Aufmerksamkeit, die sie verdienten. Das prächtigste
Schauspiel, das des Menschen Auge nur sehen
kann, ist der Anblick, den die Stadt Konstantinopel *) denselben darbietet, die von dieser

---

*) Sie wird von den Arabern, Persern, Os-
manen und andern morgenländischen Völkern Coß-
staninah oder Coßstantiniah, sonst auch von den Türken Istambol, (das ist ein fruchtbarer Ort) genannt,
ist die Residenz des Sultans der Osmanen. Sie hieß

Seite mit all ihren äußerlichen Reizen, die man
sich denken kann, pranget. Auf diese Art wur=
de ich nach und nach mit allen Sehenswürdig=
keiten bekannt, die ich mir niemals gewünscht
habe, sehen zu wollen, und von deren weitern
Betrachtung uns dermal die anrückende Hitze
abhielt, und zur Rückkehr nöthigte. Sobald ich
mich in etwas erholt hatte, machte ich mich bereit
zur ersten Lehrstunde, bei der ich der Abrede nach
erscheinen mußte, und wartete nur auf den Befehl,

---

ehmals Byzanz, wurde aber von dem christlichen
Kaiser Constantin dem großen von neuem erbaut, so
benennt, und im Jahr 330 eingeweiht und zum Sitz
der römischen Regierung gemacht. Sie war die Re=
sidenz der christlichen Kaiser in den morgenländischen
Gegenden des römischen Reichs bis auf das J. 1453.
da sie von den Osmanen nach einer Belagerung von
54 Tagen erobert worden, und seit der Zeit die Hauptstadt
und der Sitz ihres Reichs gewesen. Sie ist wie das
alte Rom, auf sieben Hügeln angelegt, daher sie auch
durch ein ausdrückliches Gebot auf einer steinernen
Säule Neu = Rom genennt worden. Die Alten
hielten Byzanz für die anmuthigste und zur Hand=
lung am bequemsten gelegene Stadt in der Welt;
denn sie hat die Gestalt eines Dreyecks, an dessen ei=
ner Seite das feste Land, an den beiden andern aber
das Meer ist; gegen Mittag nämlich ist das Meer
von Marmora und der Hellespont, gegen Morgen ist
der Auslauf des schwarzen Meers, und gegen Mit=
tag der ungemein große, sichere und für die Schiffe
sehr bequeme Hafen, welchen ein aus der Meerenge
gegen Nordwesten in das Land hineindringender Kanal
macht, darein ein Fluß fällt. Sie zeigt sich von

wenn, und wo ich mich einfinden sollte. Als ich
nun so in Erwartung stand, und mich mit allerlei
Gedanken beschäftigte, beliebte es meinen Leh-
rerinnen mich durch den Gärtner rufen zu lassen,
ich folgte ihm in Eile, er führte mich eine gute
Strecke im Garten, wo er mir endlich bedeutete,
welchen Weg ich nehmen sollte. Ich sahe von
weitem ein Lusthaus, und erblickte meine zwey
Schönen, die wie ein paar Rehe in selben her-
umsprangen; ich dachte mir: das wird eine schöne

---

außen sehr schön, weil sie allmählig vom Ufer auf-
steigt, und wie ein Amphitheater aussieht, wenn
man aber hinein kommt, verschlimmert sich der Anblick gar sehr, da die Straßen sehr unrein sind. Sie
ist sehr weitläuftig, und von ungemeiner Größe, hat
5 deutsche Meilen im Umfang, bei 100,000 Häuser,
und eine Million Einwohner, 22 Thore, davon 6
nach der Landseite, und 16 nach der Seeseite zugerichtet sind. Der in der Stadt auf der Spitze des
Dreyecks nach dem Kanal und Hafen zugelegene sultanische Pallast (Serail sammt den dazu gehörigen
Gärten) hat fast eine Meile im Umfang, ist aber
mehr eine Sammlung von Pallästen und Zimmern,
als ein einzelner Pallast. Er hat nach allen Seiten
eine schöne Aussicht, den eine hohe Mauer von der
Stadt scheidet, und besteht aus drey Höfen, in deren
innersten sich der Sultan aufhält. Im ganzen Serail wohnen bei 10,000 Menschen. Sonst giebt es
keine vorzüglichen Gebäude außer den Tempeln oder
Moscheen (die eigentlich Medschedts heißen) deren man
gegen 300 rechnet, worunter jene, St. Sophie
genannt, die schönste ist, deren Thürme mit Bley
gedeckt sind, und an der Spitze mit vergoldeten Halb-

lection werden! als ich mich nahete, schrie mir Zamrem schon entgegen, daß ich eilen sollte; gleich beim Eintritt mußte ich mich setzen, wo ich sos dann meine schriftlichen Arbeiten vorwiese, die in Uebersetzung eines Briefs bestanden, den ich halb und halb in Ermangelung eines Wörterbuchs ge= troffen hatte. Beide waren sehr damit zufrieden. Jetzt mußte ich mich zum Lesen bequemen, sie rück= ten mit ihren Sitzen nahe an mich, daß ich mich gleichsam in einem Zwinger befand, der mir den

---

Monden prangen. Die Griechen haben 33, die Ar= menier aber 3 Kirchen, die jedoch alle, außer der griechischen Patriarchalkirche, unbedeutend sind. An= dere christliche Parthien haben in der Stadt keine Kirchen. Zu den übrigen Merkwürdigkeiten gehört der große Rennplatz, welchen die Griechen Hippo= dromus nennten, von den Osmanen aber den Na= men Armeidan erhalten hat; der Sklavenmarkt und das Gebäude, darin sie verwahret werden; die ver= rufenen sieben Thürme, die am Ende der Stadt nach Mittag zu, mit einer von vielen kleinen Thürmen besetzten besondern Mauer umgeben sind, und darin Staatsgefangene verwahret werden; und endlich die Marktplätze, welche die Osmanen Bezesteuen nen= nen; die großen öffentlichen Herbergen, und die präch= tigen Bäder. Auf der Westseite der Stadt im inner= sten des Hafens ist das sultanische Landhaus Eyub, oder St. Hiob, mit einer Moschee, in welcher man den Säbel des Sultan Osman, Stifter des Reichs der Osmanen verwahret, welcher dem zum Kaiser ausgerufenen Prinzen beim Antritt seiner Regierung mit vielen Ceremonien umgürtet wird, die die Stelle der Krönung vertreten.

Schweis austrieb. Fatime machte sich dabei sehr kommode, sie legte ihre rechte Hand auf meine Achsel, und mit der linken hielt sie die Grammatik, in der ich las. Als ich auch dieses zu ihrer Befriedigung verrichtet hatte, fiengen beide an, mir auf wälsch ein und anderes zu befehlen, daß ich es bringen sollte; wovon ich das meiste auch richtig verstanden, und gebracht hatte. Es wäre freilich ein Vortheil für mich gewesen, wenn sie deutsch oder lateinisch verstanden hätten, um mich auf diese Art durch Uebersetzungen zu üben; allein da ich es blos aus Deutungen auf den Gegenstand, den es betreffen sollte, lernen mußte, kam es mir wahrlich sehr hart an, doch hat mir die Begierde nach der Sprache, meine Gelehrigkeit, und die Lust, mich ungehindert bei diesen zwei schönen Geschöpfen aufzuhalten, hauptsächlich aber die Neigung zur Fatime, diese Schwierigkeit überwinden helfen, daß ich in Zeit von drey Monaten in allem, was ich im Hause immer zu verrichten gezwungen war, mich deutlich und verständlich ausdrücken konnte; auch die beiden Frauenzimmer, Fatime aber vorzüglich, lernten bei dieser Gelegenheit das Deutsche, das ihnen ungemeines Vergnügen verursachte.

Omar, der blos in dem Willen seiner Schwester lebte, und an allem dem sein Vergnügen fand, was dieselbe ergötzen konnte, war der unzertrennliche Gefährte aller Unterhaltungen, die sie entwarf. Es konnte ihm die heimliche Reigung, die sie gegen mich hatte, ohnmöglich ein Geheimniß seyn, weil sie ganz gewiß darüber mit ihrer Vertrauten, Zamrem gesprochen hatte, diese Omars Geliebte war, und ihm im freundschaftlichen Umgange ohne Zweifel ein und anderes entdeckt haben mußte, er machte sich aber aus Liebe und Neigung zu mir, und aus Hochachtung für seine Schwester aus dieser Vertraulichkeit nicht nur nichts, sondern gab vielmehr selbst dazu Anlaß. — Ich mußte auf seinen Befehl, und besonders, wenn er in Geschäften außer Haus zu thun hatte, um Fatime und Zamrem die Zeit zu verkürzen, mich zu ihnen begeben, sie mochten in ihren Zimmern oder im Garten seyn, und beide mit dem Flogeolet, oder wie es ihnen sonst beliebte, zu unterhalten suchen. Wie konnte es also anders seyn, als daß aus dieser vertraulichen Freundschaft, eine zärtliche Zuneigung und endlich aus dieser die heftigste Liebe erwachsen mußte, die um so eher in heiße Flammen aufloderte, je weniger wir uns zwingen durften, sie verborgen zu halten.

In diesen abwechselnden Vergnügungen verflossen die Tage unseres Aufenthalts in Galata, und alles ward böse auf die Jahreszeit, die uns in die Stadt zurückzukehren nöthigte. Die Lebensart blieb zwar in allem Betracht die nämliche, nur mit dem Unterschied, daß wir etwas eingezogner seyn mußten, weil wir mitten unter Türken uns befanden, die auf ihre Religionsgebräuche sehr steif hielten, und es Omar übrigens sehr übel genommen haben würden, daß ein christlicher

Sklave so viele Freiheit genoß, die Zimmer der
Frauenzimmer ungescheut zu betreten, und sich
nach Willkühr mit ihnen zu unterhalten. Doch
im Grunde konnte jedes in seinem Hause thun,
was es wollte, ohne daß sich Jemand darum
bekümmerte. Ich nahm dann meine gewöhnlichen
Verrichtungen mit den Pferden, wie ehehin,
wieder vor, nach deren Vollendung ich auch im
Hause meinen guten Kameraden Kurul in allem
unterstützte. Alle diese Beschäftigungen wechselten
mit Musik und andern abendlichen Unterhaltungen beständig ab, wobei ich zu Erzählungen von
den Gebräuchen und der Lebensart der Christen,
und besonders von jenen in Wien, von den Frei-
heiten des schönen Geschlechts, mit einem Wort,
von allem, was ich wußte, am meisten aufgefor-
dert wurde. Meinen eigenen Lebenslauf, Sol-
datenstand und alles, was mir bis zu meiner
Gefangennehmung von dem Spahi und dem Eintritt in das Haus Omars zugestoßen war, mußte
ich öfter als einmal erzählen, wodurch ich
der zärtlichen Fatime vielmals Thränen entlockte,
die den mitleidsvollen Charakter ihres empfind-
samen Herzens blicken ließen, mir aber immer
den Vortheil gewährten, die Macht des Eindruckes
abzuwiegen, den mein trauriges Schicksal auf sie
gemacht habe.

Ich berühre nun einen Vorfall, der mir im
Ganzen über das bisher mir von Fatime bewiesene Wohlwollen Licht verschaffte, und woran ich
nach meiner Muthmaßung selbst Omar Antheil

zu haben glaubte, oder doch wenigstens, daß es
mit Wissen und Willen geschehen sey.

Zamrem, die geliebte Omars, wurde unpäß=
lich, und es zeigte sich in einigen Tagen, daß
es weiter nichts, als ein kaltes Fieber werden
würde, wobei keine bösen Folgen zu befürchten
waren. Doch Fatime, die ungemein scheu war
und sich von allem, was nur krank hieß, ent=
fernte, mußte nun ihre Zeit alleine in einem
von ihrer kranken Freundinn entlegenen Theile
des Hauses wider Gewohnheit zubringen; Omar
aber, der seine Schwester zärtlich liebte, gab mir
den Auftrag, da ihn eben Geschäfte außer Haus
zu seyn nöthigten, ihr die Langeweile, so gut wie
möglich, zu vertreiben, ich hätte in diesem Falle
nicht nöthig, mich der Hausgeschäfte anzunehmen,
die Kurul versehen würde. Der Auftrag war
mir keineswegs zuwider, ich befolgte ihn auf der
Stelle. Bei meinem Eintritt saß sie ganz tief=
sinnig auf dem Polster, da ich ihr aber hinters
brachte, daß mich Omar zu ihrer Unterhaltung
geschickt habe, sagte sie: Gut, mein lieber Azem,
mir ist es recht lieb, daß mein Bruder an mich
denkt, und mir die Einsamkeit durch dich erträg=
licher zu machen sucht. Wie geht es Zamrem?
Ich erzählte ihr alles, was ich wußte, und be=
ruhigte sie mit der Versicherung, daß die Krank=
heit nichts zu bedeuten hätte, und daß es nur ein
Fieber wäre, von dem sie bald wieder befreit seyn
würde. Ich wünsche es von Herzen, erwiederte
sie, denn mir ist so bange um sie, daß ich es dir

nicht sagen kann, habe aber nicht so viel Ge=
walt über mich, sie zu besuchen, aus Furcht,
auch krank zu werden. Ich suchte ihr auf alle
mögliche Weise diese Gedanken zu benehmen, und
fügte am Ende meiner Rede die schmeichelhaften
Worte hinzu: daß, wenn sie ein solcher Zufall
betreffen sollte, ich untröstlich seyn würde; mich
aber, in welche Krankheit sie immer das Unglück
zu verfallen haben sollte, nichts abhalten würde,
wenn es mir anders erlaubt wäre, auch mit Auf=
opferung meines Lebens ihr beizuspringen. Bei
diesen Worten sah sie mich mit unverwandten
Augen an, in denen ich Thränen erblickte, die ihr
entfielen, und mich bis in die Seele rührten.
Endlich brach sie das Stillschweigen, und sagte:
Denkst du wirklich so Azem, wie du sprichst?
Ich betheuerte meine Worte, und legte zum Zeichen
der Wahrheit meine Hand auf die Brust. Komm!
fuhr sie fort, und setze dich neben mir! ich will
dir mein Herz und meine Gesinnungen eröffnen,
die ich gleich bei deinem Eintritt in unser Haus
gefaßt habe. Nun nahm sie meine Hand; ehe sie aber
noch zu reden anfing, mußte ich ihr ein unverbrüch=
liches Stillschweigen angeloben, das ich auch that.
Sieh! sagte sie: du wirst bisher aus allen meinen
Handlungen das Wohlwollen gegen dich wahr=
genommen haben, zu dem mich mein Herz für dich
gleich vom ersten Tage an hingerissen hat; dein
Betragen gegen mich, dein gefälliges Bestreben,
womit du meinen Wünschen in jedem Falle ent=
gegen eiltest, gaben mir zu erkennen, daß du die

verdeckten Gesinnungen meines Herzens bemerkt
habest. Ich that noch mehr, ich schrieb sie dir
auf eines der Papiere, die, da du im Garten
schliefst, um dich herumlagen, und das du, wie
ich hoffe, gefunden und gelesen haben wirst; ich
will von allen den Unterhaltungen in Galata
nichts erwähnen, welche hauptsächlich darum vorgenommen worden, um dir meine Liebe und das
Vergnügen zu beweisen, das ich an allem dem
fand, wobei du zugegen warst. Es liegt also nur
an dir mich und dich glücklich zu machen; denn,
du darfst nicht glauben, Azem, daß ich von der
Gnade meines Bruders abhänge, ich habe selbst
so viel Vermögen, daß es hinlänglich ist, mich
und den Mann, dem ich zu Theil werde, bei jedem Geschäfte, das er sich wählen wird, mit
Anstand zu ernähren. So wie sie ausgeredet
hattte, nahm ich ihre Hand, mit der sie mich
immer hielt, und küßte sie mit dem Feuer eines
zärtlichen und innigst gerührten Liebhabers. Ich
dankte ihr für alle die Merkmale ihrer Neigung,
die sie mir so unverdient erwiesen habe, deren ich
mich auch, so viel mir die Niedrigkeit meines gegenwärtigen Standes erlauben würde, immer
würdiger zu machen, bestreben wollte, nur bat
ich sie zu erwägen, daß ich ein elender Sklave sey,
der keinen freien Willen hätte, und dem ein Glück,
wie der Besitz ihrer Person wirklich heißen könne,
schwerlich vergönnt seyn würde. Hier fiel sie mir
mit Heftigkeit in die Rede: und eben du, als
Sklave, Azem, bist mir lieber, als selbst der
Sultan;

Sultan; mein Herz schätzt deinen Besitz höher, als denselben! Du hast von dieser Seite nichts zu befürchten, es kommt nur darauf an, daß du dich zur Lehre des Mahomets bekennest, und dich beschneiden läßt; ich glaube doch nicht, daß eine so geringe und bald vorübergehende Ceremonie dich von dem Besitz eines Herzens abhalten kann, das ihre ganze Glückseligkeit nur in und mit dir zu finden hofft.

Ganz betroffen über die Entschlossenheit, womit mir Fatime mit ihrer Liebe und dem Besitz ihrer Person entgegen kam, wüßte ich eine gute Weile nicht, was ich antworten sollte. Alle Vorschläge, ihre sanfte Seele und noch überdies die Vortheile ihres Vermögens schmeichelten mir ausserordentlich. Doch wenn ich die Verlassung meines Glaubens in Betrachtung zog, von der mir mein Gewissen abrieth, so faßte ich immer den festen Entschluß, als ein katholischer Christ zu leben und zu sterben. Nur durfte und wollte ich meine Herzensmeinung nicht so platterdings entdecken, aus Furcht, ihren Unwillen und vielleicht gar ihren Haß mir zuzuziehen, sondern sie mit Versprechung einer bedachtsamen Ueberlegung, weil der Schritt, den ich wagte, bedenklich wäre, aufzuhalten. Ich wagte also den Sprung, und sagte: bevor ich eine bestimmte Erklärung von mir geben könne, müßte ich mir erst die Glaubenssätze ihrer Religion eigen machen, die mir gegen der meinigen, so viel ich wüßte, sehr hart schienen, und bat sie, mir solche nach und nach beizubringen, und über selbe nach ihrer

8

guten Kenntniß auch, wo ich Anstand fände, Er-
läuterung zum beffern Verständniß zu ertheilen.
Die Freude über diese meine Aeußerung war unaussprechlich, sie drückte mir in dem Taumel ihres
Vergnügens die Hand, und führte selbige an ihr
Herz mit diesen Worten: Hier fühle Azem, das
zärtliche Herz deiner geliebten Fatime, jeder Schlag
desselben ist für dich, und soll mit meinem Willen
für keinen andern schlagen! Hierauf küßte sie mich
und sagte, dies ist der Kuß des Bündnisses unserer
wechselseitigen Freundschaft, Gott und der Prophet
wollen dir beistehen, damit du ein taugliches Glied
seiner Lehre werden mögest! —

Mit einer hinreißenden Beredsamkeit strich
sie mir die Lehre ihrer Religion vor allen andern
heraus, und handelte gleich im Eingang von der
Göttlichkeit der Sendung des Propheten, gieng
aber endlich in eine weitschweifige Abhandlung des
Alkorans *), welcher dem Mahomet ausdrücklich
vom Himmel zugesendet worden, über. Ich hörte
alle diese Albernheiten mit anscheinender Ruhe an,
aus denen sie mir meine Ueberzeugung wollte
schöpfen laffen. Ich lachte heimlich über eine Religion, welche größtentheils auf nichts, als elende,

*) Ali, der Schwiegersohn und Gefährte Mahomets,
giebt vor, daß der Alkoran eigentlich ihm vom Himmel bestimmt gewesen sey, der Engel Gabriel aber durch
einen Mißverstand solchen seinem Schwiegervater über-
liefert habe.

alle gesunde Vernunft verläugnende Grundsätze *)
gebauet ist.

Fatime war noch in ihrem Bekehrungseifer,
als ich die Stimme Omars vernahm; ich machte
mich also von dem Polster auf, und stand so an
der Seite, als er eintrat. Er lachte aber vom
Herzen, als er hörte, womit wir uns unterhielten,
und wünschte seiner Schwester Glück zu ihrer Unternehmung. Ich war herzlich froh, daß ich ers
läßt wurde, ob ich gleich sonst mit Vergnügen um
sie war, und gieng aus dem Zimmer. Das
Mittagmahl war sehr kurz, und Omar mußte
seiner Geschäfte halber bald wieder fort. Ich
hatte kaum das Nothwendigste im Hause in Ordnung gebracht, und war eben auf einem Besuch
bei Zamrem, die sich diesen Nachmittag aus dem
Bette gewagt, als ich schon wieder zur Fatime

*) Mahomet war mit der fallenden Sucht behaf-
tet. Er gab die Anfälle dieser Krankheit allemal für
Begeisterung aus, während welcher der Engel Gabriel
ihm die tiefsten Geheimniße der Gottheit hinterbrächte,
aus denen sein Buch, der Alkoran bestünde. Er hatte
eine Taube so künstlich abgerichtet, daß sie ihm auf die
Schultern flog, und ins Ohr pickte; dies, sagte er,
sey der Engel Gabriel, der unter dieser angenommenen
Gestalt mit ihm spräche. Man weiß übrigens ganz
gewiß, daß dieser Betrüger mit Hülfe des Batrias,
eines Anfängers der Jacobitischen Sekte; des Sergius,
eines Nestorianischen Mönchs, und einiger Juden, von
denen er verschiedene Lehrsätze, als z. B. die Beschneidung, die Enthaltsamkeit von Schweinenfleisch bei-
behalten, zusammen getragen habe.

gerufen wurde. Die Kranke gab mir einen Gruß
an sie auf, und ich gieng. Gleich bei Eröffnung
der Thüre rief sie mir zu: Mein lieber Azem! wir
müssen uns die Gelegenheit zu Nutzen machen, so
lang wir allein beisammen seyn können, um uns
sern Unterricht fortzusetzen, denn, wenn Zamrent
besser ist, kann ich dem Trieb meines Herzens
nicht mehr so folgen, wie jetzt, und ich muß ohnes
hin befürchten, daß sie dich mir abwendig
macht, ich weiß ihre Gesinnungen, und auch,
wie hoch sie dich schätzt. Ich versicherte sie meiner
ungetheilten Liebe, und sie beruhigte sich.

Nachdem ich mich niedergesetzt hatte, fieng
sie mit einer Begeisterung von den sieben Pas
radiesen zu reden an, die Mohomet die Gnade zu
sehen, und sie seinen Anhängern zu versichern, von
Gott erhalten habe. So gering die Kenntnisse
wären, die ich von meiner Religion besaß, so
überzeugte sie mich doch, daß diese mir von Kinds
heit an eingeprägten Grundsätze nicht von der Be
schaffenheit wären, mit so äußerst lächerlichen und
abgeschmackten Thorheiten in Vergleichung gezogen
werden zu können. Doch was wollte ich thun?
anhören konnte ich sie ja, aber zu gläuben, oder gar
mich darein verlieben, noch weniger aber diesers
wegen meinen Glauben zu verlassen, war ich weit
entfernt. Ich hatte die Zeit, als ich unter den
Muselmännern leben mußte, einige Kenntnisse
von ihren Religionspunkten eingeholt, die auf
ihre Sklaven Bezug hatten, und daher war mir
so halb bekannt, daß sie aus den Kleinigkeiten die

ernsthafteste Sache zu machen suchen, um einen
Christen zum Abfall zu bringen. Z. B. den Alkoran anrühren, in eine Moschee gehen, einen
Turban aufsetzen, oder auch in verbotener Liebe
mit einer türkischen Weibsperson sich betreten lassen, sind zur Beschneidung oder zum Scheiter-
haufen hinlängliche Beweggründe. Keine mensch-
liche Macht ist im Stande, einen Menschen dem
Verbrennen zu entreißen, welcher den mahometanischen Glauben anzunehmen sich weigern wollte,
sobald er öffentlich die Worte: La Illahe, Illa Alla
Muhammed Resoul Alla, *) ausgesprochen.

Je eifriger sich Fatime in ihrem Unterricht
bewieß, und je mehr sie mich liebte, desto mehr
war ich auf meiner Hut, da ich fest überzeugt
seyn konnte, daß, wenn ich mich nicht in ihren
Willen fügen, und sie also wider mich in Wuth
oder Haß ausbrechen sollte, sie vielleicht unerbitt-
lich seyn würde. Ich ließ mich daher in nichts
Bestimmtes meiner Glaubensveränderung ein, sondern meine einzige Antwort war immer mit der
tiefsten Herablassung vereinbart, daß ich erst gründlich unterrichtet seyn müsse, bevor ich diesen
bedenklichen Schritt wagen wollte, es zwänge
uns nichts, um unbedachtsam zu Werke zu gehen.
Sie ließ sich freylich eine gute Weile aus Liebe zu

---

*) Es ist kein anderer Gott als Gott; Maho-
met ist von Gott gesandt. Indem man diese Worte
ausspricht, und einen Finger in die Höhe hebt, kann
man ohne weitern Unterricht beschnitten werden.

mir befriedigen, doch, ob sie damit in die Länge
Geduld gehabt hätte, zweifle ich sehr. Unterdessen blieb ich der begünstigte Azem, da ein Jahr
nach dem andern verstrich, während der Zeit die
schöne Fatime den glücklichen Zeitpunkt — — wo
mich das Licht des Propheten von meinen Irrwegen
ableiten sollte, mit schmerzlicher Ungeduld erwartete.

Wir waren also auf weiter nichts bedacht, als
wie wir unsere Zeit auf dem Lande, wo wir recht
lange zu bleiben gedachten, vergnügt zubringen
wollten; allein im Rath des Schicksals war ein
anderes über uns beschlossen.

Omar mußte, ich weiß selbst nicht aus welcher
Veranlassung, nach Konstantinopel zurückgehen.
Er übertrug mir also die Ehrenwache unserer beiden Geliebten, und reisete mit Kurul ab. Nach
drei Tagen kam er wieder zurück, und erzählte mir
mit vieler Unruhe, daß er sich den vorigen Abend
in einer Gesellschaft befunden habe, wobei ein Aja-
moglan zugegen gewesen wäre; es sey bei dieser
Gelegenheit viel von schönen Frauenzimmern gesprochen worden. Vom Wein erhitzt, habe er
Fatimes Schönheit außerordentlich gepriesen, welches ihm der Azamoglan als eine Art von Verbrechen vorgeworfen, daß er ein Gut, so von
Rechtswegen Sr. Hoheit eigenthümlich gehörte,
vorenthielte; endlich habe er seine Rede mit der
Drohung geschlossen, daß er dem Kizlar Agazi *)

---

*) Befehlshaber der schwarzen Verschnittenen. Er hat
eine unumschränkte Gewalt im Serail. Diese Freuden-

davon die Anzeige machen würde. Anfänglich
habe ihn die Rede des Azamoglans wenig beun=
ruhigt; allein er habe der Sache seitdem reiflich
nachgedacht, und wäre in der lebhaftesten Besorg=
niß, daß man Fatime auf Befehl des Großherrn
abholen würde.

Ungeachtet dieses das einzige Mittel war, wel=
ches mich auf einmal aus aller Verlegenheit reißen
konnte, so empfand ich bei dieser Nachricht doch
beinahe eben soviel Schmerz, als Omar selbst, der
dem Gedanken, seine Schwester im Serail zu wis=
sen, wo sie vielleicht auf ihr ganzes Leben unter
den übrigen Haufen der Freudenmädchen vergra=
ben seyn würde, auf keine Weise gelassen ertragen
konnte. Ich dachte bei Anhörung seiner Erzäh=
lung in die Erde zu sinken. Und nun erst ent=
deckte es sich, wie theuer mir Fatime war.

Omar hinterbrachte Fatime diese traurige Nach=
richt, die in Ohnmacht sank, wobei alles, was im
Hause war, sich beschäftigte, dieses holde Geschöpf
ins Leben zurückzurufen. Sie weinte bitterlich,
und wollte auf keine Weise, weder Omar, noch
weniger aber ihren geliebten Azem verlassen.
Alles war traurig, ich aber heimlich am meisten.

---

diener des Großherrn sind in gleichem Grad reich und geizig.
Das Frauenzimmer im Serail überhäuft diese Creaturen
mit Geschenken, es geschehe nun in der Absicht, um mit
mehr Freiheit leben zu können, oder vor ihren Neben=
buhlerinnen den Vorzug zu haben, wozu diese Leute
vieles beitragen können, wenn sie dem Sultan ihre Reize
recht anzupreisen wissen.

Ihr Bruder suchte alle Gründe hervor, sie zu
trösten, und sie bat ihn auf ihren Knieen, die
Sache hinterstellig zu machen; allein er sagte
ihr unverholen, daß, wenn es der Kizlar Agazi
erfahren, und diese Neuigkeit dem Sultan hinterbracht hätte, so wäre es in keines Menschen Vermögen, sie zurückzubehalten. Sein Rath wäre
also, sich nicht zu grämen und mit Geduld zu erwarten, was nicht zu ändern wäre. Endlich gab
sie sich zufrieden und gieng in Garten, wohin ihr
zu folgen, sie mir einen Wink gab. Zum Glück
verließ Omar das Haus, um sich vielleicht in dieser Angelegenheit Raths zu erholen, und ich eilts
auf den Flügeln der Liebe in den Garten. Ich
fand sie in den ersten Gängen auf mich wartend.
Sobald sie mich erblickte, gieng sie mir etliche
Schritte entgegen. Nimm zum Zeichen meiner
Liebe, das ich dir noch geben kann, Azem, mein
Bildniß, du allein bist dessen würdig. Erinnre
dich zuweilen meiner, wenn ich vielleicht nicht mehr
seyn werde, und denke das Schicksal hat es so bestimmt. Sie reichte mir es mit Thränen, die ich
ebenfalls nicht zurückhalten konnte, ich küßte ihr
die Hand, denn reden konnte ich vor Wehmuth
nicht, und sie verließ mich. Ich wußte nicht, wie
mir war, mit bangem Herzen gieng ich zurück in
mein Zimmer.

Mit Anbruch des folgenden Tages wurde mit
starken Schlägen ans Thor geklopft; ich öffnete
es, — und zwei schwarze Verschnittene, zwei

Ichoglans *) und vier Janitscharen traten ein.
Einer der Verschnittenen verlangte Omar zu sprechen. Ich führte ihn mit seiner Begleitung auf
das Zimmer meines Herrn; dem er mit kurzen
Worten erklärte, daß der Sultan, da er von Fatimes Schönheit viel Rühmens gehört hätte, seinem
Serail durch ihre Person eine neue Zierde zu geben wünschte.

Omar versicherte dem Verschnittenen mit den
größten Ehrfurchtsbezeugungen, daß der Sklave
Sr. Hoheit nichts in seinem Vermögen hätte,
worüber Höchstselbe nicht nach Ihrem Gefallen
gebieten könnten, und führte mit den letzten Worten die zwei Schwarzen nach Fatimes Zimmer, wo
sie allein eintraten. Nach einer halben Stunde
erschien dieselbe in ihrer Begleitung mit einem
dichten Schleier bedeckt. Sie versicherte ihren
Bruder und Zamrem mit kläglicher Stimme ihrer
beständigen Freundschaft, und warf noch auf mich
den letzten Blick, der mir das Herz durchbohrte.

Nachdem die Abgesandten Sr. Hoheit mit ihrer Beute abgereiset waren, ließ Omar den Empfindungen seines Schmerzens freien Lauf, und
brach ohne alle Zurückhaltung in die härtesten Vor-
würfe gegen seinen Monarchen aus, wobei er einige
Verwünschungen gegen Mahomet mit unter laufen

---

*) Eine Art von Pagen im Serail. Sie sind ihres
Ursprungs Kinder, welche als Tribut abgegeben werden,
und können zu den ansehnlichsten Reichsämtern gelangen, wenn sie ein Alter von 40 Jahren erreicht haben.

zu laufen, nicht vergaß. Endlich suchte ihn Zamrem zu trösten, und diesem Trauerspiel ein Ende
zu machen. Ich ließ sie bei Omar allein, und
vertiefte mich in ein trauriges Nachdenken alles
dessen, was vorgegangen war. Ich war noch mit
meinen Betrachtungen nicht fertig, als mich Zamrem zum Herrn rufte. Mein lieber Azem rief mir
Omar, als ich mich ihm näherte, entgegen, ich
habe an meiner Schwester oft bemerkt, daß sie
deine Aufmerksamkeit, die du ihr bezeigtest, mit
Kennzeichen einer unleugbaren Zufriedenheit ge-
nehmigte; seid ihr beide blos bei unbedeutenden
freundschaftlichen Empfindungen stehen geblieben,
oder habt ihr euer Verständniß weiter getrieben?
Verheele mir die Wahrheit nicht. Wenn der
Wütrich je erführe, daß er betrogen worden, so
wären wir beide des Todes. Ich versicherte meinem Herrn, daß zwischen mir und Fatime nichts
vorgefallen sey, was nicht mit den Begriffen der
strengsten Unschuld bestehen könnte.

Höre, Zamrem! fuhr er fort, da warst bei der
Unterredung der Verschnittenen mit meiner Schwester gegenwärtig, sage mir, wie sie sich dabei benommen hat. Zamrem antwortete: Wie ein Lamm,
das zur Schlachtbank geführet wird. Sie zogen
sie ganz aus, besahen sie genau, und nachdem sie keinen Mangel gefunden hatten, befahlen
sie mir, sie wieder anzukleiden. Als dieses geschehen war, warfen sie sich zu ihren Füßen, und
bedeckten sie ehrerbietungsvoll mit einem Schleier.
Sie zerfloß in Thränen, folgte den Verschnitte-

ren, und nahm nichts als eine Schachtel mit
ihren Edelsteinen mit sich.

Omar war untröstlich über den Verlust seiner Schwester, den er sich selbst durch seine Ge-
schwätzigkeit zugezogen hatte. Allein es half nichts.
Indessen war ihm nun Galata ein Ekel, und wir
kehrten in einigen Tagen in die Hauptstadt zurück,
um besser bei der Hand zu seyn, und zu erfahren,
was im Serail vorging.

Ungefähr einen Monat nach unserer Zurückkunft kam ein Officier des Sultans, um Omar
abzuholen und ins Serail zu führen, indem der
Monarch mit ihm sprechen wollte. Mein Herr
gieng ohne die geringste Furcht mit dem Abge-
schickten, und wir standen in begieriger Erwartung,
was die Vorforderung zu bedeuten habe. Noch
war ich bei Zamrem, die in tiefen Kummer ver-
senkt auf ihrem Ruhebette saß, als Omar zurückkam, und uns wenige Augenblicke nachher aus
unserer Unruhe riß.

Er erzählte uns von der bei dem Sultan ge-
habten Audienz, daß er in der gewöhnlichen
Stellung, das ist, mit gebücktem vorhängendem
Körper, die Hände kreuzweis über den Bauch *)

---

*) Der Janitscharen Aga allein hat die Erlaubniß mit
freien Geberden mit dem Sultan zu sprechen. Der Gebrauch, allen denen, die sich dem Großherrn nähern, die
Arme zu halten, wurde unter Bajazet II. eingeführt;
diesem Prinzen hatte sich auf dem Wege von Adrianopel
ein Derwisch oder türkischer Mönch, unter dem Vorwande,
ein Allmosen von ihm zu begehren, im Grunde aber, um

gelegt, und von zwei Jchoglans gehalten, oder
beſſer zu ſagen, bewacht, vor Sr. Ottomaniſchen
Hoheit erſchienen wäre.

„Die Liebe, ließ ſich Sr. Hoheit mit einer
gnädigen Miene vernehmen, für meine Favoritin
hat mir nicht erlaubt, die Augen auf deine Schweſter zu werfen. Ich liebe die Sultanin Saliha
ſo zärtlich, daß ich ihr nicht mehr Urſache zur
Eiferſucht geben will. Ich gebe dir Fatime zurück; indeſſen habe ich ſie für den Kiaga *) des
Kapitain-Baſcha beſtimmt, welcher auf die Erzählung von ihrer Schönheit gebeten hat, ſie heirathen zu dürfen, er geht mit ihr nach Candia **),
wo ich ihn zum Paſcha ernannt habe, wird dir
aber ſeine Schweſter zur Frau geben. Nimm
dieſen Katacherif ***), fuhr er fort, und gehe damit zu meinem Schatzmeiſter.“ —

Einer der Jchoglans empfing das Papier aus
des Sultans Händen, und überreichte es mir.
Man ließ mich abtreten, nachdem ich Sr. Hoheit
fußfällig gedankt hatte.

---

ihn umzubringen, genähert, und von dieſem war Bajazet
verwundet worden.

*) Lieutenant.

**) Candia, ehedem Creta, iſt eine der größten In-
ſeln im mittelländiſchen Meere, welche 70 Meilen in der
Länge und 10 in der Breite hat. Die Venetianer be-
ſaßen ſie vom 13ten Jahrhundert an, bis 1669 ſie ihnen die Türken abnahmen.

***) Ein Kaiſerlicher Befehl.

Fatimes Zurückkunft überschüttete mich mit Freude; allein die Nachricht von ihrer Heirath schlug mich völlig darnieder, und ließ mich befürchten, daß ich sie, ehe ich sie vielleicht nur wieder zu sehen bekäme, auf immer verlieren würde. Doch wir hatten das Glück, sie noch diesen Abend zu empfangen. Der Großherr schickte sie ihrem Bruder mit der nämlichen Begleitung, die sie abgeholt hatte, zurück. Wir umringten alle die verunglückte Sultaninn, welche sich endlich nach den ersten Umarmungen ermannte, und uns erzählte, daß man sie bei ihrem Eintritt in das Innere des Serails sogleich in die für sie bestimmte Chuchekade *) gebracht, wo sie von ihren Nebenbuhlerinnen, welche die von ihrem Geschlecht angeborne Neugierde, von ihrer Schönheit zu urtheilen, zu ihr geführt hätte, bewillkommt worden wäre. Selbst die Favoritinn habe ihr von gleichem Triebe veranlaßt, die Ehre ihres Besuchs geschenkt, und sey bei dieser Gelegenheit in die schmeichelhaftesten Lobeserhebungen über ihre Schönheit ausgebrochen, habe ihr aber zugleich, als sie unter vier Augen mit einander gesprochen, gedroht, sie ermorden zu lassen, wenn sie so kühn seyn

---

*) Das Zimmer der neu angekommenen Odaliken. Diese Zimmer sind sehr geräumig, und mit so vielem Betten, als Personen sie bewohnen, versehen. Sie werden des Nachts sehr hell erleuchtet, und noch überdies halten alte Weiber beständig die Wache, damit unter diesen armen, zur Einsamkeit verdammten Geschöpfen nichts unanständiges vorfallen könne.

würde, durch ihre Reize ihr das Herz des Sultans abwendig zu machen. *) Die Furcht vor dem Tode habe ihr auf der Stelle die Antwort, auf diese ihre Seele erschütternde Anrede in den Mund gelegt: daß sie gerne einer Ehre, nach welcher sie nie gestrebt, und die man ihr aufgedrungen hätte, entsagen wollte, und habe die Saliha angelegentlichst gebeten, ihr zu ihrer Entfernung von einem Orte, wo ihr Leben der größten Gefahr ausgesetzt wäre, behülflich zu seyn. Durch diese Erklärung sey die eifersüchtige Sultaninn besänftigt worden, habe sie mit Liebkosungen überhäuft, und ihr unter den feurigsten Versicherungen ihrer Freundschaft eine anständige Versorgung versprochen, mit dem Vorbehalt jedoch, sie möge ihr lieb seyn oder nicht, auf keine Art, bei Vermeidung ihrer Rache, sie auszuschlagen. Sie versprach ihr alles. Sie reichte mir sehr ansehnliche Geschenke, und gab mir die Versicherung, daß Se. Hoheit für meine Ausstattung Sorge tragen würden. Diese verschmitzte Frau sey auch endlich so glücklich gewesen, den Sultan dahin zu vermögen, daß er sich entschlossen hätte, die Dienste des Kiaga durch eine Gemahlinn aus seinem Se-

---

*) Im Jahr 1697 ließ die Favoritin Gevaher, welche die Mutter des Thronerbens war, eine junge Zirkaßierin von auserlesener Schönheit, die ihr das Herz des Sultans streitig zu machen schien, stranguliren. Dieser Monarch, so sehr er in der ersten Aufwallung gegen Gevaher aufgebracht war, ließ doch endlich diese That ungerochen.

raïl belohnen *), und ihn zugleich zum Pascha von
Candien ernennen zu wollen. Gestern also fuhr
Fatime fort, erschien die Sultaninn Saltha, mir
meine Entfernung aus dem Serail in Person an-
zukündigen, und zugleich die Verbindung mit
demjenigen, den sie mir zum Gemahl bestimmt
hatte, um mich nur weit von ihr zu entfernen,
zu bewerkstelligen.

Omar, dem an Gutherzigkeit und edlen Gefühl vielleicht im ganzen weiten Umfang des Ottomanischen Reichs Niemand gleich kam, schloß seine
liebe Schwester, bis ins Innerste der Seele gerührt, in seine Arme, und Zamrem weinte vor
Freuden über ihrer guten Freundin unverhoffte
Zurückkunft, ich aber wußte selbst nicht, ob ich
mich freuen, oder über Fatimes Verheirathung
und Entfernung mehr wie vorhin grämen sollte.
Indessen überließen wir uns ganz dem Vergnügen,
unseren kleinen Zirkel wieder hergestellt zu sehen,
und brachten einen Theil der Nacht, theils bei
Tische, theils unter lustigen Gesprächen zu.

Am folgenden Morgen hinterbrachte ich meinem
Gebieter den Besuch seines künftigen Schwagers.
Calil Osman war ein Mann, der bei einem Alter von sechzig Jahren noch viele Munterkeit
besaß, dabei aber eine sehr häßliche Gesichtsbildung
hatte, aus der eine niedrige schwarze Seele her-

---

*) Die Türken kennen keine größere Ehre, als
wenn ihnen aus dem Serail eine Gemahlin gegeben
wird.

vorleuchtete. Da Omar den Zutritt bei Hofe nies
mals gesucht noch gehabt hatte, so kannte er dies
sen Offizier nicht, welcher ihn mit großsprecheri=
schen Pralereien über die Wichtigkeit seiner Person
und Reichthümer unterhielt. Doch setzte er endlich
mit einer Miene, die er sich die größte Gewalt
anthat, gefällig und annehmlich zu machen, hinzu,
daß er hoffe, Fatimes Verdienste würden das, was
sie ihm zur Mitgift zubringen könnte, weit übers
wiegen.

Omar erwiederte Calil Osmans schmeichel=
haftes Compliment mit möglichster Höflichkeit, und
ob er gleich den heftigsten Groll, einen Schwager
von solchem Schlage zu haben, im Herzen trug,
so war er doch klug genug, einem Mann, gegen
den er schon, ohne ihn zu kennen, Verachtung
fühlte, mit schmeichelhaften Gegenversicherungen
zu begegnen. Endlich lenkte Calil Osmann das
Gespräch auf seine Tochter, und erklärte sich mei=
nem Herrn, daß er mit jeder Morgengabe, so
hoch, und so gering er sie bestimmen wollte, zu=
frieden seyn würde. *) Sie setzten die wechseitige
Ver=

---

*) Wenn ein Reicher heirathet, so ist er verbunden,
seiner künftigen Frau ein Gewisses auszusetzen. Dies
nimmt entweder die Frau selbst, im Fall sie ihr Mann in
der Folge verstoßen sollte, an sich, oder die Anverwand=
ten derselben eignen es sich zu, wenn der Mann ohne
männliche Erben stirbt. Sind männliche Erben da, so
gehört es diesen, aber die Töchter erben niemals. Im
letztern Fall ziehen die Anverwandten der Frau das Aus=
gesetzte

Verheirathung auf den dritten Tag fest, und schieden unter nichtsbedeutenden Komplimenten und Anerbietungen, die auf der einen Seite so wenig, als auf der andern aufrichtig gemeint waren, von einander.

Kaum war er fort, als Fatime, welche sich während der Unterredung so versteckt hatte, daß sie alles mit anhören konnte, sich zu den Füßen ihres Bruders warf und ihn beschwur, sie nicht in die Hände eines so unausstehlichen Mannes zu liefern; ihre Verzweiflung stieg vollends aufs höchste, als ihr Omar sagte, daß es nicht in seiner Macht stehe, dieses Unglück von ihrem Haupte abzuwenden, da ihm der ausdrückliche Befehl des Sultans entgegen stehe.

In Thränen zerfließend begab sie sich in ihr Zimmer, und alles bedauerte das Schicksal dieses Engels. Niemand war fähig, ihr Trost einzusprechen, selbst Zamrem nicht, die sie über alles liebte. Ich war über diesen betrübten Zufall weit mehr niedergeschlagen, als bei der Abführung in

gesetzte an sich, ohne die mindeste Rücksicht auf die Mutter, und was aus ihr werden wird, zu nehmen. Leute von mittelmäßigen Vermögensumständen heben darin gegen einander auf. Verstößt der Mann seine Frau, so ist er gehalten, für ihren Unterhalt zu sorgen, es wäre denn, daß sie zur zweiten Ehe schritte, welcher Fall aber äußerst selten ist, weil sie durch den Wittwenstand völlige Freiheit erlangt. Folglich findet eine Ehescheidung unter Geringen nur selten statt, und ist lediglich ein Vorrecht, dessen sich Vornehme zu erfreuen haben.

das Serail. Unterdeſſen machte ich mich aus dem
Hauſe, den Pferden nachzuſehen, hatte aber weder
Raſt noch Ruhe, und gieng gleich wieder zurück.
Ich war kaum in meinem Zimmer, als mir Fatime
ſagen ließ, zu ihr in den Garten zu kommen.
Unverweilt floh ich dahin, und fand ſie in Thränen, mit bebender Stimme ſprach ſie: Siehe,
Azem! wie mich das Schickſal verfolgt, einen ſo
häßlichen Mann nehmen zu müſſen; ich bin un=
glücklich, auf immer verloren. Du allein kannſt
mir die Bitterkeit meines Unglücks verſüßen, und
um dieſes bitte ich dich fußfällig. (Hier lag ſie in
Thränen vor mir auf der Erde.) Ganz betäubt
wußte ich nicht, was ich that. Denn ſtatt ſie von
der Erde aufzuheben, begieng ich die Dummheit,
und fiel gegen ihr über ebenfalls zur Erde, weinte
noch viel mehr, als ſie, und blieb eine gute Weile
in dieſer höchſt lächerlichen Stellung vor ihr liegen.
Endlich erwachte meine Vernunft, ich erhob mich,
eben als ſie niederzuſinken ſchien, und half ihr
auf das Ruhebett. Da ſie mich mit ihren lieb=
reichen Augen ganz bewegt anſah, konnte ich
nicht länger anſtehn, ſie zu bitten, ſie wolle mir
frei entdecken, wie ich ihr zu Gefallen ſeyn könne,
ich wiederholte noch einmal, ihr mit Gefahr mei=
nes Lebens zu dienen. Das einzige, ſagte ſie,
um das ich dich bitte, Azem! iſt, daß du mich
nicht verläßeſt, mir in das Haus Calil Osmans
folgſt, und das Schickſal, das meiner wartet, mit
mir theileſt, deine Treue will ich aus dieſer Ge=
fälligkeit beurtheilen und ſo belohnen, wie ich

dir längst versprochen habe. Von Liebe und Mitleid hingerissen, folgte ich der zärtlichen Aufwallung meines Herzens, und versprach ihr zu dem
Gemahl zu folgen, den sie nicht ausschlagen durfte,
wenn mich anders Omar, dessen Sklave ich sey,
ihr überlassen würde. Für dieses, fiel sie mir ein,
laß mich sorgen!

Omar willigte ungern in die Veränderung
meiner Sklaverei; allein er wollte seiner lieben
gekränkten Schwester dieses einzige Vergnügen,
das er ihr noch machen konnte, nicht versagen,
und überließ mich ihren Wünschen. Er wollte
mir einen Freiheitsbrief geben, doch Fatime wi-
dersetzte sich mit der Erklärung: Sie wolle selbst
das Vergnügen haben, mir die Freiheit zu schenken,
wenn ich ihr noch einige Zeit gedienet haben
würde; und ich war aus Liebe thörigt genug, die
Hände dazu zu bieten.

Omar, welcher die Absicht seiner Schwester
gar wohl errieth, warnte uns freundschaftlich,
und zeigte, was für Gefahr wir uns bei einem
Manne von der Gemüthsart des Calil Osmans
aussetzten; allein es war in den Wind geredet,
und einmal in dem Buche des Schicksals bestimmt, daß, nachdem ich so glücklich, als es nur
immer ein Sklave seyn kann, gewesen war, ich
nunmehr der Unglücklichste werden sollte.

Fatime wollte ihre Verheirathung unter allerlei Vorwand, so lang als möglich verschieben;
allein Calil Osman schützte die Eile seiner Abreise
nach Candien vor, und sie mußte endlich mit ihm

vor dem Cadilescher erscheinen, wo sie zusammen gegeben wurden. Der neue Ehegatte hatte seinen Reichthum mit Recht herausgestrichen, denn der Ueberfluß fiel von allen Seiten in die Augen. Er hatte eine große Menge Sklaven beiderlei Geschlechts, wozu ihm das ehrbare Handwerk eines Seeräubers geholfen hatte, welches er selbst damals noch trieb.

Mein Abschied aus Omars Haus war rührend, er schenkte mir, da ich mich für alles, was ich bei ihm genossen hatte, bedankte, einen Beutel mit 50 Zechinen, Zamrem und mein Kamerade Kurul weinten wie Kinder, und so folgte ich dem Sessel der Fatime, in dem sie in das Haus Calil Osmans getragen wurde. Selbst Fatime vertheilte den Tag ihres Eintritts in das Haus ihres Gemahls eine gewisse Summe unter die Sklaven, ich aber erhielt aus ihrer Hand 12 Sultaninnen, mit der Erinnerung, ihr getreu zu bleiben. Wir verweilten noch einige Tage in Konstantinopel, wo ich von Fatime in Verrichtungen nach Omars Hause geschickt wurde, und bei meiner Zurückkunft immer die Antwort nach dem Gebrauch, den ich vorher beobachtet hatte, selbst meiner Gebieterinn ausrichtete, welches dem alten Calil Osman sehr verdächtig scheinen mogte. Den Tag unserer Abreise wurde ich wider meine und Fatimes Erwartung den Gefangenen zugesellt, die auf den Galeeren, so ihn nach Candien überführten, zu rudern bestimmt waren. Mein starker Körperbau und gutes Ansehen, und ein

Etwas, das ihm den Kopf verrückt hatte, hatten mir aus Argwohn diese Ehre zuwege gebracht. Ich mußte in einer Kette von 20 Pfund am Beine an dem Orte, welcher für die Gefangenen bestimmt war, schmachten, und diese Kette war mir um so lästiger, da meine bisherigen nie über 2 Pfund schwer gewesen waren, und auch diese hatte ich bei Omar nur zum Schein, oder Ehren wegen, das heißt, wenn ich ausgieng, getragen. Bei einer schlechten Kost, einem elenden Lager, aber einer gewißen täglichen Tracht Schläge, die ich bei dem mindesten Versehen, auch zuweilen ohne solches, bekam, hatte ich Zeit genug, die Thorheit zu bereuen, zu der mich die Liebe zur Fatime verleitet hat, daß ich Omar, um seiner Schwester zu folgen, verlassen hatte.

Siebentes Kapitel.

Peyers elender Zustand. Wird unter dem Namen der Fatime mit Geld beschenkt, und zur Flucht auch vor dieser noch, ihr einen Besuch im Garten über die Mauer zu machen, fälschlich verleitet; er unternimmt beides, wird aber an gänzlicher Ausführung durch ein neues Unglück verhindert. — Seine mißliche Lage, und fernere Behandlung.

———

Die Art, mit der mich Calil Osman behandelte, war unerlaubt, und um so mehr, da ich nicht sein, sondern seiner Gemahlinn Sklave war. Ich wußte noch überdieß nicht, wozu ihn das Verfahren mit mir verleitet haben konnte, da ich mir keines Verbrechens bewußt war, das eine solche tyrannische Behandlung rechtfertigen sollte, und sagte öffentlich, daß, wenn mein Herr Omar meine Umstände wüßte, er mich mit allem Rechte zurückfordern würde, indem er mich nicht ihm, sondern aus Liebe zu seiner Schwester, ihr überlassen hätte. Dieser als Herr, der mich als Sklave gekauft hatte, hätte allein das Recht gehabt, mich zu züchtigen, wenn ich etwas verschuldet hätte, Calil aber niemals, dessen Sklave ich gar nicht sey. Allein mit allem diesem verbesserte ich mein

Elend keineswegs; was ich geredet hatte, wurde
ihm richtig hinterbracht, und ich merkte es immer,
daß auf eine solche Aeußerung von mir den folgenden Tag gleich noch etwas ärgeres für mich erfolgte.

Nachdem ich einen Monat auf der Galeere
zugebracht hatte, ließ man mich wieder einmal an
das Land kommen, wo ich zu verschiedenen Arbeiten im Hause verwendet wurde. Der heimliche
Gram und das schlechte Leben hatte mich so abgemattet und entstellt, daß ich mich selbst nicht mehr
kannte. Von Fatime hatte ich seit unserer Abreise
von Konstantinopel nichts gesehen noch gehört;
ich wünschte auch nicht, sie zu sehen, ich bin gut
dafür, daß in meiner Lage ich ihr ein schlechtes
Kompliment gemacht haben würde. Dieser ver-
wünschte Türk trieb seinen Eigensinn soweit, daß
er aus Besorgniß, ich möchte ihm entfliehen, mir
an einem entlegenen Orte in seinem Palais einen
Aufenthalt anweisen ließ, wo ich noch mit zwölf
andern Unglücklichen zu Reinigung einer Schleuße,
die allen Unflath aus dem Hause abführte,
gebraucht wurde, eine Arbeit, welche sonst gewöhnlich nur die Juden verrichten mußten; allein Calil,
der aus allem Geld zu ziehen wußte, hatte sie
gegen Erlegung einer Summe Geldes, von diesem
Frohndienste befreit, und brauchte diejenigen
Sklaven dazu, welche sich nicht wie die Juden
loskaufen konnten.

Da es mir nicht an Gelde fehlte, so hatte
ich Calil Osman etwas gewisses angeboten, um
mich mit der Arbeit an der Schleuße zu verschonen,

allein er schlug solches aus, und das war, wie
ich glaube, das erstemal in seinem Leben, daß er
ein solches Erbieten nicht annahm. Ich konnte
anfangs die Ursache seiner Weigerung nicht einsehen, allein ich erfuhr nach einiger Zeit, daß er
auf mich wegen eines Einverständnisses mit Fatime
noch aus dem Hause ihres Bruders Omar her,
heftigen Verdacht geworfen habe, der ihn in
solchen noch mehr bestärkte, da sie mich von Omar,
um ihr in sein Haus zu folgen, ausgebeten hatte.
Er hat sich also blos in der Absicht, um mich eines Verbrechens wegen, so mir doch nicht bewiesen war, zu strafen, diese Gewaltthätigkeit beikommen lassen, und ließ mir, in der Hoffnung,
bald hinlängliche Veranlassung zu finden, mich
lebendig verbrennen zu lassen, die härtesten Arbeiten verrichten.

Meine Schultern und Fußsohlen mußten et-
nigemal die verliebten Thorheiten meines Herzens
hart büßen, und die Liebe und Zuneigung Fatimens entschädigten mich keineswegs hinlänglich
für die Schmerzen, die mir die Schläge ihres
Mannes verursachten. Ich ward nun kleinmüthig, und fieng an mit der Verzweiflung zu ringen. Ich wußte meinem Leiden nicht anders
abzuhelfen, als durch die Flucht, und diese, sie
mag ausfallen gut oder bös, war mein Entschluß,
soll mir entweder Freiheit oder Tod bringen.

Als ich nach etlichen Tagen Abends von der
Arbeit zurückkam, und eben in unsern Aufbewah-
rungsort gehen wollte, zog mich eine Frau in

einem langen Mantel, wie ihn die gemeinen Wei=
ber zu tragen pflegen, auf die Seite, und gab
sich ohne den Schleier zurückzuschlagen, für eine
Abgesandte von Fatime aus. Sie steckte mir ei=
nen Beutel mit Geld in die Hand, und sagte mir
dabei, daß ich einen Theil desselben dem Sklaven=
wächter mittheilen, und mit dem andern ihn zu
berauschen, und dann bei dieser Gelegenheit die
Flucht zu ergreifen trachten soll, denn, fuhr sie
weiters fort, soll ich dir nicht verhehlen, daß
Calil Osman, ihr Gemahl, dir den Tod gedrohet
habe; bevor du aber deine Flucht unternimmst,
so sollst du zu ihr in Garten kommen, wo sie
deiner heute warten wird; es soll zu diesem Be=
huf eine Leiter an der Mauer gelehnt stehen, die
an dein Behältniß rückwärts anstößt, und dir den
Weg zu ihr bahnen wird. Mit diesen Worten
gieng sie von mir. Ich brachte eine gute Weile
mit Ueberlegungen zu, was ich wohl thun sollte.
Es schien mir außerordentlich gefährlich, eine Zu=
sammenkunft mit Fatime zu wagen, da sie uns
aufhörlich durch Verschnittene und Sklaven, wel=
che sämmtlich ihrem Herrn ergeben waren, in
strengster Aufsicht gehalten wurde.

Ich empfand seinen Unwillen auf mich jetzt
schon viel zu sehr, und mußte mich also bestmög=
lichst hüten, ihn nicht noch mehr zu erbittern.
War er unbarmherzig genug mich mit Schlägen
unverdienterweise mißhandeln zu lassen, zu welchen
Behandlungen würde er nicht fähig seyn, wenn
eine gerechte Veranlassung sich ihm zeigen sollte?

So heilsam und vernünftig diese Betrachs
tungen waren, so wenig folgte ich ihnen, da ich
einmal zum Unglück gebohren zu seyn schien; und
die süsse Empfindung, mich an Calil Osman rächen
zu können, überwog alle Furcht vor der Gefahr,
welcher ich mich dabei aussetzte. Doch frisch ge=
wagt, dachte ich, ist halb gewonnen, und machte
mich zu dem Unternehmen gefaßt. Es war ein
heißer Tag, daß es mir nicht an Gelde fehlte,
wie ich schon gesagt habe, wußten alle, und am
wenigsten damals, da ich den vollen Beutel in
der Tasche hatte. Ich sagte zu dem Wächter,
daß ich Durst hätte, und ob er nicht erlauben
wollte, daß ich Wein kaufen dürfe, um uns alle
damit zu erquicken; reichte ihm aber gleich eine
Zechine hin, seine Gefälligkeit zu erzwingen. So=
bald er das Gold blitzen sah, streckte er die Hand
begierig darnach aus, und sagte ja, doch möchte
ich behutsam seyn, daß es Niemand gewahr würde.
Ein sehr großes Wassergefäß diente mir dazu, das
ich dann ganz füllen ließ, und ihm am ersten
reichte. Man weiß, wie sehr die Türken den
Wein lieben, um so mehr, wenn es heimlich
geschehen kann, und er ihnen überdieß nichts ko=
stet, wie hier der Fall war. Mit aller Begierde
faßte er das Gefäß an, das er eher nicht von
sich ließ, als bis ihm der Athem mangelte. Bravo!
dachte ich, das geht gut, ich trank dann endlich
auch, mehr aber dem Schein als der Wirklichkeit
nach, und gab es in der Runde herum. Wie
es geleert war, sah er dasselbe ganz betrübt an,

und gab mir zu verstehen, daß er noch Lust dazu hät=
te, ich ließ mir es nicht zweimal sagen, und
brachte es abermal voll.   Seine Freude war, un=
beschreiblich.   Ich hieß ihn trinken, so viel ihm
beliebe, es käme so selten an uns, einen guten
Tag zu haben.   Die Augen fiengen an gewaltig
zu funkeln, und ich war unausgesetzt hinter ihm.
Doch war es noch nicht genug, und keine Stunde
vorüber, da es abermal geleert war.   Nun hol=
te ich zum drittenmal, wobei die Nacht ziemlich
heranrückte, auch einige meiner Kameraden schon
wirklich schnarchten.   Nur der war noch halb
munter, den ich am ersten im Schlaf zu seyn ge=
wünscht hatte.   Doch erfolgte es endlich, und
er lag wie ein Vieh neben dem Weingefäß hin=
gestreckt, ohne die mindeste Empfindung; ich
gab ihm einige Stöße, aber alles umsonst, er
war nicht zu erwecken.

Nun bebte ich vor Angst, überlegte, ob ich
gehen sollte oder nicht.   Ich war anfänglich nicht
entschlossen, zur Fatime in den Garten zu steigen,
sondern blos die Flucht zu nehmen, und zu trach=
ten nach Konstantinopel zu kommen, um Omar
meine Noth zu klagen, und bei ihm Schutz zu
suchen.   Doch mein Verhängniß wollte, daß ich
diesen Entschluß bei Seite setzte, und aus Liebe
meinem Unglück zueilte.   Ich packte sodann mit
der linken Hand meine Eisen zusammen, daß sie
keinen Laut gaben, und so schlich ich mich aus
dem Behältniß, und endlich aus dem Haus.   Ich
hatte einen langen Weg zu machen, als mir die

Mauer des Gartens aufstieß, wo ich die unglückliche
Leiter wirklich angelehnt antraf. Das Herz schlug
mir gewaltig, als ich sie sah, und ich war uns
entschlossen, ob ich es wagen sollte; zweimal stand
ich schon mit einem Fuß auf der ersten Sproße,
und eben so vielmal zog ich ihn wieder zurück, ich
zitterte wie Espenlaub, kehrte um, und war Willens meinen Weg fortzusetzen; als ich mit einem-
mal aller der Ahnungen ungeachtet mit einer
solchen Eile darauf losrannte, als ob ich gezwungen würde, und — sie erstieg. Sobald ich mich auf
der Höhe der Mauer befand, zog ich die Leiter
an mich, und ließ sie in den Garten hinein um
hinunter zu steigen. Wie ich nun auch dieses zu
Stande gebracht, und an einem Blumenbeet so
fortwandelte, schien mir, als ob ich eine Mannsstimme vernähme, die unweit von mir zu Jemand
redete, ich wollte die Flucht nehmen, und fiel in
der Eile der Länge lang in ein mit Wasser an-
gefülltes Springbrunnbecken. So viele Mühe
ich mir auch gab, mir wieder herauszuhelfen,
und ich auch wirklich nicht lange darin verweilte,
so verursachte mir doch die schnelle Erkältung auf
der Stelle einen so heftigen Husten, daß alle
meine Bemühungen ihn zurückzuhalten, umsonst
waren, und ich erstickt seyn würde, wenn ich
mich hätte zwingen wollen. Ich mußte sodann
laufen, um die Gegend zu gewinnen, wo die
Leiter stand, um husten zu können, und kletterte
während solchem auf die Höhe der Mauer, legte
die Leiter auswärts, und wollte von Furcht und

Schrecken getrieben, da es wirklich eine sich mir
nähernde Mannsstimme war, die ich hörte, hinunter-
steigen, hatte aber das Unglück mit einer Kette
an der Leiter hängen zu bleiben. Ich suchte sie
mit beiden Händen los zu machen, da ich es mit
einer nicht bewerkstelligen konnte, fiel aber rückwärts so unglücklich von selbiger, daß ich mir
das linke Bein, womit ich zwischen zwei Sprossen stecken blieb, aus der Kugel trieb, und so,
den Kopf unten und die Beine oben, zwischen
Himmel und Erde schwebte.

Die Angst, mich so gefangen zu sehen, ließ
mir noch den Schaden am Beine nicht merken.
Ich nahm alle meine Kräfte zusammen, faßte mit
beiden Händen die Seitenstangen, riß mit
aller Gewalt den Sproßen und die Kette entzwei,
und stürzte so zu Boden, daß ich eine gute
Weile nichts von mir wußte. Wie ich wieder
zu mir kam, wollte ich aufstehen, allein es war
unmöglich. Der Fuß schlenkerte hin und wieder,
und verschwoll. Der Schmerz war unausstehlich.
Angst, Schrecken, Furcht und das erfolgende Trak-
tament, wenn meine Flucht kundbar würde, und
man mich in einer Gegend finden sollte, die von
meinem Unternehmen vermöge der Leiter zeugte,
brachten mich zur Verzweiflung, ich durch-
suchte in der Wuth meine Taschen, um mich
selbst zu morden, fand aber das Messer nicht,
welches ich zu meinem Verdruß damals zurück gelassen hatte. Was war nun zu thun? gehen
konnte ich nicht, und da zu bleiben, war gar

nicht rathsam, so mußte ich wieder Willen auf allen Vieren kriechen, und den Weg zurücknehmen. Endlich gelang es mir doch, weiter zu kommen, allein der Schmerz übermannte mich, und ich mußte wieder innehalten, fieng wie ein Kind zu winseln und zu weinen an. In solchen Abwechselungen brach der Morgen an. Der Rausch vergieng dem besoffenen Sklavenwächter, und meine Flucht verriethen die offenen Thüren, und dann selbst meine Abwesenheit. Nun trieb ihn die Angst in alle Gegenden mich zu suchen, und er fand mich endlich elend und mühselig, wie einen Hund auf der Erde unweit unsers Hauses liegen. Hätte er sich nicht selbst schuldig gewußt, so hätte er gewiß sein Recht auf der Stelle an mir ausgeübt, so aber getraute er sich nicht, doch konnte er es mir für den ihm verursachten Schrecken nicht ganz schenken, und gab mir einige Streiche, wie er aber den unglücklichen Zufall mit dem Fuß sah, fühlte er Mitleid, und trug mich auf seinem Rücken in mein Behältniß.

Nun war ich wahrhaft übler daran, als jemals. Der Wächter mußte das mir zugestoßene Unglück dem Herrn melden, was er ihm aber für eine Ursache gesagt hatte, weiß ich nicht. Genug meine Unglücksgefährten, denen die Wohlthat noch in frischen Angedenken war, die ich ihnen durch den Wein erwiesen hatte, bedauerten mich mit christlicher Liebe, welche ich aber nicht verdiente, weil die Veranlassung keineswegs löblich war. Ein Hamburgischer Sklave, mein einziger und bes

ster Freund, den ich unter uns Unglücklichen hatte,
und von dem in der Folge noch oft die Rede seyn
wird, war ein geschickter Wundarzt, er richtete
mir das Bein ein, wobei mir die entsetzlichsten
Schmerzen nun vergessen ließen, daß ich mir im
Springbrunnbecken eine Erkältung geholt hatte.

Mein erster Schrecken war nun vorüber, und
ich war der Meinung, es wird alles mit meinem
Unglück abgethan bleiben. Aber, o Himmel! was
für ein neues Ungewitter thürmte sich wider mich
auf. Man fand die Leiter, und brachte sie dem
Pascha Calil Osman, als ein Corpus delicti, welches Feinde, die ich nicht kannte, auf mich wälzen
wollten, weil sie gehört hatten, daß ich den Fuß
ausgeknöchelt hatte. Diese Anzeige war Wasser
auf seine Mühle. Ich, die übrigen Sklaven,
sammt dem Wächter, wurden sehr strenge vorgenommen, aber alle behaupteten, daß ich mir das
Unglück im Hause und unter ihren Augen zugezogen hätte. Doch es half nichts; ich mußte der Thäter seyn und bleiben, der ihm in Garten hatte steigen
wollen. Es wurden mir funfzig Streiche auf die Fußsohlen angeordnet, die er aber nach anderer ihrer
Vorstellung auf den Rücken umwandelte, wobei er
selbst gegenwärtig blieb, bis ich den letzten hatte.

So floß meine Zeit in Schmerz und Wehmuth
dahin, und ich dachte oft an den unglücklichen
Augenblick, wo ich vor Liebe gegen Fatime die Vernunft verloren, und ihr in Calil Osmans Haus zu
folgen zugesagt hatte. Die Reue aber war zu spät.

Achtes Kapitel.

Er muß noch nicht ganz hergestellt mit Calil Osman
auf einen Streifzug in die mittelländische See,
wird bei der Musterung der Sklaven neuerdings
von ihm mißhandelt. Fatime schickt ihm vor seiner Abreise noch 20 Zechinen durch eine verstellte
Weibsperson, um mittelst dieses Geldes sich seine
Mit=Sklaven zu Freunden zu machen. Sie werden
aber von zwei Maltheser Schiffen angegriffen
und Calil Osman bleibt im Treffen, das Schiff
aber entwischt durch einen Zufall, und kommt
nach Candien zurück.

Da die Zeit zur See zu gehen da war, so mu-
sterte Calil Osman seine Mannschaft: ich gieng
bei ihm vorbei, und da ich noch sehr schlecht zu
Fuße war, so nahm ich mir die Freiheit, ihm
vorzustellen, daß ich ein sehr unnützes Glied auf
der Galeere seyn würde. Deine Beine brauche
ich nicht, donnerte er mir mit fürchterlicher Stimme
und wilden Geberden entgegen, es ist mir genug,
wenn du zwei Arme hast, und zu gleicher Zeit gab
er mir fünf bis sechs Streiche mit dem Ochsenziemer, gleichsam als wenn er versuchen wollte, ob
meine Arme was aushalten könnten. Diese vie-
hische Behandlung drang mir durch die Seele, sie
er-

erweckte das Mitleid meiner Mit-Sklaven, am
meisten aber meines wohlthätigen Hamburgers,
und den Haß gegen den Tyrannen. Wie nun
die Musterung vorüber war, die Mitten im Hofe
seines Pallastes gehalten worden, mußten wir
wieder in unser Behältniß zurück, ich konnte aber
den übrigen wegen meinem schlechten Zustande
des Beines so geschwinde nicht folgen, und
hinkte eine gute Strecke ganz in Gedanken über
das Elend vertieft, in das ich mich aus blinder
Liebe selbst gestürzt hatte, unter ihnen nach.
Eben als ich mich um ein Eck im Hause wendete, erblickte ich ein vermummtes Weib, die
Azem, Azem! rufte, und mir winkte; ich stand
eine Weile stille, ob ich ihr Gehorsam leisten,
und mich neuerdings zu meinem Verderben ver-
führen lassen sollte. Da sie mir aber einen
Brief und Geldbeutel zeigte, wagte ich es, und
gieng auf sie zu, sie ließ mir aber nicht Zeit,
sondern, nachdem sie sich nochmals mit Vorsicht
auf allen Seiten umgesehen hätte, eilte sie auf
mich zu, und im Vorbeigehen steckte sie mir
Brief und Beutel in die Hand, und entfernte
sich ohne ein Wort zu reden. Ich konnte auf
Niemand anders, als auf Fatime verfallen, woher dieses kommen sollte, ich verbarg alles sorgfältig, und langte endlich in meiner Trauer-
höhle an. Niedergeschlagen schlich ich in den
äußersten Winkel, um mich von den übrigen
zu entfernen, und den Brief lesen zu können;
er war von Fatimes Hand. Sie schrieb in

wälscher Sprache: „Lieber Azem! Wie sehr
rührt mich dein Unglück, in das du dich auf
meine Veranlassung aus Liebe zu mir gestürzt
haft; mein Herz blutet mir, so oft ich mich an
dich erinnere, und fühlt die Größe ihrer Mar-
ter um so mehr, als es sich gezwungen sieht,
Liebkosungen von einem verhaßten Gegenstand
annehmen zu müssen, der dir in allem so weit
zurücksteht. Noch wollte ich dieses alles, obgleich mit äußerstem Zwang, aus der Ursache
ertragen, weil ich mir schmeicheln darf, daß
meine Unzufriedenheit im Betracht seines und
meines Alters ein Ende haben werde, wenn
ich nur deinetwegen nicht in Aengsten stünde,
daß dich dieses Ungeheuer vor der Zeit aus
Haß und Eifersucht zu todt quälte. Ich bitte
dich, liebster Azem! zürne nicht auf deine Geliebte, du kennst ihr Herz und ihre Gesinnungen,
sie hat keinen Antheil an deinen Leiden, wohl
aber wünscht sie, daß dieselben sie allein treffen
möchten, um dir Linderung zu verschaffen. Das
Geld, so ich dir schicke, verwende an jene deiner Kameraden, die deine Freunde sind, besonders aber thue demjenigen Gutes, der deinen
Fuß so liebreich pflegt, mache ihn dir zum
Freunde, weil er, wie ich gehört habe, ein
guter Mensch zu seyn scheint; es könnte sich
der Fall ereignen, daß wir ihn benutzen wollten.
Uebrigens sey verschwiegen, und füge dich dem
Schicksal, denk aber, daß Fatime, deine getreue
Fatime noch unglücklicher ist, als du, weil sie

dich, ohne helfen zu können, ihrentwegen muß leiden sehen."— Dieses Schreiben goß Balsam in mein verwundetes Herz, ich weinte Thränen der Zärtlichkeit über die Empfindungen der unvergleichlichen Fatime. Und wer sollte mir dieses verargen? gewiß, ein solcher nur, der Fatime nicht kannte, nicht gesehen, und nicht so geliebt hätte, wie ich. Ich vergaß meine Schmerzen, alle meine Leiden, und schwur ihr in meinem Herzen ewige Ergebenheit.

Wir machten uns seegelfertig im mittelländischen Meere zu kreuzen. Himmel, wie hart ist der Zustand eines Ruderknechts! Hauptsächlich aber behüte Gott einen jeden ehrlichen Mann dafür, der eben nur erst vom Beinbruch, wie ich, geheilt worden ist. Ich konnte wegen dieser Ungemächlichkeit nicht so leicht und geschwinde als ein anderer rudern, daher es denn kam, daß ich den Stock des Aufsehers auch vorzüglich empfinden mußte, da ich ihm noch dazu von Calil Osman ganz besonders empfohlen war.

Eines Tags, als wir unter Seegel gehen wollten, war ich auf der Ruderbank eingeschlafen. Ein Hund, welcher meinem theuren Gebieter gehörte, kam und leckte meine Lumpen, worin mein kranker Fuß eingeschlagen war. Es sey nun, daß ers aus Hunger that, oder daß er an den Salben, womit sie beschmiert waren, einen Wohlgeschmack fand, kurz, er biß mich so stark, daß ich vor Schmerz jählings vom

Schlaf auffuhr, und den gesunden Fuß mit der Kette auf den Hund fallen ließ. Dieser lief mit Schreyen davon, und gerade auf die Gallerie zu, wo sich sein Herr befand, der sogleich Erkundigung einzog, was dem Hunde geschehen sey. Ein genuesischer Renegat, der uns glücklicherweise dem Hunde zugesehen hatte, erzählte die Sache ganz zu meinem Nachtheil. Auf der Stelle befahl Calil Osman die Falaka *) zu bringen, mit dem Versprechen, die Dosis zu wiederhohlen, sobald ich geheilt seyn würde.

Nie kann jemand eine härtere Strafe erlitten haben. Endlich benahm mir der entsetzliche Schmerz alle Besinnungskraft. Ich hatte bei verschiedenen Gelegenheiten so manche Schläge, seitdem ich in dieses Tyrannen Gewalt war, mit dem Stock und Ochsenziemer empfangen, sie waren aber im Vergleich mit diesen nur ein leichtes Kitzeln gewesen. Kaum war die Exekution vorbei, so entdeckte man zwei Galeeren, die mit beigesetzten Seegeln und allen Rudern auf uns loskamen. Alles machte sich zum Schlagen fertig, und ich wurde, wie ein verrecktes Vieh unter die Bank gesteckt. Als die Galeeren uns völlig im Gesichte waren, er-

*) Ist eine Maschine, unter welcher der zu Bestrafende auf den Bauch liegend, über den Rücken durch fürgeschobene Holzriegeln eingeschlossen wird, damit er sich nicht bewegen kann, desgleichen ich auch in Hungarn unter dem Namen, Törrisch gesehen habe.

kannten wir sie für feindliche. Meine Gefähr=
ten unterdrückten die Freude, die in ihrem Her=
zen aufstieg, als sie die malthesische Flagge un=
terscheiden konnten, und ich selbst, nachdem mein
Freund der Hamburger mir davon die Nachricht
zuflüsterte, ohngeachtet ich dem Tode nahe war,
nährte doch in mir die süße Hoffnung, jetzt auf
eine oder die andere Art das Ende meiner
Sklaverei zu finden.

Man kann immer behaupten, daß nur Mal=
theserritter mit der Unerschrockenheit, womit sie
die türkischen Fahrzeuge anfallen, einen Angriff
machen können; nichts konnte mit dem Muth
in Vergleichung kommen, mit welchem sie das
Gefecht anfiengen. In einem Augenblick waren
wir in einem Nebel von Feuer und Dampf ge=
hüllt. Calil Osman besaß eine Tapferkeit, die
mehr Tollkühnheit zu nennen war; mit Ver=
achtung der größten Gefahr gab er seine Befehle,
und mit einer kaltblütigen Unerschrockenheit war
er selbst überall gegenwärtig, wo Noth drohete,
was ihm allerdings Ehre machte.

Den Ruderknechten, welche schon Seegefech=
ten beigewohnt hatten, sah man die Hoffnung
auf den Gesichtern an, nur mir, der ich noch
niemals auf die Art mitgemacht hatte, blieb bei
dem entsetzlichen Getöse, das ich hörte, und bei
dem Schmerz meiner erst kürzlich ausgestandenen
Schläge, nichts, als die Freiheit übrig, alle
Heiligen, die nur von jeher einen Platz im Ka=
lender gehabt haben, inbrünstigst anzurufen;

und ich muß bekennen, nie andächtiger als in diesem Augenblick gebetet zu haben. Beinahe eine ganze Stunde lang blieb das Gefecht im Gleichgewicht, bis eine wohlthätige Kanonenkugel unsern Befehlshaber dahinstreckte. Alle Ruders knechte erhoben ein Freudengeschrei. Tod ist der Hund! war der einstimmige Gesang und Leichens rede aller derer, die ihn fallen sahen. Ob mir gleich in dem Augenblick mitleidsvolle Empfins dungen, aller erlittenen Mißhandlungen ohnges achtet, in der Seele aufstiegen, so konnte ich mich doch der Freude nicht entwehren, als mir der Hamburger die Wirkung dieses glücklichen Schußes hinterbrachte. Mein erster Gedanke war an Fas time, daß ihre mißvergnügte Ehe ein Ende hätte, und sie jetzt nach dem Wunsche ihres Herzens und nach dem Werthe ihrer Schönheit wählen könnte.

In dem nämlichen Augenblick, als Calil Os: man fiel, bemächtigte sich die Furcht aller Ges müther, und man war auf nichts, als auf die Flucht bedacht. Indessen machte der Wunsch, uns von den Malthesern gefangen nehmen zu lassen, den die Rudersklaven insgesammt geäußert hatten, daß wir unsre Schuldigkeit nicht so thaten, als wir hätten thun sollen, und vielmehr die Ruder verließen, um der christlichen Geleere Zeit zum Entern zu lassen.

Um richtig zu sprechen, sollte ich mich eigent: lich des Wortes: wir nicht bedienen; allein ich glaubte doch diesen Ausdruck brauchen zu dürfen, da, wenn mir auch gleich der Gebrauch meiner

Hände und Füsse benommen war, ich doch meinen Kameraden mit den heisesten Wünschen für die Erlangung der allgemeinen Freiheit im Herzen beistand.

Die Malthefer Galeere, welche mit uns angebunden hatte, war sehr übel zugerichtet, und diese, da sie sahe, daß wir die Flucht ergriffen, blieb ganz gleichgültig dabei, indem uns die zweite noch heftig zusetzte. Ohngeachtet die Türken, die auf der unsrigen das Kommando führten, einige von den Rudersklaven niederhieben, so konnten sie es doch nicht dahinbringen, die Ruder wieder zur Hand zu nehmen, und auf diese Weise wurden wir, die wir blos mit Seegel gehen mußten, von den Malthefern bald eingeholt.

Schon waren einige Ritter mit dem Degen in der Hand an Bord unserer Galeere übergesprungen, als das zweite christliche Schiff, das von uns so übel zugerichtet war, die Seegel einzog, und einen Nothschuß that. Die Ritter, die schon in der unsrigen waren, und die wir im Voraus als unsre Befreier ansahen, ließen in dieser Verlegenheit lieber einen gewissen Sieg aus den Händen, und leisteten ihrer andern, welche eben zu sinken im Begriff war, heldenmüthigen Beistand. Und so schwand unsre gehoffte Befreiung dahin. Sogleich wurden alle Ruder in Bewegung gesetzt, und unsre Fahrt gerade nach Candien gerichtet, wo wir ganz langsam in den Kanal einliefen. Unsere Galeere hatte die schwarze Flagge aufgesteckt, und die Türken, die sich im Hafen befanden, sahen uns mit weit weniger Betrübniß als wir selbst empfanden, ankommen.

Neuntes Kapitel.

Fatime übt bei Zurückkunft des Schiffes ihr Recht aus, und fodert Azem, als ihren eigenthümlichen Sklaven zurück, erbittet sich aber den Hamburger, der ihn kuriren mußte. Schenkt beiden die Freiheit, macht aber Azem, ihrem geliebten Sklaven, den Antrag, sich beschneiden zu lassen, um sie zu heirathen. Er schlägt es aus und stellt sich an, sie zu verlassen.

Der Großherr, welcher sich ohne alle Ausnahme für erbfähig hält, eignet sich allezeit die Verlassenschaft der Großen des Reichs zu, sie mögen nun auf seinen Befehl, oder in seinem Dienste, oder ihres natürlichen Todes sterben. Er setzt den Wittwen blos einen sehr mäßigen Unterhalt aus, und versorgt die Kinder, wenn einige vorhanden sind. Diese Politik hält sie immerfort in einer beständigen Abhängigkeit, und verhindert sie, da sie nie zu mächtig werden können, etwas gegen ihren Monarchen zu unternehmen.

Fatime, sobald sie den Tod ihres Gemahls erfahren hatte, wendete sich, um allen diesen Unannehmlichkeiten auszuweichen, bittlich an ihre große Gönnerinn, die Sultaninn Saliha, stellte ihr das erlittene Unglück durch den Verlust ihres

Gemahls vor, und flehete sie an, ihr in dieser
Verlegenheit mit ihrem vielvermögenden Schutz
liebreichst beizustehen, und den Sultan dahin zu
bewegen, daß er sie, wo nicht gänzlich, doch zum
Theil von der Erbschaftsregel durch ihre Fürbitte
befreien wolle. Mit dieser Bitte schickte sie in
Eile einen Bothen nach Konstantinopel, der auch
so glücklich war, ihr vorläufig von der Sultaninn
die Versicherung ihrer Gnade zu vermelden, und
daß sie all ihr Eigenthum, wie es immer Namen
haben möge behalten, und auch das, was ihr von
ihrem verstorbenen Gemahl insbesondere gefällig
wäre, unverantwortlich sich zueignen könne, wel=
ches in Kurz durch den Ferman dem Unter=Pascha
angedeutet werden würde.

Bevor dieses glückliche Ereigniß ihr kund ge=
macht wurde, übte sie ihr Eigenthumsrecht, das
sie als Frau auf meine Person hatte, an der
Stelle aus, und forderte mich unverweigerlich zu=
rück, man weigerte sich auch keineswegs, weil
man wußte, daß ich ihr, nicht aber dem Pascha
zugehörte, man brachte mich in meinem elenden
Zustande in ein besonderes Zimmer im Palast, wo ich
durch ihre Verpflegung und Hülfe des getreuen Ham=
burgers in Zeit von einem Monat hergestellt wurde.

Die erste Visite, so ich von Fatime erhielt,
war in der dritten Nacht meines Daseyns. Ganz
verkleidet und unkenntlich kam sie in mein Zim=
mer. Eine sehr dunkle Lampe, die dasselbe er=
leuchtete, verhinderte mich, den Gegenstand, den
ich schlaflos eintreten sah, zu unterscheiden; der

Schmerz hatte mir die Augen ganz blöde gemacht, und ich hielt sie anfänglich für meinen Freund Hamburger, der unweit von mir wohnte. Als sie sich aber meinem Lager nahete, und die Worte: Azem, schläfst du? hören ließ, hob ich mein Haupt auf, und wendete mich gegen sie, ohne sie zu kennen. Sie ergriff meine Hand, und sagte: Gott hat mich durch die Fürbitte des Propheten erhöret, und mich und dich von unsern gemeinschaftlichen Tyrannen erlöset. Jetzt erkannte ich sie; ich küßte die Hand, mit der sie mich hielt, und fieng an zu weinen, auch sie weinte mit mir, und diese Scene währte eine gute Weile. Endlich brach sie das Stillschweigen und hieß mich ruhig seyn, mit der Erinnerung, daß sie mein ausgestandenes Leiden zu vergelten wissen werde. Mein abgemergeltes Gesicht, und die Schmerzen, so ich in diesem Hause erlitten, haben sie in Schrecken gesetzt. Unglücklicher Azem, wiederholte sie mehrmalen, wie bedaure ich dich, du zerschneidest mein Herz, so oft meine Augen dich erblicken. Sey getrost, es wird besser werden. Gräme dich nicht mehr, deine Fatime ist frei, frei wie ein Vogel in der Luft, und kann hinfliehen, wo sie will. Was ich dir aber sagen muß, ist, daß du deine Gesundheit pflegest; denn, sagte sie, mein Bleiben ist nicht lang mehr hier, (hier erzählte sie mir, was sie an Saliha geschrieben) du und der Hamburger, ihr beide müßt mit mir; folge ihm, was er dir räth, ich höre, er ist ein guter und überaus geschickter Mensch. Ja, sagte ich, das ist er vollkommen,

diesem habe ich meine Erhaltung gänzlich zu ver=
danken, ohne ihn hätten meine Augen die schöne
Fatime nicht mehr gesehen. Auf diese Worte
küßte sie mich, und die Thränen, so sie dabei ver=
goß, benetzten meine Wangen.

Nun sagte sie, ist es Zeit, daß ich gehe.
Nimm diesen Beutel, und theile denselben mit
deinem Freund und Wohlthäter, sage ihm, daß
ich mit der Treue, so er an dir verwendet hat,
sehr wohl zufrieden sey, und ich bedacht seyn würde,
sie ihm reichlich zu vergelten. Mit diesen Worten
verließ sie mich, versprach aber, mich bald wieder
zu besuchen.

Da die Sklaven allezeit einen ansehnlichen
Theil des Vermögens ausmachen, so wurden auch
alle, die Calil Osmans waren, förmlich dem Sul=
tan zugeschlagen, welcher, auf die bei dem feind=
lichen Vorfall erhaltene Nachricht ihrer Wider=
setzlichkeit, um diesen so wichtigen Vorgang zu
bestrafen, alle zum Ersäufen verurtheilte, die die=
ses Vergehens schuldig angegeben wurden. Zum
Glück war der Hamburger nicht darunter. Ins=
dessen wurde der Großherr so weit besänftigt,
daß nur an dem zehnten Mann die Strafe voll=
zogen werden sollte. Die Unglücklichen, die das
Loos traf, wurden ersäuft und die übrigen in enge
Verwahrung gebracht, und dann endlich zum
Nutzen des Sultans verkauft. Fatime sagte für
den Hamburger gut, bis der Ferman ihrentwegen
vom Hofe eintreffen würde, welches man ihr auch
gerne zugestand.

So endigte sich die Sache, die den Divan eine gute Weile beschäftigte, und die aus dieser Ursache mit so vieler Strenge behandelt wurde, damit es andere bei gleicher Gelegenheit nicht wieder probiren sollten. Ich erkannte die wunderbare Fügung Gottes, bei diesem ganzen Auftritt, wie er mich so gnädig durch die unschuldig bekommenen Schläge von dem Tode befreiet habe; denn, wäre ich am Ruder geblieben, wie ich wirklich dazu bestimmt war, so hätte ich es nicht anders gemacht, als diese, die nun ihr Leben verloren hatten. Ich dankte ihm aber auch mit erkenntlichem Herzen, und bat ihn, mich ferner seines Schutzes zu würdigen.

Während dieses vorgieng, langte der Ferman in Betreff der Erbschaft Calil Osmans ganz zu Gunsten der jungen Wittwe an. Alles, was ihr Saliha vorläufig hatte wissen lassen, war darin enthalten. Es blieb ihr die Hälfte des Vermögens, das sie im baaren Gelde nahm, und noch über dieß an Edelsteinen so viel hatte, welche das erstere weit übertrafen. Mit dieser erfreulichen Nachricht kam sie mich zu erquicken, als mich eben der Hamburger verband. Nu, sagte sie beim Eintritt, ist dies der Wundarzt, Azem, der dich kurirt? Ich bejahete es mit aller Ehrfurcht. — Hierauf fragte sie den Chirurgen in gebrochenem Deutsch: wie lang er glaube, daß es anstehen würde, bis ich gänzlich hergestellt wäre? Er versicherte, daß solches auf das allerlängste in vierzehn Tagen geschehen seyn würde. Gut, sagte sie, spare keinen

Fleiß, es soll dein Schade nicht seyn! Nun fieng
sie an, willst du bei mir bleiben, so sage es, denn
ich habe die Wahl, dich zu mir zu nehmen, wenn
ich will, oder du mußt zum Nutzen des Sultans
verkauft werden; zwingen aber will ich dich nicht,
denn bei mir muß nicht Zwang, sondern freier
Wille seyn. Auf diese Worte fiel er ihr zu Füßen
und bat sie, sich seiner zu erbarmen, und ihn zu
sich zu nehmen. Wohl! das soll morgen geschehen,
ich will für dich bezahlen, was man fordern wird.
Er küßte ihr das Kleid, und gieng fort.

Als sie sich nun mit mir ganz allein befand,
und sich auch soweit vor Niemand zu fürchten
hatte, strich sie mir anfänglich das Glück heraus,
das sie nun empfände, von ihrem unmenschlichen
Gemahl befreiet zu seyn, das sie sobald noch nicht
erwartet hätte. Was sie unter dieser Zeit meinetwegen hätte ausstehen müssen, sagte sie, wäre uns
beschreiblich. Es wundere sie nur noch, daß ich
lebe; hundertmal habe er mir den Tod geschworen,
und sie wäre von Zeit zu Zeit in Sorgen gestan-
den, daß er mir nicht selbst den Dolch ins Herz
stoße, so erboßt war er: und das aus bloßer Eifersucht, weil ich dich aus meines Bruders Hause
mit mir genommen habe. Ich seufzte hierauf und
gestand ihr ganz frey, daß ich es tausendmal be-
reuet hätte; allein es half mir doch nichts, und
ich mußte unverschuldet leiden. Vielleicht, sagte
ich, war mir einer von seinen Leuten entgegen, daß
ich der Sklave Fatimes hieß, der ein solcher selbst
es zu seyn gewünscht hatte. Das weiß ich nicht,

sagte sie, ich habe auch nie den mindesten Argwohn
auf jemand dieserwegen zu werfen Ursache gehabt.
Nun fragte ich sie, warum sie mich, bey all dem
Haß, den er gegen mich gezeigt hatte, dennoch
gereizt hätte, sie in der Nacht, wo ich darauf das
Unglück gehabt hatte, den Fuß auf der Leiter aus=
zuknöcheln, in dem Garten zu sprechen? Ich?
schrie sie, Gott behüte, davon weiß ich nichts!
Nun erzählte ich ihr den ganzen Vorgang. Sie
schlug die Hände zusammen, und betheuerte, sie
sey unschuldig, und hätte in dieser meiner miß=
lichen Lage nie auf ein so gefährliches Wagestück
gedacht, wo beiden ihr Tod unfehlbar erfolgt wäre.
Allein, doch das letztemal, redete ich weiter, das ist,
den Tag vor der Abreise, wo ich den Brief und
das Geld erhalten habe, war es eben ein Wages=
stück, mir selbiges zuzuschicken. Hätte nicht das
Weib, den Brief statt ihn mir zu bringen, nicht
auch Calil Osman einhändigen können? Wäre
dadurch nicht auch beider Leben in Gefahr ge=
wesen, da er so deutliche Proben des von ihm
gemuthmaßten Einverständniß in Händen gehabt
hätte? Auf dieses Weib, erwiederte sie, habe ich
mich verlassen können, daß sie keinen Meineid an
mir begehen würde, und lachte dazu — weil dies
selbe selbst ... Fatime ... deine zärtliche Fatime
war. Was? schrie ich, Sie waren es? Ja,
antwortete sie, ich selbst war es, die meine Auf=
seher zu hintergehen, und, um dich vor der Ab=
reise noch einmal zu sehen, mein Leben aus Liebe
zu dir zu verachten gewußt habe. Denke nun,

was ein Weib aus Zärtlichkeit für den geliebten
Gegenstand nicht zu unternehmen und auszuführen im Stande ist, besonders wenn sie wegen
demselben unschuldiger Weise mißhandelt wird,
wie der Fall bei mir war, alsdann gesellt sich erst
Rache noch zu der Liebe, und kein Hinderniß ist
zu groß, noch zu gefährlich, das sie nicht zu überwältigen vermögend wäre, um das wahr zu machen, was man ihr fälschlich zugemuthet hatte.
Bei solchen Gelegenheiten gleicht das Herz einer
mit unbilligen Verdacht gequälten Unglücklichen
einer Bogensehne, die, jemehr sir angezogen wird,
mit desto größerer Gewalt den Pfeil auf den Gegenstand abdrückt, wohin er gerichtet ist.

Nachdem sie mir auf diese Art alles, was sie
meinetwegen von ihrem tyrannischen Gemahl er-
dulden mußte, erzählt hatte, auch überdies die
Fassung bewunderte, womit ich alle die Leiden,
die mir von diesen Unmenschen angethan worden,
ertragen hätte, äußerte ich in einem wehmüthigen
Tone: „Und was hab ich bei alle dem gewonnen?
bin ich nicht noch der Sklave, der ich vor vier
Jahren war? haben sich meine Umstände, statt zu
bessern, nicht um sehr vieles verschlimmert? wäre
ich nicht ein freier Mensch, wenn ich dem Edel-
muth Omars, Ihres Herrn Bruders, da er mir
die Freiheit ertheilen wollte, Sie sich aber, um
diese Freude selbst, wie Sie wähnten, zu haben,
diesem wohlthätigen Vorhaben widersetzten, ge-
folgt wäre? So aber eilen meine jungen Jahre
in Ungemach dahin, mein Kopf wird von den

ausgestandenen Drangsalen grau und der Körper
siech; bedenken Sie nur, ich bitte Sie, auf was kann
ich in die Zukunft Rechnung machen? ich wenigstens sehe nichts, und kann auch in diesem Falle
nichts anders erwarten, als ein beständiger Sklave
zu seyn. Vorhin ein Sklave Omars, dann
Calil Osmans, und nun der Wittwe Fatimes, aber
doch allezeit Sklave, Sklave so lange ich leben
werde." — Bei Endigung dieser Worte brach
ich in laute Thränen aus. Fatime, deren Herz
durch meine gerechten Thränen erweicht wurde,
sagte in eben solcher Stimmung: Sey ruhig,
Azem! Du weißt nicht alles, was die Vorsicht
angeordnet hat! damit du dich aber von der
Wahrheit meines dermaligen Versprechens über-
zeugst, so nehme dieses Papier (hier zog sie einen
Freiheitsbrief, und zugleich auch jenen des Hamburgers aus ihrem Busen) und sieh ob Fatime ihr
Wort gehalten hat, das sie dir vor ihrem Bruder Omar gab. Du bist frei von deinem Sklavenstand, so wie es auch dein wohlthätiger Freund,
der Hamburger, wegen der an Dir ausgeübten
Treue in deinem elenden Zustande ist, übergebe
ihm denselben, und sage, daß Fatime Verdienste
zu belohnen wisse.

Vor Freuden sprang ich, ohne auf meine
wunden Fußsohlen Rücksicht zu nehmen, um Fatime für die geschenkte Freiheit zu danken, aus
dem Bette, fiel aber über den jähen Schmerz,
den ich mir verursachte, mit solcher Gewalt nieder, daß mir das Blut stromweis aus der Nase
schoß.

schoß. Schrecken und Entsetzen überfielen Fatime bei Erblickung des häufig fließenden Bluts, sie schrie laut auf, und eilte auf die Thüre zu, um Hamburger zu Hülfe zu rufen. Ich verhinderte sie daran, und versicherte sie daß es nichts zu bedeuten hätte, ich hob mich auf die Knie, und nahm mein Taschentuch, um das Blut vom Gesichte zu wischen, und dessen Lauf zu verhindern; war aber nicht im Stande, mich in dieser Lage auf das Bette zu schwingen, weil ich die Füße vor Schmerzen nicht anstrengen konnte. Sobald sie mein ohnmächtiges Bestreben sah, wollte sie mir mit der ihr eigenen Milde helfen, ich ersuchte sie aber, es ja nicht zu thun, weil sie sich beschmutzen würde, ich wollte lieber auf der Erde bleiben, und mich so lang gedulden, bis mein Freund zum Verband käme. Allein dies half nichts, sie wollte selbst das Vergnügen haben, dieses zu verrichten, und faßte mich mit beiden Händen unter den Armen an, hob mich in die Höhe, so daß ich mich nun mit meinen Händen durch Hülfe der Knie in das Bett wälzen konnte. Ich deutete nun auf ihr weißes Kleid, das ganz blutig war. Das thut nichts, sagte sie, das Wasser macht alles wieder rein; ich bin nur froh, daß du im Bette bist. — Sie zog ihr Taschentuch aus dem Kleide, und wusch mir das Blut vom Gesichte, welches ich mir meines Widerstrebens ungeachtet, gefallen lassen mußte.

Nachdem dieser Zufall vorüber war, rückte sie ihren Sessel neben das Bett, ergriff meine Hand

II

und sagte: „Nun, Ajem, bist du frey! und siehst, daß ich mein Wort, das ich dir gab, redlich gehalten habe. Du bist nun kein Sklave mehr, sondern ein freier, unabhängiger Mensch, wie vorhin, der seine Freiheit, nach seinem Gutdünken benutzen kann. Ich hoffe, du wirst die Redlichkeit meiner Handlungen einsehen und erkennen. Dies ist aber noch nicht alles, was ich zu thun Willens bin. Meine Neigung und Liebe, die ich für dich gleich bei deinem Eintritt in meines Bruders Hause hegte, ist dir aus vielen Fällen bewußt, ich habe dir mein Herz mehrmals ganz offen gezeigt und du wirst daraus ersehen haben, daß alles aufrichtig gemeint war, um dir einen geheimen Fingerzeig zu geben, wie du Herr und Besitzer desselben werden könntest. Selbst Omar gestattete dir alle mögliche Freiheit, die sonst ein Sklave nicht so leicht nach unsern Gesetzen erlangt, mit dem weiblichen Geschlecht unserer Nation frei und ungehindert umgehen zu dürfen. Er kannte deine Redlichkeit und meine Tugend, aber auch die Empfindungen meiner Seele, die ihr der unwiderstehliche Hang und das reizende Wesen, mit dem dich die Natur vor vielen deines Gleichen beglückt hat, eingeflößet haben. Selbst er war froh, daß ein Gegenstand dieses Werthes, mein unschuldsvolles Herz gerühret habe, und schmeichelte sich, daß ich so glücklich seyn würde, dir die Wichtigkeit des Besitzes desselben gegen eine im Grunde selbst nichts bedeutende Gefälligkeit vor Augen zu legen. Schon hoffte ich, daß du meinen Wün-

schen entsprechen würdest, als die unglückliche
Wahl des Sultans mich in das Serail zu rufen,
und die noch unglücklichere Heirath mit Calil
Osman diese süße Hoffnung mit einmal vernichtete. Meine Liebe zu dir wuchs durch diesen widrigen Zufall noch mehr, und wurde zu einer un-
widerstehlichen Leidenschaft, ja ich muß dir gestehen, daß ich mit dir in einer Einöde ungestört
leben zu können, dem Glanz des Sultans, und
noch mehr dem gehässigen Affengesicht des Calil
Osmans mit Freuden vorgezogen hätte, wenn es
in meiner Macht gewesen wäre. Da dies aber
nun nicht anders seyn konnte, als es das unerbittliche Schicksal mit mir beschlossen hatte, so
fand ich in der Wuth meiner Leidenschaft kein anderes Hülfsmittel, als dich von meinem Bruder zu
erbitten, um durch deine Gegenwart meinen Gram
zu vertreiben, und wenn mich der Unmuth, mich
dem Willen des unausstehlichen Osmans fügen zu
müssen, zu überwältigen drohen wollte, durch die
Annehmlichkeit deiner Musik diese betrübten Augenblicke zu versüßen. Wie sehr ich mich aber in
meiner Hoffnung betrogen hatte, ist mir und dir
nur zu gut bewußt; der Himmel selbst hat sich ins
Mittel gelegt, und diesem widerrechtlichen Betragen ein Ende gemacht. Da ich nunmehr ganz
frey bin, und ein schönes Vermögen besitze, so
biethe ich dir, würdiger Azem, alles an, und er-
warte blos, daß du dich zu dem mahometanischen
Gesetze bekennest, und durch diese geringe Gefälligkeit
deine und meine Glückseligkeit beförderst.“ ——

Nach diesen Worten sahe sie mich lange an, und erwartete meine Zustimmung. Unentschlossen, was ich ihr auf diesen Antrag für eine Antwort geben sollte, gieng ich in der Eile mit mir zu Rathe, und fand, auf welcher Seite ich es immer nahm, den heftigsten Widerstand meines Gewissens, jenen Glauben, in welchem ich das Glück hatte gebohren und erzogen zu werden, gegen den mahometanischen, der von Unsinn und thörichten Fabeln angefüllt war, zu vertauschen. Ich antwortete ihr also: Theuerste Fatime! „Aus allen Ihren Handlungen erkenne ich Neigung, Wohlwollen und Liebe zu mir. Ich müßte sehr undankbar seyn, wenn ich nicht durch die vielen Vorzüge des Glücks und den Besitz Ihrer reizenden Person gerührt wärde, und ich schätze mich auch sehr glücklich, daß Ihre Wahl auf mich armen Sklaven so unverdient gefallen ist; ich versichere Ihnen auch vor dem Gott, den ich anbete, daß ich Sie hochschätze und liebe, und bei jeder Gelegenheit Ihre Glückseligkeit mit meinem Blute zu erkaufen bereit bin, daß ich aber diesen vergänglichen Dingen zu Liebe meinen Glauben und die Seligkeit nach dem Tode, die mir derselbe verspricht, aufgeben sollte, werden Sie nicht von mir verlangen, und da ich Sie nicht mit eitler Hoffnung über meinen Abfall vom christlichen Glauben lange hinhalten will, so sage ich Ihnen frey, daß ich lieber Zeitlebens der elendeste Sklave zu bleiben, als meinen Glauben zu verläugnen, entschlossen bin.“ ——

Ohnmächtig sank sie auf mein Bette in Thrä=
nen schwimmend. Das Herz schlug so heftig, daß
ich befürchtete dieser Auftritt könnte traurige Fol=
gen nach sich ziehen. Es ängstigte mich sehr ihr
keine Hülfe verschaffen zu können, wodurch sie
wieder zu sich gebracht würde, doch mußte ich es
blos der Zeit und dem sich legenden Schmerz ih=
res Herzens überlassen. Ich wischte ihr übrigens
vom Mitleid hingerissen, den Todtenschweis vom
Gesichte, und ich glaube, daß dadurch ihre Lebens=
geister sich erholt, und ihr das Bewußtseyn wieder
gegeben haben. So bist du, liebster Azem! waren
ihre erste Worte, an die Stelle meines tyrannischen
Gemahls getreten, um mir den Tod zu geben?
Keineswegs, sagte ich, und küßte ihr die Hand,
mit der sie mich fest hielt, ich bleibe immer Ihr
bis zum Tode getreuer Sklave, nur kein Türk!
Aber sage mir, fuhr sie fort, was findest du an
dem mahometanischen Glauben auszusetzen? Ist
deiner, der christkatholische, besser und sicherer,
als der meinige? — Ich glaube es wenigstens, und
bin es auch versichert, und wenn ich es auch wirk=
lich nicht so stark wäre, als ich es bin, so würde
ich ihn in jedem Betracht dem türkischen vorziehen,
der voll von Fabeln und Mährchen ist. Bei die=
sen Worten hob sie sich noch immer weinend, aber
still und tiefsinnig vom Sessel auf, gieng etlichemal
im Zimmer auf und ab, blieb endlich vor mir
stehen, und sagte mit gebrochener Stimme: Azem!
du tödtest mich. Ist es dein ernstlicher Wille,
was du sagtest? Ja, antwortete ich, liebste Fatime!

für dies und allemal. — Nun fiel sie vor meinem Bette auf die Knie und bat mich, bei dem Gott, den ich und alle Christen anbeten, ich möchte meine Gesinnungen ändern. — Stehen Sie auf, werthe Fatime, und ermuntern Sie sich; denn bei mir ist im Punkte der Beschneidung nichts auszurichten. Ich will, wie ich gesagt habe, mein Leben für Sie recht gerne aufopfern — niemals aber meinen Glauben verlassen. Ich gestehe es Ihnen frei, daß ich mich, wiewohl ungerne gezwungen fühle, Ihr Haus und alle Wohlthaten zu verlassen, um Ruhe zu finden. Auf diese von mir mit Entschlossenheit und in einem gewissen nachdrücklichen Tone gesprochenen Worte stand sie auf, schlug die Hände über den Kopf zusammen, und jammerte laut; endlich faßte sie die von mir mit Haftigkeit ausgesprochenen Worte: daß ich ihr Haus und alle Wohlthaten verlassen wollte, halb gerührt, halb empfindlich auf und sagte: Ist das Azem, der zärtlich geliebte Azem, der so sprechen kann? der mich verlaßen und meiden will? — Ja, antwortete ich, dieser Azem ist es, den man gleichsam mit Gewalt zur Beschneidung zwingen will, der aber die fernere Gelegenheit und die Gefahr lieber zu fliehen, als darinn zu erliegen entschlossen ist.

Da sie sich nun bei der herannahenden Dunkelheit füglich mit ihrem vom Blut bespritzten Kleide in ihr Zimmer wagen konnte, kam sie nochmals zum Bette, und fragte liebreich: So kannst du dich wirklich nicht entschließen, meinen Glauben

anzunehmen? Nein, sagte ich mit standhafter
Stimme. — Ich bin untröstlich, erwiederte sie,
über deine Hartnäckigkeit. Was wird endlich daraus werden? Das weiß ich wahrlich nicht, war
meine Antwort; soviel aber weiß ich, daß ich auf
keinen Fall ein Türke werden will. Sie nahm
mich bei der Hand und sagte: Wir wollen uns
beide bis morgen besinnen, vielleicht ergiebt sich
ein Mittel, um beider Wünsche zu befriedigen. —
Das gebe der Himmel! erwiederte ich. Noch ein
Händedruck, und sie verließ mich.

Nicht lange hernach kam der Hamburger zum
Verband, und da er das Blut am Hemd und
Bette, so wie auf der Erde wahrnahm, erzählte
ich ihm alles, wobei ich ihm seinen Freiheitsbrief
überreichte, den ihm Fatime für die mir durch
Pflegung meiner Wunden und sonst erwiesene brü-
derliche Gefälligkeiten als einen wohlverdienten
Lohn geschenkt hatte. Gott auf den Knieen dan-
kend küßte er denselben vor Freude, und versprach,
so lang er leben würde, dieser Wohlthat eingedenk
zu seyn, und sein Leben für Fatimens Wohl mit
Vergnügen aufzuopfern.

———

Zehntes Kapitel.

Fatime wird durch die Standhaftigkeit, mit welcher er ihren Antrag sich beschneiden zu lassen, ausschlägt, gerührt, und entdeckt ihm ihren Entschluß eine Christinn zu werden. Ursachen dieser Entschließung, und endlich der Vorschlag, ihr Unternehmen auszuführen.

Die Türken setzen auf einen Römisch-Katholischen, der ihre Religion annimmt, einen weit höhern Werth, als auf jeden andern, und rechnen einem solchen, der den Abfall zuwege bringt, dieses Verdienst eben so hoch an, als wenn er dreimal die Reise nach Mekka und Medina gemacht hätte *)

*) In dem glücklichen Arabien ist das Grab des Mahomet. Es ist 80 Meilen von Mekka entfernt. Die Türken sind verbunden, wenigstens einmal in ihrem Leben eine Reise dahin zu machen, oder Jemanden statt ihrer zu schicken. Diese schwachen Menschen halten alles, bis auf das Kameel, welches die Geschenke des Sultans trägt, die er jedesmal bei seiner Thronbesteigung dahin übersendet, für heilig. Den Christen ist bei Todesstrafe verboten, sich auf 10 Meilen im Umkreise diesem Orte zu nähern. Ueber dem Grabe des Propheten, welches auf dem Erdboden ist, befindet sich ein Magnet, zwei Fuß lang und breit, und drei Finger dick, an welchem mittelst eines eisernen Nagels ein goldner mit Edelsteinen reich besezter Halbmond

Es kann gar leicht seyn, daß Fatime sich eben mit
meiner Bekehrung eines Verdienstes schmeichelte,
was ich aber allerdings nicht glauben will, denn
sie und ihr Bruder, so lang ich im Hause war,
haben wenigstens bei gesunder Vernunft den Albernheiten ihrer Glaubensgenossen in keinem Falle
nachgelebt. Was Fatime dazu verleitete, war,
meines Erachtens ein zärtliches Herz, und die
Liebe zu mir.

Unruhig und von Träumen gequält brachte ich
die Nacht hin, — ob Fatime ruhiger, zweifle
ich sehr, wenigstens entsetzte ich mich, als ich sie
Morgens gegen 10 Uhr in mein Zimmer treten
sah, über die Blässe ihres Angesichts. Ihre ab-
gehärmte Miene flößte mir Mitleid ein, und ich
wollte einen Finger aus meiner Hand, oder meine Fußsohlen, so wund sie waren, dem Osman
nochmal hingegeben haben, wenn es möglich gewesen wäre, das zwischen mir und ihr vorgegan-
gene ungeschehen zu machen. Doch in dem Falle,
wo ich mich befand, konnte ich nicht anders handeln. Es ist wahr, ich liebte sie über alles,
doch meinen Glauben noch weit mehr.

Wie hast Du geschlafen Azem? war die Anrede, mit der sie mich beehrte. Schlecht, ant-

---

schwebend gehalten wird. Diese einfältigen Menschen
glauben, daß es ein wahres Wunderwerk sey, welches
Gott zu Ehren seines Abgesandten gewirkt habe. Die
Derwische und mehrere andere wissen die wahre Bewand-
niß der Sache, und woher das Wunderwerk entstanden,
recht gut.

wortete ich, sehr schlecht. Ich wünsche, daß
Fatime weniger Unruhe gefühlt habe, als ihr
Azem. O Gott! rief sie aus, wie irrst Du Dich,
und schon stand eine Thräne in ihrem zitternden
Auge. Warum? fragte ich weiter; und Du fragst
noch Unbarmherziger? Du raubst mir Ruhe, und
den Frieden meines Herzens, die ich, bevor ich
Dich gesehen hätte, genoß. Und Du weißt nicht
mehr, was Du gestern sagtest? ist es Dir nicht
mehr bewußt, daß Du mich verlassen, Deine Fatime, Deine zärtliche Fatime, die nur in Dir
lebt, und Deinetwegen zu leben wünscht, fliehen
und meiden wolltest? unseliger Gedanke! der mich
mehr entsetzte, als die Weigerung vor der Beschneidung. Und Du kannst das Gefühl Deines
Herzens, das ich besser, als Du, kenne, noch
verläugnen? doch ich verzeihe Dir, aus Liebe zu
Dir. Ich habe Deinen Gott für Dich und mich
um Beistand angerufen. Er hat mich erhört,
und Balsam in mein verwundetes Herz gegossen.
Ich bin nun ruhig, Azem, so ruhig, als wenn
Du Ja zu meinen Antrag gesagt hättest. Göttliche Fatime! sagte ich, rede, wie soll ich Deine
Worte, diesen erquickenden Ausdruck: ich bin nun
ruhig! verstehen? wie soll ich ihn deuten, diesen
mir so selig scheinenden Sinn? — Rede Beste!
erkläre Dich! ich bitte, Dein zärtlicher Azem bit-
tet Dich! Nun so höre, aber schweige! sonst sind
wir beide verloren, auf ewig verloren! — Du
hast gesiegt, oder vielmehr die Liebe. Ich bin
auf ewig Dein und Deines Gottes, dessen All-

macht ich, mich zu erleuchten, angerufen habe.
Fliehen, fliehen, unter Christen, in Dein Vaters
land, oder wohin es Gott haben will! es ist mir
gleichviel, nur weg von hier, so weit es immer
möglich ist, um ruhig um Dich seyn zu können! —

Ich erschrack, und wußte nicht, wie ich ihre
Rede nehmen sollte, und war in Sorgen, meis
ne Weigerung habe ihr die Sinnen verrückt. Ich
nahm ihre Hand, und drückte sie liebreich an
mein Herz, und fragte sie nochmals, wie sie dies
alles meyne? So wie ich Dir gesagt habe, war
ihre Antwort. Wir wollen fliehen aus diesem
mir so verhaßten Reich, und ich will den Glauben,
den Du hast, annehmen, und unter Christen le
ben, nur aber mit Dir, und wäre es auch in
einer Einöde. Die Gelegenheit ist jetzt die schick
lichste, weil ich ohnehin von hier weggehen muß.
Ich kann unter dem Vorwand, nach Konstantinopel
zu gehen, wenn wir auf dem Meere sind, mich
da oder dort hinwenden, um in ein christliches
Reich zu kommen, und sind wir einmal in einem
solchen, so haben wir nichts mehr zu befürchten,
dann stehet uns der Weg offen, wohin wir uns
wenden wollen. Vorsicht ist allein nothwendig,
um uns nicht selbst zu verrathen, denn wir liefen
Gefahr, wenn man unser Vorhaben entdeckte,
lebendig verbrannt zu werden.

Mit Verwunderung hörte ich den Entschluß
Fatimes an. Sie zeigte sich mir mit männlichem
Muth, und es schien, als wäre es jene Fatime

nicht mehr, die mich gestern zum Muselmann machen wollte.

Dies ist also der Entschluß, den Sie heute Nacht gefaßt haben? Ich bitte Sie, gehen Sie bedächtlich zu Werke, und übereilen Sie sich nicht; es wäre nachher zu spät, erst dann vernünftige Maß- regeln zu ergreifen, wenn das Uebel schon den Vorsprung gewonnen hätte. Prüfen Sie sich und den Beweggrund, der Sie zu einem löblichen, aber auch sehr gefährlichen Unternehmen verleitet. Ich will Ihren guten Gesinnungen nicht zu nahe treten, noch weniger aber sie tadeln, weil sie dem Anschein nach etwas Gutes, nämlich den christlich- katholischen Glauben, zum Entzweck haben. Er- klären Sie mir aber auch, was zu diesem Ent- schluß der Hauptbeweggrund gewesen ist. Wenn es bloße Liebe zu mir, oder gar Verzweiflung seyn sollte, daß ich die Annahme des mahometischen Gesetzes ausgeschlagen habe, und Sie sich nur dadurch des Besitzes meiner Person versichern woll- ten, wenn Sie den christlichen Glauben annäh- men, so wäre es keinesweges eine wahre und gottgefällige Ursache, weil sie nur zum Deckmantel ihrer sinnlichen Absichten dienen sollte. Haben Sie aber aus Ueberzeugung, oder einer andern heimlichen Wirkung der Gnade Gottes, diesen Vorsatz auszuführen, sich entschlossen, und die Liebe zu mir soll nur ein wirkendes Mittel dabei seyn, dann, liebste Fatime! kann ich Sie ver- sichern, daß Ihr Unternehmen vor Gott und der

Welt verdienstlich seyn, und Ihren Azem aneifern
wird, zur Erreichung dieser Absicht alles anzuwenden, und wenn es der Fall erfordern sollte,
auch Leib und Leben dafür aufzuopfern.

Fatime hatte mich bisher mit äußerster Aufmerksamkeit angehört, da ich also nicht weiter fortfuhr, sagte sie ganz bedächtlich: Meine Liebe ist
Dir keine Neuigkeit mehr, meine Gesinnungen hast
Du längst von mir erfahren. Ich müßte eine
große Thörinn seyn, wenn ich mir Deine Glaubensveränderung blos auf Rechnung meiner wenigen Reize hätte zutrauen sollen. Dein gesetztes
Wesen bei dem ersten Versuch hat mir die Augen
geöffnet, obgleich, ich muß es Dir frei gestehen,
Deine Gefälligkeiten, besonders da Du meine Neigung zu Dir merktest, mir noch immer geschmeichelt haben, daß Du zu überreden wärest. Ich
selbst hatte in Betracht meiner Religion vielen
Kampf mit mir selbst, worüber ich mich aber, wie
es ganz natürlich ist, da ich noch zu jung, und
von einer bessern keinen Begriff hatte, mich immer selbst wieder zu befriedigen beflissen war.
Es ist Dir ohnehin bewußt, daß mein Bruder
Omar nur dem Aeußerlichen nach ein Türk, und
nichts weniger, als von Vorurtheilen, wie der
meiste Theil unserer Nation eingenommen ist. Er
sagte mir vieles von der Religion und andern
Nationen, die er bei seinem längern Aufenthalt
unter ihnen kennen gelernt hat, und ich fühlte von
dieser Zeit an, eine starke Neigung zu solcher, und
achtete die meinige nicht weiter als ich mußte,

Du warst das auserlesene gewünschte Mittel dazu, wovon mich aber das Serail, dann die verhaßte Verheirathung mit Osman gänzlich aller Hoffnung beraubte. Der Tod meines grausamen Gemahls gab mir neues Feuer zur Unternehmung. Daß ich Dir zur Verlassung Deines Glaubens, und zur Beschneidung den Vorschlag machte, war mehr eine Probe, ob Du so standhaft seyn würdest, weil ich mit meiner Hand nun frei schalten konnte, Deine Entschlossenheit war mir Bürge, daß ich nichts erhalten würde.

Deine Standhaftigkeit, Azem, die Du mir gestern so männlich bewiesen, hat mein Herz gerührt, und mich zu dieser Entschließung bewogen. Denn, daß Du mich über alles liebtest, war mir zu gut bekannt, Deine ausgestandene Leiden, überzeugten mich hinlänglich; meine Glücksumstände, und Deine unglückliche Lage hätten die glückliche Aussteuer für die Zukunft versprechen können, wenn Du Dich meinen Wünschen fügen würdest. Doch, Du hast alles dies für Verlassung Deines Glaubens viel zu gering gefunden, das ein anderer, minder vernünftiger, und in seiner Religion lauerer Christ als sein höchstes Gut mit beiden Händen ergriffen hätte. Sieh, dies hat mich zu der Erkenntniß gebracht, daß nur dies der wahre Gott seyn müsse, für dessen Lehre seine Bekenner alle weltlichen Vortheile bei Seite setzen, und sie, wenn es erforderlich seyn sollte, auch mit Aufopferung seines Lebens zu vertheidigen entschlossen sind. Diesen

Gott, Azem! der Dein Gott ist, will Fatime, anbeten, und seiner Lehre folgen! —

Bei diesen Worten fühlte ich eine unnennbare Freude. Ich richtete mich im Bette auf, und ergriff ihre Hände. Ich fragte sie, ob sie alles dieses aufrichtig gesprochen habe, ob Herz und Mund übereinstimme, ob sie fest entschloßen sey, sich taufen zu lassen und mich zu heyrathen? Durch eine feurige Umarmung sagte sie mir alles zu, und ein Kuß versiegelte den Bund.

Ich bat sie nun, unser Vorhaben so geheim als möglich zu halten, und suchte ihr die Gefahr, der wir uns aussetzen würden, so anschaulich als möglich zu machen; denn in der That ist das Verbrennen die geringste Strafe, die ein Christ sich zuziehen kann, wenn er einen Mahometaner zum Abfall verleitet, oder einer, der denselben angenommen, und wieder zur christlichen Religion zurückzutreten, auf den unglücklichen Einfall gerathen sollte. Ich gab ihr daher den Rath, unsere Zusammenkunft so selten, als immer möglich, bei Tage zu machen, und jene des Nachts nur mit der strengsten Vorsicht und Behutsamkeit dann zu wagen, wenn es sehr spät und alles im tiefen Schlafe wäre, um alle Muthmaßungen zu verhindern, die gar leicht durch öftere und ungewöhnliche Besuche bei mir einem oder dem andern beikommen könnten. Ich wäre überdieß der Meinung, daß ich und der Hamburger unsere Freiheit nicht laut werden lassen sollten, weil auch dieses Argwohn bringen könnte, besonders bei jenen, die etwa von Calil

Osman erfahren haben sollten, wessen er sie und mich beschuldigt hatte. Der Hamburger müsse ebenfalls von unserm Vorhaben, wenigstens jetzt noch nicht unterrichtet werden, weil man auch bei solchen gefährlichen Unternehmungen Freunden sogar nicht trauen dürfe, ob ich ihm gleich nichts weniger als eine niederträchtige Handlung zumuthen wolle.

Nachdem wir nun darüber einig waren, fragte ich sie, wie sie ihr Vorhaben auszuführen Willens sey? Hierauf antwortete sie mir: daß sie gestern entschlossen gewesen wäre, ein eigenes Schiff zu kaufen, und damit unsere Reise anzutreten. Allein nach reiferer Ueberlegung verwarf ich es, weil es für uns sehr gefährlich, und in mancher Absicht gar nicht thunlich wäre, und beschloß, den Weg nach Konstantinopel zu nehmen, mich in Galata eine Weile aufzuhalten, und unter der Hand mich in Pera *) heimlich bei einem der christlichen Gesandten, um eine Gelegenheit Mühe zu geben, unter dessen Schutz wir in die Christenheit gelangen möchten. Dieses schien mir das Veraünftigste und auch das Sicherste zu seyn. Sie war alles zufrieden und sagte zu mir: Deine Gesundheit allein hindert

*) Eine Stadt, die nicht nur jenseits des Meerbusens, sondern auch jenseits Galata liegt, und wie eine Vorstadt von dieser Stadt aussieht. Sie liegt auf einer Höhe, und ist der Sitz der christlichen Abgesandten. Sie wird von vornehmen Griechen, Armeniern, Franken und Osmanen bewohnt, welche die gute Luft, die schöne Aussicht, und die freie Lebensart dahin zieht. Die Katholiken haben hier fünf Kirchen und einige Klöster, wie in Galata.

hindert uns noch an der Ausführung dieses Entwurfs; trachte also, lieber Azem, daß du solche bald erlangst, und sage dem Hamburger, daß er nichts sparen soll, was dir dienlich ist; denn ich sehe dem Augenblick mit Sehnsucht entgegen, wo ich diese für mich so unglückliche Insel, die mich endlich doch noch zur glücklichsten Person gemacht hat, je eher je lieber verlassen kann. Ich bin jede Stunde bereitet. Wäsche und Kleider sind schon eingepackt; das baare Geld und holländische Banknoten sammt meinen Juwelen wirst du zu dir nehmen und verwahren. Mein Vermögen besteht in 3000 Stück Dukaten, an 40,000 Gulden in Banknoten, und beiläufig eben so viel an Edelsteinen; dieses ist alles in einen ledernen Gürtel gut verwahrt beisammen, den ich dir vor der Abreise übergeben werde, und welchen du ganz leicht um den Leib gürten kannst. So viel wir unterweges brauchen können, ist noch besonders gethan: Wir sind unsrer nur Vier; ich, du, der Hamburger, und meine Magd, und ich hoffe, wir werden uns gut vertragen. Nun hast du meine Meinung gehört. Ich bitte dich aber, wenn du es besser zu machen glaubst, mir es aufrichtig zu sagen, denn es geht dich und mich zugleich an. Ich konnte nichts dawider einwenden, ihre Ursachen, warum sie so handelte, waren gründlich, und ich vollkommen damit zufrieden. Doch, wir mochten rathschlagen, wie wir wollten, das Schicksal hatte es mit uns ganz anders beschlossen.

Eilftes Kapitel.

Sie verlassen die Insel Candien, werden am zweiten Tage von einem außerordentlichen Sturm überfallen und leiden Schiffbruch in der Gegend der babarischen Küste; entgehen aber auf einem Boote ihrem Untergang, und werden nach einigen Tagen, nachdem sie Fatimes Mädchen durch den Tod verlohren hatten, von einem holländischen Ostindienfahrer aufgenommen.

Jeder Tag schien mir jetzt, ehe wir abreißten, eine Woche zu seyn. Unterdessen besserten sich meine Umstände ungemein, weil mir der Hamburger mit Verwendung vielen Geldes alles verschaffte, was zur Heilung nur immer beitragen konnte. Ich gab auch demselben von der bevorstehenden Reise nach Konstantinopel, wie Fatime beschlossen hatte, vorläufig Nachricht, und der gute Mensch freute sich sehr über den Entschluß, wobei er versicherte, daß er sie niemals verlassen werde, wenn ihr anders seine Dienste gefällig seyn würden. Diese Denkungsart setzte ihn immer mehr in meine Gewogenheit, die zwar von keiner Erheblichkeit war, und machte, daß ich ihn als einen Engel des Himmels betrachtete, den mir derselbe in meinem Leiden zugeschickt habe: denn ohne seine Hülfe hätte ich

längst schon unter den Martern, die mir Calil Osman anthun ließ, erliegen müssen. — Da ich endlich das Bett verlassen, und ohne Schmerzen im
Hause herumgehen konnte; schien es Fatimen Zeit
zu seyn, sich nach einem Schiff, das nach Konstantinopel segle, zu erkundigen. Der Hamburger erhielt
den Auftrag, und brachte die Nachricht, daß eine
Binke in drei Tagen dahin absegeln würde. Wir
freuten uns wie Kinder, und der Erfolg wird zeigen, daß wir darüber lieber hätten weinen sollen,
und viel besser gethan hätten, eine andere Gelegenheit abzuwarten. So hält oft der Mensch einen
Zufall für sein größtes Glück, das am Ende zu seinem Schaden und allzuspäten Bereuung ist. So
traf es auch bey uns ein.

Da wir nun reisefertig waren, gab mir Fatime noch frühe den gemeldeten ledernen Beutel mit
ihrem Vermögen, den ich auch in ihrer Gegenwart
um den Leib gürtete, und das übrige Geld zu Be-
streitung der Fracht und übrigen Erfordernisse,
und sagte zu mir: Azem! nun rückt der Augenblick
heran, der uns dem gewünschten Ziele näher bringen soll, wirst du auch dein Wort halten, wie du
mir versprochen hast? Ich nahm ihre Hand, und
drückte sie an mein Herz. Fühle hier, sagte ich:
Fatime! so lange dies schlägt, wird Azem dich
nicht verlassen. Ich wiederholte ihr alles, was
ich gestern gesprochen hatte, und rief Gott zum
Zeugen der Wahrheit. Ich thue das nämliche,
unter der Betheuerung wie du, erwiederte sie. —
Fatime zog nun ein Mannskleid an, wie die

vornehmen Türkinnen auf Reisen zu thun pflegen,
und einen Kaftan darüber, im Gesicht aber so ver-
mummet, daß man nichts als die Nase sah. Nun
sagte sie, laß mir den Hamburger kommen, ich
muß ihn für deine Kur beschenken und zur Reise
aufmuntern. Nachdem auch dieses geschehen, und
übrigens alles in Bereitschaft war, giengen wir zu
Schiffe.

Es war eben gegen Mittag, als die Anker
gelichtet wurden. Fatime saß in der Kajüte, und
ich und der Hamburger giengen auf das Verdeck.
Dieser war ein verständiger Schiffer, und kannte
die Mängel eines Fahrzeuges aus der Kunst. Er
sagte mir, daß das unsere schlecht und sehr alt
seyn müsse, und äußerte sich, daß er damit keine
weite Reise machen möchte. Doch diese Reise in
dem Archipelagus, meinte er, könnte man doch ohne
großer Gefahr, weiter aber nicht, damit machen,
wenn man nicht sein Leben wagen wollte. Wir
hatten fast gar keinen Wind, und mußten das
Schiff blos mit Rudern gehen lassen. Es war
eine verdrüßliche Fahrt. Spät erst am Abend
wölkte sich der Himmel schrecklich und es erhob sich
ein Wind, der von Zeit zu Zeit stärker wurde,
und keinen gewissen Stand hielt. Nach-Mitter-
nacht verstärkte er sich zusehends, das Meer gieng
sehr hohl und warf hohe Wellen, die sich mit ge-
waltigem Getöse an allen Seiten des Schiffes
brachen, daß es dadurch in seinem Laufe aufgehalten wurde. Der Schiffer, der Anfangs glaubte,
daß es nichts zu bedeuten habe, hatte eben noch

Zeit, die Seegel einnehmen zu lassen, und ließ
nur noch das Vormaarssegel stehen. Nach einer
halben Stunde war der Sturm da. Wir befan=
den uns gerade in der Gegend zwischen der Insel
Modon und Cerigo. Es wurde ordentlich Nacht
um uns; der Wind riß das noch stehende Segel
in Stücken von den Stangen und führte es über
Bord, das Meer tobte fürchterlich, und schleu=
derte das Schiff bald bis an die Wolken in die
Höhe, bald wieder in den Abgrund hinab. Die
Wellen kämpften mit einander unter fürchterlichem
Brausen, und das Schiff schwankte so gewaltig,
daß man nicht aufrecht stehen konnte.

In dieser kritischen Lage sagte ich zu Ham=
burger, er möchte auf alles gut acht geben, ich
wollte sehen, was Fatime mache. Sie saß bei
meinem Eintritt mit ihrem Mädchen auf der Erde,
und fragte, ob es Gefahr habe; noch nicht, ant=
wortete ich, weit aber sind wir nicht davon. Ich
wollte sie trösten, allein sie war standhafter,
als ich und sagte: man darf nur einmal sterben,
ob es übrigens hier oder anderwärts sey, ist mir
gleichviel. Ich verlasse mich auf dich und Ham=
burger, wenn es gefährlicher werden sollte. — Ich
verließ sie, und war froh, daß sie so herzhaft that.

Was den Sturm noch fürchterlicher machte,
war ein ununterbrochenes Donnern und Blitzen,
welches den ganzen Horizont zu zerreißen schien.
Gegen zehn Uhr Morgens hörten wir einen so
heftigen Schlag, daß wir ganz davon betäubt
wurden. Das Schiff zitterte. Wir waren Anfangs

der Meinung, daß wir auf den Grund gestoßen
hätten, allein da wir, so viel der Raum zuließ,
Untersuchungen anstellten, und kein Leck im Raum
fanden, verschwand auch diese Furcht wieder, und
wir glaubten, daß es blos die Wirkung eines
sehr nahen Donnerschlags gewesen sey. Dieser
war es auch leider, und der Matrose, welcher sich
als Sturmwache mit einem Seil um dem Leib auf
dem Verdeck angebunden hatte, gab ein Noth=
zeichen. Wir stiegen hinaus und fanden bald,
daß der Blitz den Hauptmast getroffen, entzündet,
eine darüber hinschlagende Welle aber den Brand
wieder gelöscht habe. Wir krochen wieder in den
Raum hinunter, unser Schicksal ferner abzuwarten.

Der Kapitain, der ein alter erfahrner Türk
war, gestand selbst, daß er noch nie einen solchen
Sturm erlebt hätte, und es war ihm nicht wohl
bei der Sache. Er befahl, uns so viel möglich,
südwärts zu halten, aber es war vergebliche Mühe,
das Steuerruder zu führen, und wir mußten uns
lediglich der Willkühr des Windes überlassen.
Das Schiff krachte von den Wellen unaufhörlich,
als ob es den Augenblick bersten wollte. Der
Sturm dauerte die ganze folgende Nacht unaus=
gesetzt, und wir verlohren den Hintermast, welcher
abbrach, und über Bord stürzte.

Gegen Morgen wurde es wieder ruhiger, und
wir schöpften Hoffnung, die Gefahr überstanden
zu haben. Wir fanden uns aber von unserer
Fahrt gänzlich abgetrieben, und in den Gewässern
der barbarischen Küsten. Allein dies war unser

Unglück noch nicht alles, das Ungewitter schien
zur frische Kräften sammlen zu wollen, uns desto
gewisser zu vernichten. Es dauerte nicht lange,
so nahm der Sturm wieder zu. Hamburger,
der sich bei dem Kapitain seiner großen Kenntnisse und trefflichen Anstalten wegen in Ansehen
und Kredit gesetzt hatte, machte denselben aufmerksam und sagte, er möchte Vorkehrungen treffen und beide Boote auswerfen lassen, denn das
Schiff, wie ihm schiene, sey Leck geworden, um
die Menschen, so er darauf hätte, sammt dem
Schiff noch zu retten, wir wären zwischen felsigtem
Grunde und ein einziger Stoß wäre hinlänglich, dasselbe gänzlich zu zertrümmern. Dieser
fand seine Gründe wichtig und befolgte sie.
Hamburger rettete allen das Leben. Das Schiff
fing an Wasser zu ziehen, und zum Unglück konnte
man den Leck nicht finden, um ihn zu verstopfen.
Unterdessen da die Gefahr allgemein bekannt
wurde, und die Boote ausgeworfen waren, besorgte Hamburger das Bessere für uns, wohin ich
Fatime trug, der ihr Mädchen zitternd folgte,
und da dies bewerkstelliget war, eilten wir die
Koffer und unsere Habseligkeiten über Bord zu
bringen, dann alles, hauptsächlich aber Lebensmittel und Gewehre sammt Pulver und Bley aus
dem Schiffe zu holen und in die Boote zu werfen.
Schon waren diese angefüllt, als Hamburger noch
einmal das Schiff bestieg, und einen großen Pack
Seegeltuch brachte, das uns in der Folge trefflich
Dienste leistete.

Unterdessen verließ der Kapitain das Schiff nicht, sondern er und seine Matrosen wendeten alles an, dasselbe durch Pumpen zu erhalten. Die einbrechende Nacht und der reißende Sturmwind trennte uns aber, und wir haben von ihm nichts wieder gesehen.

Die Nacht war für uns schauderhaft, weil wir erst nicht wußten, wo wir waren, und alle Minuten zu Grunde zu gehen befürchten mußten. Es fand sich noch ein Armenier auf unserm Boote, der in der Meinung, er habe seine Sachen in das unsere geworfen, selbes bestiegen, und da er sich in der Verwirrung und in der Finsterniß der Nacht selbst nicht gleich besinnen konnte, merkte er erst den Irrthum, und jammerte über den Verlust seines Guths. Dieser kannte die Gegend, wo wir waren. Er zeigte uns, wie es mehr Tag geworden, in der Entfernung deutlich die Küste von Algier, und gab uns den Rath, wir möchten derselben nicht zusteyern, sondern lieber in der Mitte des Stromes bleiben, da besonders der Sturm nachgelaßen habe und das Wetter günstiger zu werden scheine. Es giengen hier beständig Handlungs-Schiffe hin und wieder, besonders von Majorca und Minorca, und er versicherte uns, daß ein solches uns aufnehmen würde. Er war sehr niedergeschlagen, daß er sich nicht bei seinem Hab und Guth befinde, und bat uns, wenn wir das andere Boot sehen sollten, ihm darzu zu verhelfen. Mit bestem Herzen versprachen wir ihm, was er verlangte.

Fatime war in größter Verlegenheit über unser Schicksal, sagte aber nicht viel, weil sie der Fremde abhielt, den wir bei uns hatten. Doch sah man ihr den Kummer aus ihrem Betragen an. Inzwischen ruderten wir ganz getrost fort, und waren insgesammt froh, daß wir uns wieder außer Gefahr befänden, (wenn man eine Fahrt mit einem elenden Boote so nennen darf). Der Wind drehete sich Nord-Nord-West, und war uns vollkommen günstig. Mit einem Male erblickte der Armenier sein Boot, oder besser zu sagen, das Boot, worinnen sein Vermögen war, herwärts von dem Sardinischen Gewässer in unserm Rücken. Mit aufgehobenen Händen bat er uns anzuhalten, indem, da das andere Boot gleichsam flog, es uns bald einholen würde. Wir willfahrten ihm gerne, weil wir ihm nicht nur zu helfen, sondern auch zugleich seiner loszuwerden wünschten. Beiläufig in einer Stunde holte es uns wirklich ein, und er stieg über. Wir fragten sie (es waren lauter armenische Handelsleute), ob sie nichts von unserm Schiffe gesehen hätten? Ja, sagten sie, es ist geborsten, und mit allem unweit von uns zu Grunde gegangen. Wir wünschten ihnen eine glückliche Reise, und sie ruderten in die Gegend von Minorca zu.

Jetzt, da wir alleine waren, sagte Fatime: ich danke Gott, daß er uns so gnädig errettet hat, und fiel in dem Boote auf ihre Kniee, wir thaten ein gleiches, und preiseten seine unergründliche Barmherzigkeit. Diese kurze Andacht konnte Gott uns möglich mißfallen, denn sie kam von gerührtem Herzen. Die Sonne fiel uns nun sehr beschwerlich; daher ließen wir das Boot ganz langsam forttreiben, und der Hamburger suchte einige Stangen in demselben anzubringen, worüber er von dem Seegeltuch spannte, so wir aus unserm Schiffe gerettet hatten. Dieses Merkmal der Achtsamkeit gefiel Fatimen von diesem guten Menschen ungemein.

Wir hatten seit zween Tagen nichts genossen. Nun kam der Hunger mit doppelten Schritten angezogen, und es war ein Glück, daß wir unsern ganzen Vorrath hatten retten können, ohne welchem es uns hätte bitter werden sollen. Wir machten uns also über die kalte Küche, und waren nur in Sorgen, wie sich unsere Gönnerin behelfen würde. Allein sie beschämte uns hier, sowie in dem Getümmel des Sturms. Brod und Rosinen schmeckten ihr nun eben so gut, weil nichts bessers zu haben war, als das Beste. Doch mußte sie mir zu Liebe ein Gläschen Wein zu sich nehmen, der ihren Magen stärken, und sie vor Krankheit bei den häufigen Seedünsten bewahren würde.

Nun giengen wir zu Rathe, wie wir uns in dieser Noth verhalten wollten. Der Entschluß fiel einstimmig dahin aus, daß wir den nämlichen Weg, den das andere Boot gegangen, das ist gegen Minorca zuhalten wollten, in der Hoffnung, daß uns ein christliches Schiff begegnen, und aufnehmen würde. Freilich wäre

es besser gewesen, wenn wir uns an den barbarischen Küsten zu halten getraut hätten; allein
es schauderte uns vor einer neuen Gefangenschaft,
der wir lieber einen gewissen Tod, wenn es Gott
doch mit uns so beschlossen hätte, vorzuziehen,
und in den Wellen umzukommen uns vorgenommen
hatten.

Indessen ruderten wir mit vollem Ernst darauf
zu, ohne etwas zu entdecken. Die Nacht brach
ein, und wir bereiteten Fatime zwischen dem Gepäcke, daß wir gar nicht wußten, was es enthielt, und nicht unser war, ein Lager, und
sie mußte sich sammt ihrem Mädchen zur Ruhe
legen; wir aber bewachten sie, und sie war gewiß sicherer, als mancher Monarch unter Hun-
derten seiner Leibgarden. Zum Glück war es
windstill, und der Mond eben in seiner Vollkom-
menheit. Wir hätten das mindeste ausnehmen
können, was uns immer begegnet wäre, allein
wir sahen uns fast blind, und entdeckten nichts.

Da wir während des Sturms kein Auge geschlossen, so wandelte mich nun der Schlaf mit
aller Gewalt an. Ich entdeckte dies dem Hamburger, der am Steuerruder saß, und bat ihn,
wenn es anders möglich wäre, ohne Nachtheil des
Schiffes alleine zu wachen, damit ich nur eine
Stunde schlafen könnte. Er willigte sehr gerne
darein. Ich legte mich nun der Länge nach in
das Boot, und schlief sanfter als in dem besten
Bette. Ich mochte ungefähr drei Stunden geschlafen haben, als ich schnell erwachte; ich hob

mich auf, und sah den Hamburger mit der Pfeife im
Munde ruhig sitzen. Nun kannst Du auch schla=
fen, sagte ich, die Natur fordert ihr Recht von
Jedem. Er winkte mir aber, daß er nicht schläf=
rig sey. Dann steckte ich meine Pfeife ebenfalls
an, und so erwarteten wir unter Gesprächen den
Anbruch des Tages.

Die Stille, die um uns herumherrschte, that
Fatime ungemein wohl, denn sie schlief sehr sanft,
das uns beiden sehr lieb war; doch ihr Mädchen,
das gerade neben meinen Füssen lag, gab zuweilen
einen wehklagenden Laut von sich, der immer
stärker wurde; wir waren anfänglich der Meinung,
daß sie träume. Da aber das Gewinsel nicht
nachließ, und endlich gar in ein anhaltendes Jam=
mern ausbrach, wollte es mir bedenklich werden,
und ich hob das Seegeltuch auf; wie erschrack ich
als ich sah! wie sich das arme Geschöpf todtblaß auf
dem Schiffsboden, wie ein Wurm krümmte, und in
ein schmerzhaftes Heulen ausbrach, worüber Fa=
time erwachte. —— Es war eine heftige Kolick,
die ihr die Seeluft, und der Mangel an warmen
Speisen zugezogen hatte. Wir wußten uns nicht
zu fassen, wie wir ihr abhelfen sollten. Fatime
hielt ihr, um sie zu erwärmen, ihre Hände auf den
Bauch, während dem sich Hamburger bemühte, ihr
etwas von dem Cyperwein, mit dem wir ver=
sehen waren, beizubringen. Allein es war uns
möglich, das Uebel hat zu schnell überhand ge=
nommen, und sie aller Sinne beraubt, sie verfiel
in Zuckungen, die ein nahes Ende erwarten ließ

fen. Unfer Jammer, ihr nicht helfen zu können, war unaussprechlich. Fatime vergaß über diesen betrübten Zufall ihre eigene Noth, und brach ein wehmüthiges Klagen aus, das uns für ihre Gesundheit selbst fürchtend machte. Wir suchten sie zu beruhigen, und baten sie, ihren Schmerz zu mäßigen, indem sie sich durch ein solches Betragen wohl schaden, und unser Elend durch ihre Erkrankung nur noch vergrößern, dem Uebel der Kranken aber keineswegs abhelfen würde. Sie fand unsere Vorstellung gegründet, doch ihr empfindliches und mitleidiges Herz konnte sich aus Liebe zu der Leidenden nicht besänftigen lassen, und verließ sie nicht, bis sie endlich nach einer Stunde verschied.

Wir entsetzten uns alle darüber; Fatime aber war untröstlich. Ich drang, da ich sie in die äußerste Wehmuth versetzt sah, mit Ernst in sie, und stellte ihr vor: daß ihr unmäßiges Klagen unsere mißlichen Umstände um vieles verschlimmern würde, wenn sie sich nicht faßen, und zur Erhaltung ihrer selbst beitragen würde. Dieser wäre noch zu verschmerzen, sie möchte aber bedenken, wenn ein Zufall sie betreffen sollte, was dies für alle für ein Unglück wäre, die wir ohnehin mit dem Ungemach, das uns betroffen habe, genug zu kämpfen hätten, und noch nicht sähen, wie und wenn uns Gott befreien würde. Sie merkte bei meinen letzten Worten, daß mein Herz beklemmt sey, und sagte: Azem, Du hast recht, ich will Dir folgen! Ich reichte ihr ein Gläschen von dem Cyperwein und etwas Brod, und dies mußte sie in meiner Gegenwart verzehren, wenigstens hatte der Magen eine Wärme dadurch, daß ihm der Seedunst nicht so leicht schaden konnte. Dann nahm ich und Hamburger den erblaßten Leichnam, und versenkten ihn in die Tiefe des Meeres, wobei uns allen die Thränen im Augen standen, indem wir betrachteten, daß uns dieses nämliche Loos drohe, wenn uns Gott nicht bald ein Schiff schicke, das uns aufnehme.

Auf diese Art hatten wir schon einen unserer Unglücksgefährten eingebüßt, und jedes von uns konnte sich die Rechnung machen, das erste zu seyn, das diesen Weg gehen würde. Noch mit diesen Sterbegedanken beschäftigt, saß Hamburger in stillen Betrachtungen bei seinem Ruder, und schmauchte seine Pfeife, als mir dünkte, ich sähe in einer ungemeinen Entfernung vor uns etwas, das sich bewege. Ich sagte es Hamburgern, der nach einer genauen Betrachtung es eben so fand, wie ich gesagt hatte. Das Herz pochte mir, und schon erquickte uns die Hoffnung der Erlösung, ob es gleich nur schwache Muthmassung war, daß es ein Schiff seye. Nach einer Stunde vergrößerte sich der Gegenstand, je mehr er sich uns nahete, und die Sehnsucht von der Gewißheit versichert zu seyn, gab uns Kräfte, demselben durch starkes und geschwindes Rudern entgegen zu eilen. Fatime, die ihre Augen stets darauf gerichtet hielt, wollte

nach einiger Zeit am ersten wahrgenommen haben, daß es ein großes mit vollen Seegeln
gehendes Schiff sey. Wir wußten vor Freuden
nicht, was wir thaten, und ruften Gott wehmüthig an, daß er uns seine Hülfe verleihen
wolle. Das Schiff näherte sich uns endlich
auf eine Meile westwärts, und der Hamburger
erkannte es für einen holländischen Ostindiens-
fahrer. Sogleich gab ich aus dem Feuergewehr
ein Zeichen, das ich fünf bis sechsmal wiederholte, und wir steuerten aus allen Kräften gegen solches hinüber, es hatte uns auch, wie wir
nachher erfahren, auch sogleich bemerkt, wartete
unser, indem es beilegte, und nahm uns an
Bord.

Zwölftes Kapitel.

Sie sind Willens mit dem Schiff nach Madagascar
zu gehen. Kommen bis nach Brasilien in Süd-
Amerika. Leiden Schiffbruch. Ihre wunderbare
Errettung, und Untersuchung des Eilandes.

Van der Winden hieß der Kapitain dieses Schiffes. Er führte uns gleich in seine Kajüte, und
ließ einige Erfrischungen herbeibringen, derer wir
recht sehr bedurften; wobei wir ihm alle unsere
Begebenheiten, an welchen er vielen Antheil nahm,
umständlich erzählen mußten. Er erklärte uns
hierauf, daß seine Ladung nach Madagascar bestimmt sey, und wenn wir uns wollten gefallen
lassen, diese weite Reise mitzumachen, sey er er-
bötig, uns mit sich, und von da wieder zurück
nach Europa zu nehmen; wenn wir nicht etwa
auf unserem Wege einem andern europäischen Sees
fahrer begegnen sollten, der eben auf der Rück-
reise begriffen sey. Zugleich erbot er sich, uns
das Boot mit dem, was nicht zu unsrem Gebrauch
wäre abzukaufen, und das Geld bei unserer Zurückkunft auszuzahlen. Wir wurden über dieses
bald einig, nachdem wir ihm gesagt hatten, daß
außer unserem eigenthümlichen Wenigen, auch noch
ans

andere Päcke sich in denselben befanden, die vor der Scheiterung des Schiffes hinein geworfen worden, und die wir gar nicht wußten, was sie enthielten. Er ließ sogleich alles an Bord bringen, und ordentlich aufzeichnen, damit wir es von ihm zu gelegener Zeit fordern könnten. Seine Gefälligkeit gieng noch weiter. Er räumte uns dreien ein eigenes Behältniß ein, in welchem Fatime von der übrigen Schiffs-Equipage abgesondert seyn konnte. Nun waren wir geborgen. Freilich war es wider unsere Absicht eine so weite und gefahrvolle Reise ohne Ursache zu nehmen, doch wir mußten uns in der Noth alles gefallen lassen, was Gott mit uns beschlossen hatte. Was uns bei allem noch besänftigte, war van der Windens Leutseligkeit und höfliches Betragen.

Nachdem wir die Meerenge bei Gibraltar glücklich zurückgelegt, und uns nun im Atlantischen Meere befanden, durchschnitt das Schiff, das den Namen le Terrible, oder der Schreckliche, führte, immer mit vollen Seegeln die Gewässer, und wir bekamen schon am 15ten Jul. 1744 die den Portugiesen gehörige Insel Madera zu Gesicht. Hier legten wir uns vor der Hauptstadt Funchal vor Anker, und nahmen einige Erfrischungen ein, seegelten aber den 24sten wieder weiter.

Jetzt gieng unsere Fahrt auf die Inseln des grünen Vorgebürgs los, welche noch etwas weiter gegen Süden liegen, und erreichten dieselben am zehnten Tage glücklich. Es war dies gerade die Zeit, da man in dieser Gegend, bei uns

ausstehlicher Hitze, beständig stürmisches und reg=
nichtes Wetter zu haben pflegt. Man hielt sich
daher nicht länger auf, als nöthig war, um eini=
ge frische Lebensmittel einzunehmen. Aber auch
diese kamen uns wenig zu statten: denn das
Fleisch der Ochsen, welche wir einkauften und
schlachteten, war einige Stunden nachher schon
in Fäulniß übergegangen. Man kann sich hier=
aus ohngefähr einen Begriff von dem hohen Grade
der hier herrschenden Hitze machen. Demunge=
achtet stieg Fatime ans Land, um frische Luft
zu schöpfen, und einmal wieder den festen Boden
zu betreten, den sie schon so lange nicht berührt
hatte. Ihr ganzes Wesen gab ihr eine Art von
Ansehen, das auch den rohen Matrosen in Ehr=
furcht hielt, besonders da diese sahen, daß sie
leutselig, und mit uns, indem wir sie begleite=
ten, so freundschaftlich umgieng. Dieses gewann
ihr die Herzen der Mannschaft, und einige Ze=
chinen, die sie bei Aussetzung ans Land unter sie
vertheilt hatte. Bei dieser Gelegenheit kam ihr
die ungefähre Lust an, Kaffeh zu trinken, den sie
seit der Abreise aus Candien nicht mehr gekostet
hatte, und der sonst ihr gewöhnliches Getränke war.
Sie entdeckte mir diesen Wunsch, und ich, der
nur froh war, ihr in allem zu Willen seyn zu
können, aber nicht wußte, wo ich solchen bekom=
men könnte, wendete mich an einen Matrosen,
der mir solchen auch vor Verlauf einer halben
Stunde gekocht verschaffte; für welche Gefälligkeit
ich ihm eine Zechine geben mußte, mit dem Auf=

trage, eine gute Portion davon in Körnern zu
erkaufen, damit sie auf der fernern Reise damit
versehen sey.

Unter andern muß ich einer Sache erwähnen,
die in der Folge sehr bedeutend seyn wird. Als
ich und der Hamburger Fatimen eines Abends am
Ufer der Landung begleiteten, gesellte sich ein gros-
ser, weißer spanischer Hund zu uns, dem ich rief;
ich sah mich um, wo etwa sein Herr wäre, allein
ich nahm in der ganzen Gegend niemanden wahr.
Ich schmeichelte ihm, er that ganz bekannt mit
mir, und gieng so fort mit uns, bis wir das Boot
zu besteigen uns anschickten. In der Meinung,
er würde uns nun verlassen, halfen wir Fatimen
in das Boot, und der Hund war mit einem
Sprung in dasselbe nach, legte sich gleich zu ihren
Füßen, und da ich bald darauf auch einstieg, wedelte er mit dem Schweif zum Zeichen der Freude,
die er meinetwegen empfand. Ich wußte nicht,
wie ich mir diese hündische Geneigtheit zugezogen
hatte, da ich ihn heute zum erstenmal sah; ich gab
ihm zu freßen, und er wurde vom ersten Augenblick
an nicht nur mein Freund, sondern sogar, wie wir
künftig sehen werden, so mit Liebe mir zugethan,
daß ihn sogar die Fluthen des Meeres nicht abhalten konnten, mir zu folgen, und in einigen Gelegenheiten durch Treue und Herzhaftigkeit das
Leben zu retten. Wo findet sich ein Mensch, der es
diesem getreuen Thiere gleich thue?

Von da richteten wir unsern Weg nach Brasilien, einer bekannten portugiesischen Provinz in

Süd-Amerika. Aber schon am dritten Tage unsrer Abfahrt erhob sich ein fürchterlicher Sturm mit so heftigen Windstößen, daß man die Masten durch Abnehmung der Bramstangen*) verkürzen, die Seegel einreißen **) und beilegen ***) mußte. Allein auch dieses schien zur Rettung des Schiffes noch nicht hinreichend zu seyn. Der Sturm fuhr fort, die See so zu beunruhigen, daß man sich endlich genöthigt sah, die zwei vordersten und die zwei hintersten Kanonen über Bord zu werfen.

In diesem gefahrvollen Zustande schwebten wir nicht blos den ganzen Tag, sondern auch die ganze darauf folgende Nacht, und der wüthende Sturm fieng erst mit Anbruch des neuen Tages an, sich ein wenig zu legen. Allein es war von keiner langen Dauer. Er erhob sich nun viel stärker, als Tags vorher, kam von Ost-Nord-Ost, und trieb uns gänzlich von der Straße mit solcher Schnelligkeit ab, daß van der Winden selbst in Angst gerieth, das Schiff zu verlieren. Endlich legte sich der Wind, und alles dankte der Vorsicht

---

*) So wird die zweite Verlängerung des großen Masts, auch die des vordern Mastbaums oder des Fockmasts genannt, die bekanntlich aus mehr als einem Stücke bestehen.

**) Von unten auf zusammenwickeln, oder bis auf eine gewisse Höhe aufrollen.

***) Ein Schiff beilegen, heißt, die Seegel dergestalt stellen, daß die Wirkung des einen der Wirkung des andern entgegen ist; so daß das Schiff dadurch in seinem Laufe aufgehalten wird.

für die dermalige Rettung. Man nahm die See-
karte zur Hand, und fand, daß das Schiff in eine
unbekante Gegend verschlagen worden, wohin vielleicht kein Sterblicher jemals gesegelt war.

Der Unmuth war auf jeder Stirne zu lesen.
Ich meldete Fatimen die Verlegenheit, in der sich
alles befand, und auch diese fieng an zu jammern,
und zu weinen. Ich sprach ihr Muth ein, den
ich selbst schon verloren hatte; sagte ihr aber, wie
die Noth noch nicht so groß wäre, daß wir nicht
sollten hoffen dürfen, davon befreyet zu werden;
das einzige sey nur zu wünschen, daß der Sturm
sich nicht erneuere. Wer steht aber dafür, daß
dies nicht geschehe, erwiederte sie? Ich zuckte die
Achsel, und wußte nicht, was ich antworten sollte.
Ich bin bei allem schon ganz gleichgültig, sagte
sie; Leben oder Tod gilt mir gleichviel. Jedoch
bitte ich dich und den Hamburger, daß ihr mich
nicht verlaßet, und mir bei Vergrößerung der Gefahr beistehet, denn der Tod, so bitter er immer
seyn mag, verlieret viel von seinen Schrecknissen,
wenn man ihn unter guten Freunden empfangen
kann. Ich versprach ihr alles, war aber übrigens
so kleinmüthig, als ob ich das Unglück ahndete,
das nicht mehr ferne von uns war. Da ich sie
verließ, wollte mir mein Hund folgen, ich hielt
ihn aber zurück und gieng fort.

Indessen untersuchte man das Schiff, wo es
etwa Schaden gelitten habe, und fand einige Lecke.
Wir waren noch alle mit Verstopfen beschäftigt,
als es sich wider Vermuthen stark zu bewegen an-

steng; van der Winden war eben bei uns, als
sich dieses ereignete. Er erschrak und schrie: Ach,
Gott! der Sturm fängt wieder neuerdings an, die
Wellen kommen vom Grunde! Einige liefen vom
Raum in die Höhe, um zu sehen, was es gäbe,
aber die Nachricht, die sie uns brachten, daß der
Sturm so, wie gestern tobe, war gar nicht tröst-
lich. Der Wind verdoppelte seine Wuth, und die
Gefahr, Schiffbruch zu leiden, ward immer größer.
Die Matrosen selbst von Furcht erblaßt, erhoben
ein Jammergeschrey, das im Stande war, dem
Herzhaftesten Schrecken einzujagen. Ich nahm
nun den Hamburger auf die Seite, und bat ihn,
falls die Noth überhand nehmen sollte, Fatime,
so gut es möglich wäre, beizustehen, und auf ihre
Rettung bedacht zu seyn. Bruder, sagte er:
das soll geschehen, oder wir wollen mit ihr zu
Grunde gehen! wir beredeten uns weiter, auf
alles Acht zu haben, und uns so zusammenhalten,
daß wir immer in jedem Falle uns nahe bei ihr
befänden.

Zum größeren Schrecken vergieng der Tag,
und ich wollte in diesen fürchterlichen Umständen
Fatime nicht alleine lassen, um sie nicht der Angst
und Bangigkeit noch mehr Preiß zu geben. Ich
verließ mich in jedem Falle auf meinen Freund,
und bemühte mich, sie zu trösten, und ihr alle
Hoffnung, die noch übrig war, einzuflößen. Uns
terdessen war auf dem Schiff alles in beständiger
Furcht. Die heftigsten Erschütterungen, der Weg,
den dasselbe in einem pfeilschnellen Lauf von dem

tobenden Sturmwind fortgetrieben auf einem unbekannten Meere nehmen mußte, und endlich die
Fortdauer des Ungewitters, das unsern Untergang
zu weissagen schien, machte uns alle eiskalt von
Furcht.

So brachten wir die Nacht hin, und seufzten
nach dem Tag, als wenn es nicht fehlen könnte,
daß er dem Meere die Stille wiederbringen, und
uns einen günstigen Wechsel der Umstände sehen
lassen würde. Er erschien, dieser so sehnlich gewünschte Morgen, aber sein trauriges Licht sollte
nur unser großes Unglück beleuchten. Ich wollte
eben aus Fatimes Kammer gehen, als ich den
Hamburger Land! Land! mir zurufen hörte, und
beinah in dem Augenblick das Schiff auf einen
Felsen stieß. Die Erschütterung warf uns alle
zu Boden, alles auf dem Schiff schrie laut: wir
sind alle verloren! In diesem Augenblick des
äußersten Jammers stiegen einige in den unter-
sten Theil des Schiffes hinab, um zu erfahren,
ob es nicht leck geworden, und aus Furcht glaubten sie und sagten, das Wasser dringe auf allen
Seiten ein. Die andern glaubten sie seyen des
Todes, wenn sie länger am Bord blieben, und
wurden Raths, sich auf die Chaluppen zu begeben, um auf das entdeckte Land zu kommen.
Man ließ die Chaluppen ins Meer, Hamburger
kam in Eile und rief uns zu, wie wir uns retten
sollten. Aber ein neuer Zufall verhinderte die
jähe Ausführung desselben auf einige Minuten.
Fatime lag in einer Ohnmacht, in der sie der

Schrecken versetzt hatte. Ich konnte sie nicht verlassen. Unterdessen eilte Hamburger wieder zurück, um Vorkehrungen zu unserer Einnahme zu machen. Er sahe, daß sich alles Haufenweiß in die Chaluppen stürzte, und daß das Schiff mit dem Vordertheil zwischen den Klippen stecke, gewaltige Stöße litte, und daß man endlich befürchten müsse, es werde in Trümmern gehen. Er rief den Kapitain, er sollte unser warten, und er bekam die Antwort, er könne uns nicht in seine Chaluppe nehmen, sie sey schon voll. Hiezu kam ich, und wir giengen beide zur andern Chaluppe, die die unsrige war, und baten, uns einzunehmen; man rief: wir sollten geschwinde herunter kommen, man fahre den Augenblick ab. Ich bat um Gotteswillen, daß man auf Fatime warten sollte. Sie antworteten: wenn wir nicht ungesäumt kämen, so sey es zu spät. Wir stürzten beide in Fatimes Kammer, die noch immer ohne Bewußtseyn dahin lag, und trugen sie auf das Verdeck, um mit ihr in die Chaluppe zu eilen, allein ein gewaltiger Stoß, den das Schiff im Hintertheil neuerdings erhielt, warf uns alle drei zu Boden, und hielt uns auf, der Chaluppe zuzueilen. Wir ermannten uns aber wieder, und kamen endlich hinauf. Aber o Himmel! die Chaluppen ruderten beide schon in einer Entfernung, wir schrieen ihnen nach, und flehten sie an, auf uns zu warten, aber vergebens, sie waren taub bei all unsrem Bitten und Schreyen. Ich glaubte, der

Schrecken und Schmerz in der augenscheinlichen
Todesgefahr würde mich tödten, das Leben ward
mir zu einer unerträglichen Last, und wäre Fa=
time nicht gewesen, so hätte ich mich in dieser
Verzweiflung gewiß in die Fluthen gestürzt;
allein das Schicksal derselben rührte mich, und
der Hamburger gab den Rath, daß wir sie
unterdessen auf das Verdeck legen sollten, weil
das Vordertheil zwischen den Klippen fest ein=
geklemmt stecke; vielleicht sagte er, ist ihr die
frische Luft zur Erholung dienlich, dies thaten
wir auch. Mit blutenden Herzen sahen wir
inzwischen, wie die Chaluppen davon fuhren
und uns zurückließen, sahen aber auch zu un=
serem Entsetzen, wie sie bald darauf von den
Wellen verschlungen wurden, und gänzlich zu
Grunde giengen. Wir geriethen hierüber in
eine Bestürzung, woraus wir uns lange nicht
erholen konnten. Erst jetzt priesen wir die
göttliche Vorsehung, daß sie uns vor dem trau=
rigen Schicksal der andern bewahrt hatte. Fa=
time schlug mit einem Male die Augen auf;
als sie aber das traurige Schauspiel sah, schien
sie in eine neue Ohnmacht zu fallen. Ich stellte
ihr nun in Kürze vor, daß das größte Unglück
schon vorüber wäre, und bat sie, sich zu be=
ruhigen, bis uns der Himmel erretten würde.

Hamburger that bei dieser Gelegenheit Wun=
der seiner Geschicklichkeit und seines Eifers.
Er sprang in Eile in das Schiff, und kam mit
einer leeren Küste herauf, gieng zu Fatime, und

bat sie dringend, auf ihrem Ort sitzen zu bleiben, da der Sturm sich gänzlich gelegt hätte;
Azem müsse sich nun von ihr entfernen, um
gemeinschaftlich sich mit ihm wegen ihrer aller
Errettung zu berathen; — sie versprach es. Wir
eilten sogleich beide in das Schiff, und holten
was wir brauchten. Wir verfertigten aus den
Brettern eine Art vom Floß, verbanden ihn
mit Stricken, so gut es erforderlich war, und
hielten ihn in Bereitschaft. Da nun das erste
Rettungsmittel so weit gelungen, zog er sich
aus, und schwamm zwischen die Klippen hin,
um zu erforschen, wie es hinter denselben aus-
sah. Wir waren nun neuerdings in Angst ihn
zu verlieren, allein er hieß uns gutes Muths
zu seyn, Gott werde ihn bewahren; er sey ein
guter Schwimmer, und werde wissen, der Gefahr auszuweichen. Wir verloren ihn endlich
aus den Augen. Unterdessen erzählte ich Fatime, alles was bis zu ihrem Erwachen vorgegangen war. Sie weinte bittere Thränen,
über den Tod so vieler Menschen, und bedauerte vorzüglich den gutherzigen Van der
Winden, der uns mit so vieler Liebe und
Freundschaft in das unglückliche Schiff aufgenommen, unser Leben dadurch gerettet, und
nun endlich selbst das seinige verloren habe.
In solchen Betrachtungen brachten wir die Zeit
hin, als ich mich unsers Proviants erinnerte,
und in die Kammer Fatimes eilte, da mich
hungerte. Die Thüre war zugeschlossen, ob es

von der Erschütterung des Schiffes, oder von
uns selbst geschehen, weiß ich nicht, genug sie
war verschlossen. Das erste, was ich fand,
war mein lieber Azur, der Hund, der mir entgegen sprang, an den ich aber auch noch nicht
gedacht hatte, ich blickte nun überall herum,
und fand Fatime's goldne Sackuhr in einem
Winkel auf dem Boden liegen, und andere
Kleinigkeiten, die sie von ungefähr oben bedürf-
tig seyn konnte; dies alles nebst einem Pack
von unterschiedlichen Lebensmitteln und dem Flaschenkeller nahm ich in einem Tragkorbe, und
kletterte zurück. Azur blieb nun nicht von mir,
und that seiner Frau schön, sobald er sie erblickte. Fatime mußte nun essen und trinken,
um Kräfte zu bekommen, da sie schon einige
Tage nichts Warmes genossen hatte. Ich trank
eben, und war mit meinen Gedanken bei Hamburgern, als ich meinen Namen rufen hörte;
mit Freuden gab ich Antwort, da ich die Stimme unsers Freundes erkannte, und wir erblickten
ihn endlich, um die nämliche Gegend zurück-
schwimmen, wo er seinen Weg hingenommen hatte.

Sobald er auf das Schiff geklettert war,
sagte er ganz freudig: Kinder, danket Gott! denn
er hat sich unser erbarmt, und uns ein gelobtes
Land vorbereitet, wo wir wenigstens nicht Hunger sterben werden. Ich sah in der Eile verschiedene Thiere und Früchte an Bäumen, die mir
zum Genuß des Menschen schienen, ich habe einige genossen, die mir nicht nur geschmeckt, son-

dern mich auch erquickt haben. Die Ueberfahrt
von hier rechts beträgt bis auf den festen Boden
nicht viel über eine Viertelstunde, und ist so eben
und ohne Gefahr, wie auf einem Teiche, dann
erhebt sich das Ufer in einer gelinden Anhöhe, und
ist lieblich von verschiedenen Blumen und Kräutern
umgeben, Bäume von verschiedener Gattung stehen
in Menge, und formiren gleichsam einen Garten,
außer welchem sich ein Fels von besonderer Höhe
zeiget, wohin ich mich aber nicht Zeit zu wenden
hatte. Ich bin der Meinung ohne Verzug von
hier aufzubrechen, Gott wird uns leiten, was
ferner geschehen soll. Fatime schrie vor Freuden
über die Erzählung des Hamburgers, daß sie
ohne sich viel zu bedenken seinem Rathe folgen,
und sich lieber dem Schicksal dort, als dem zer-
brechlichen Schiffe hier länger anvertrauen wollte.

Robinson

der

Ober-Oesterreicher.

———

Zweiter Theil.

Dreizehntes Kapitel.

Sie gelangen mit einem Floß, der in der Eil verfertigt worden, auf die Insel. Finden eine sehr gelegene Felsenhöhle zur Wohnung, und unweit eine Wasserquell. Die Ausräumung des Schiffs wird unternommen.

Der Sturm hatte nun sein gänzliches Ende erreicht. Nicht ein Lüftchen bewegte sich, und das Meer war ruhig und glatt, soweit als das Auge blickte. Eine allgemeine Stille herrschte um den ganzen Erdball, nur wir Elende fühlten dieselbe nicht. Die Gefahr, der wir jetzt entgangen waren, legte uns nun die Nothwendigkeit auf, für die weitere Sicherheit Vorkehrung zu treffen. Der Hamburger, der sich inzwischen von seiner Untersuchungsreise durch Brod und Wein erquickt hatte, griff das Werk zur Uebersiedlung mit Ernst an. Vor allem, sagte er, wollen wir den Floß nochmals untersuchen, und wo es nöthig ist, mehr bevestigen, an Stricken und Leinen fehlt es hiezu nicht; und wir verbanden sonach alle Theile auf das sorgfältigste. Sobald dieses geschehen, holten wir aus dem Schiff soviel Matrazen und Bettzeuche, als uns dienlich schienen, und legten sie in die Mitte, dann Fatimens Koffer und unsere

Päcke, sammt nach dem Mundvorrath, der in unserem Behältniß war; allein dieses schwerte den Floß noch nicht. Wir giengen daher in des Kapitains Kajüte, und nahmen noch vier Koffers, Feuergewehre sammt Pulver und Bley, so sich vorfand, Bettgeräthschaften, Flaschenkeller, Zuckerhüte, Säbel und Pistolen, und einen Korb voll Schinken und Brod. Dieses alles setzten wir statt einem Geländer um die Mitte herum, und verbanden es, daß es nicht weichen konnte, und der Floß hatte nun sein Gewicht. Doch fiel dem Hamburger ein, daß ihm zum allgemeinen Bedürfniß das Unentbehrlichste noch mangle, und er begab sich nochmals in das Schiff, brachte Beile, Sägen und Nägel, sammt drei kupfernen Kesseln und andern Küchengeräthschaften, die ihm in Eile unter die Hände kamen. Mit diesem, sagte er, wollen wir uns zum ersten Transport anschicken.

Nachdem dergestalt alles gut verwahret, und der Floß dichte an dem Schiffe gehalten war, nahm ich Fatime auf dem Arm und trug sie hinunter, wo sie Hamburger, der ihrer wartete, empfing, und auf die Matrazen setzte; ich aber mußte meinen Platz, weil ich nicht schwimmen konnte, an ihrer Seite nehmen. Jedes hatte von uns zweyen eine Stange in der Hand, um den Floß von dem Fuß des Felsens abzusteuern, und der Hamburger führte ein langes Seil an einer Schlinge um den Leib, woran er uns zog, oder nach Schifferart boxirte. Es ließ anfängs-
lich

ich sehr hart, ihn vom Felsen ab und um den,
selben hinüber zu bringen, doch durch das Anstemmen
mit der Stange wurde er flott und kam in Gang.

Nicht lange, so waren wir nahe am Ufer,
und Azur, der neben meiner Seite schwamm, war
der erste, der das feste Land erreichte, worauf der
Hamburger, sobald er Grund unter sich merkte,
ebenfalls folgte, und uns, so weit es möglich war,
an das Gestade zog. Vor allem aber mußte ich
ihm ein großes Beil und eine starke Stange zuwer-
fen, damit er einen Pfahl in die Erde schlagen, und
den Floß daran festbinden konnte.

Nun kam der Hamburger, und nahm Fatimen
auf seine Arme, und trug sie an das Ufer, ich
aber nahm einen guten Theil des Bettzeuches, und
folgte nach. Sie wandelten beide dem Wäldchen
zu, das etwa vierhundert Schritte vom Gestade
entfernt war, um sich aus den brennenden Sonnenstrahlen unter den Schatten der Bäume zu
lagern, wo sie, während der Floß geleeret wurde,
der Ruhe pflegen, und sich erholen konnte. Unterdessen arbeitete ich mit aller Anstrengung, und
brachte bis zur Zurückkunft meines Freundes einen
guten Theil unsers Geräthes auf das Trockne.
Doch gieng die Sache, sobald der Hamburger
wieder eingetroffen, ganz anders. Er sagte, wir
müßten nicht aus einer Arbeit zwei machen, sondern lieber gleich so verfahren, wie es nachgehends erst geschehen sollte. Seine Geschicklichkeit fand überall Rath. Wir nahmen ein paar
starke Stangen, banden über die Quere einige

14

Bretter, und verfertigten eine Trage, auf welcher
wir in kurzer Zeit alles an das Ort hintrugen,
wo wir unterdessen unsern Wohnort aufzuschlagen beschlossen hatten.

Da der erste Transport so glücklich vor sich
gegangen, wollten wir nun ein wenig der Ruhe
genießen, und ließen uns unter den Bäumen nieder, um uns durch Genießung einiger Speisen
zur fernern Arbeit zu stärken. So bald der Hamburger dem Bedürfniß der Natur ein wenig Ge-
nüge geleistet hatte, sagte er: ich kann eher nicht
ruhen, bis ich nicht den Felsen, den wir erblickt
hatten, untersucht habe. Er stand auf, lud sich
eine Flinte, hieng einen Pallasch um, und gieng
in Begleitung des Hundes dem Felsen zu. Ich
wollte ihm Gesellschaft leisten, er hieß mich aber
bei Fatimen zurückbleiben, weil man nicht wisse,
was sich ereignen könne. Ich benutzte diese Gelegenheit, um Fatimen, die in tiefe Melancholie
versunken war, aufzurichten, und faßte all meinen
Muth zusammen. Sie war unaussprechlich niedergeschlagen. Ich brachte nur einige unterbro-
chene Worte aus ihr heraus, die von Thränen begleitet waren. Ich ward durch ihren Schmerz
sehr gerührt, und bat sie, ihre Schwermuth zu
mäßigen, um sich nicht ein Ungemach zuzuziehen,
das mir empfindlicher fallen würde, als der Tod,
dem ich so nahe war; es wäre nun doch kein andres
Mittel, als Geduld. Sie schien einiges Gefühl für
diese Wahrheit und für mein sorgfältiges Zureden
bekommen zu haben.

Ach, glaube mir, Azem! sagte sie, es ist nicht
so wohl die Furcht vor den Gefahren oder unserer
dermaligen unglücklichen Lage, in der wir uns be=
finden, was mich niederschlägt; sondern daß ich
dich in dieselbe hineingestürzt habe, dies allein
durchbohrt mein Herz und quält mich, so oft ich
dich ansehe; wie glücklich könntest du bei Omar
leben, wenn ich meine Leidenschaft hätte unter=
drücken können, die all dein Unglück verursacht.
In der That, fuhr sie fort, was werden wir an=
fangen, und was wird aus uns werden, wenn wir
auch den Schrecknissen des Meeres entronnen sind,
und hier auf einem Eilande bleiben müssen, wo
uns alles mangelt; und einen elenden Untergang
aus Mangel der Lebensmittel, oder durch wilde
Menschenfresser drohet? Untröstbar bin ich, daß
ich die Ursache deines Unglücks geworden bin.

In der Rührung, die mich ergriffen hatte,
faßte ich ihre beiden Hände, und drückte sie zärt=
lich. Laß uns, sagte ich, jetzt einzig darauf den=
ken, nachdem uns Gott so wunderbarlich errettet
hat, wie wir uns ein wenig in Ordnung richten
können. Die Vorsehung wird uns helfen, und
unsere Wünsche erfüllen. Ich liebe dich unaus=
sprechlich, und werde mein Wort halten, das ich
dir gegeben habe; noch schlägt das nämliche Herz
in mir, welches dir in Candien Liebe und Treue
geschworen hat, nur kömmt es noch auf wenige
Tage an, ob du dein Schicksal mit mir auf ewig
theilen wirst, oder nicht. Eine angenehme Röthe
überzog ihre bleichen Wangen, und ein Seufzer

entfloh ihrem zärtlichen Herzen, als ich diese letzten Worte gesprochen hatte. Sie sah mich mit einem so viel bedeutenden Blick an, der mit den Regungen ihres Herzens übereinstimmte, und da sie mich so eine gute Weile unverwandt betrachtet hatte, sagte sie in einem leisen und schmachtenden Tone: und du fragst noch, Azem! ob ich mein Schicksal auf ewig mit dir werde theilen wollen? —— Hier hörte ich das Gebelle meines Azurs, der auf uns zueilte, und der Hamburger kam in hastigen Schritte, dem Kriegsgott gleichend hinter demselben.

Mit fröhlicher Miene rief er schon vom weiten, daß wir uns von hier aufmachen, und in die Burg einziehen sollen, es sey alles bereit, uns dort zu empfangen. Wir wußten nicht, was wir über diesen Vortrag denken sollten, und staunten ihn an. Allein er wiederholte es und sagte: es wäre Schade, wenn wir nicht gleich dazu Hand anlegten, und das, was hier wäre, nicht in Sicherheit brächten, da so schöne und viele Abtheilungen, wo wir vor allen Zufällen sicher sind, in dem Felsen enthalten seyen, die nicht nur reinlich, sondern auch mit hinlänglichen Tageslicht versehen wären. Ohne viel zu bedenken, griff ich nach der Trage, und legte am ersten das Bettzeuch darauf, behängte mich mit dem Schießgewehre, und wollte, daß sich Fatime auf die Matratzen setzen sollte, um sie des Gehens zu überheben; allein sie gieng lieber an unserer Seite, und wir packten nun unsere Bürde an, die wir uns ziemlich erschwert hatten.

Nach einer guten halben Stunde trafen wir dort glücklich an, und der Müdigkeit ohngeachtet, trugen wir alles was wir hatten, dahin.

Da wir aber noch eine Ladung heute vornehmen mußten, so machten wir uns unverweilt auf den Weg. Fatime wollte uns begleiten, allein wir fanden es ihrer Gemächlichkeit zuträglicher, da keine Gefahr zu befürchten wäre, in dem Felsen zurückzubleiben, da wir ihr den Azur zum Vertheidiger ließen, auf den sie sich sicher verlassen könnte, und überdies mit geladenen Gewehren auf alle Fälle versehen wäre. — Sie fand unsere Gründe gültig, blieb, und wir setzten unsern Marsch getrost fort.

Alles stand noch unverrückt. Wir machten uns zu allererst an die Vorrathskammer des Schiffskochs, nahmen alles, ohne zu untersuchen, was es sey, und trugen es auf den Floß, vorher, aber überlegten wir denselben mit Brettern, die wir überall wegbrachen, wo wir sie überflüßig fanden. Dann begaben wir uns in des Steuers und Zimmermanns Behältniß, die mit allen Werkzeugen, so man auf einem Schiffe nur brauchen konnte, angefüllt waren. Wir nahmen soviel als wir schleppen konnten, auf den Floß, der nach unserer Einsicht nicht zu sehr überladen werden durfte, und kamen glücklich damit an Ort und Stelle. Sobald alles in dem Wäldchen niedergelegt worden, konnten wir nicht ablassen, noch einen dritten Versuch zu wagen: denn, sagte der Hamburger, wer weiß, ob sich nicht in der Nacht ein Wind

erhebt, und das Schiff aus seiner Lage reißt, es
würde uns alsdann reuen, nicht das noch wegge=
nommen zu haben, was uns über kurz oder lang
hätte nützlich seyn können. Ganz willig fügte ich
mich seiner Vorstellung, und wir fuhren ab.

Während dem sich der Hamburger im Innern
des Schiffes zu thun machte, löste ich von außen
alle mögliche Seegel und Stricke ab, trug solche
theilweise auf den Floß, bis er hinlänglich beladen
war.

Mit dieser Ladung kamen wir abermals glück=
lich ans Land, und da wir noch mit Uebertragung
der Sachen nach dem Wäldchen beschäftigt waren,
hörten wir in der Entfernung Azur bellen, dem
Fatime, der die Zeit zu lange werden wollte, nach=
kam, und uns bei noch nicht vollendeter Arbeit
hülfliche Hand leistete.

Nachdem der Floß abgeladen war, banden
wir ihn fest, zogen ihn aber doch, zu mehrerer
Sicherheit aufs feste Land, und schafften troz un=
serer Müdigkeit alles noch in unsere Felsenhöhle.

Ehe wir uns anschickten, uns zur Ruhe zu
begeben, kamen wir überein, den heutigen so
sehr merkwürdigen Tag (den 22sten Sept. 1744)
als einen Jahrstag künftig mit aller Feierlichkeit
zu begehen, und uns an unsere so wunderbare
Errettung mit dankbarem Herzen zu erinnern.

Unter diesem Entschluß verstrich der erste Abend
in dieser Einöde; und nun suchte sich jeder einen
Ruheplatz. Wie angenehm aber wurden wir
überrascht, als wir die Vorkehrungen Fatimes,

die sie während unserer Abwesenheit getroffen hatte, bemerkten. Das Bettzeug, so viel jedes bedurfte, war zu jeder Lagerstätte eingetheilt. Für sie wählte sie die letzte Abtheilung, und in der daranstoßenden waren die Betten für mich und Hamburger. Jeder dankte für ihre Gefälligkeit; wogegen wir sie für diese Mühe auch morgen mit einem Frühstück zu überraschen versprochen. In dieser Absicht nahm Hamburger einen Kessel, und sagte mir, er müsse nun sehen, wo er eine Wasserquelle finde, er wäre der Meinung, daß er eine unweit des Felsenfußes antreffen würde, weil er, während dem er heute sich auf dem Schiffe aufgehalten hätte, einen Strom wahrgenommen habe, der rechter Hand von dem Felsen hervorgekommen wäre. Was er muthmaßte, war richtig. Und diese einzige Entdeckung war mehr werth, als alles Geld, was wir im Schiff fanden; und um so mehr, da dieselbe keine hundert Schritte von der Höhle des Felsens entfernt lag. Jedes suchte sich nun für die ausgestandenen Mühen des Tages in den Armen des Schlafes schadlos zu halten, und überließ sich der Wachsamkeit des getreuen Azurs, der sein Lager zwischen unseren Betten hatte.

Vierzehntes Kapitel.

Sie fahren mit der weitern Räumung des Schiffes fort. Finden eines der versunkenen Boote wieder, dessen sich Hamburger bemächtiget. Fatime wird unter dem Namen Elisabeth von Azem getauft, von Hamburger aber, der die Stelle eines Priesters vertrat, mit derselben nach christkatholischer Einrichtung ordentlich verbunden. Fernere Anordnung ihres Hauswesens.

Die Sonne war noch nicht aufgegangen, als Hamburger schon aus der Wohnung gieng, um, wie er sich vorgenommen hatte, Fatime mit ihrem Lieblingsgetränk, dem Kaffeh zu überraschen. Dieser Einfall war mir um so lieber, da sie schon etliche Tage nichts Warmes genossen hatte, und ich befürchtete, daß sie bei der ausgestandenen Todesangst krank werden möchte, weil wir ihr keine Hülfe leisten könnten. Ich verließ endlich auch mein Bette, und schlich mich ganz stille hinaus, um Fatime in der Ruhe, der sie so sehr bedurfte, nicht zu stören. Hamburger war in seiner Küche ganz geschäftig, das Feuer brannte, und das Wasser sod. Nebst dem, stand auch ein großer Kessel mit geräucherten Schinken, und ein

anderer mit Erbsen, so wir aus des Schiffskochs
Behältniß genommen hatten, ebenfalls am Feuer,
um, wie er sich ausdrückte, auf die vielen bösen
Tage, doch einmal einen guten zu haben. Ich
bewunderte seine Vorsicht, die er um unsertwegen
brauchte. Auf Fatime durften wir uns nicht verlassen, weil sie niemals mit Kochen umgegangen
war, und wenn wir arbeiteten, wer sollte uns
was zu essen zubereitet haben, wenn wir hungrig
zurück kämen? so ist es immer besser, daß es jetzt
geschehe, weil es noch Zeit ist, als später, oder gar
nicht; essen aber müssen wir allemal.

Eben beredeten wir uns, was wir zuerst unternehmen wollten, als Azur aufsprang, und dem
Felsen zueilte. Wir sahen, daß sich Fatime ängstlich
um uns bekümmere, wo wir wären; Ich gieng ihr
entgegen, bot ihr einen guten Morgen und fragte
sie, wie sie geschlafen hätte? Sie reichte mir die
Hand, und sagte: recht gut, so gut es im Un-
glücke möglich ist. Als sie in die Küche kam, und
schon das Feuer brennen sah, sagte sie: Ach
Gott! wenn nur ich so geschickt wäre, dies zu
verrichten! doch, ich will mir alle Mühe geben,
es zu begreifen, nur müßt ihr mit mir Geduld
haben. Wir giengen wieder zurück in unsere
Wohnung in den Felsen, und jetzt fiel mir erst
ein, den Gürtel mit ihrem Vermögen, der mir bisher so viel Angst verursacht hatte, ihr zuzustellen.

Als wir uns noch miteinander unterhielten,
trgt der Hamburger unvermuthet mit dem Frühstück
ein, das wir uns, und besonders Fatime recht

wohl schmecken ließen. Als wir es eingenommen
hatten, machten wir uns auf die Reise; baten
aber Fatime, sie möchte uns gegen Mittag an
das Gestade entgegen gehen, damit wir in ihrer
Gesellschaft zurückkehren könnten.

Wir wanderten nun auf das Wäldchen zu,
fanden alles, wie wir es gestern verlassen hatten,
ungerührt an Ort und Stelle. Den Floß hoben
wir, nachdem wir ihn vorher untersucht hatten,
ins Wasser, und fuhren auf das Schiff zu, das
noch unverändert zwischen den Klippen stack.
Allein, was für Augen machten wir, als etwa
hundert Schritte vom Schiff ein Boot, das wir
gleich für das unsere erkannten, auf welchem wir
von van der Winden aufgenommen worden, auf
der Fläche des Meers erblickten; ohne sich viel
zu besinnen, warf der Hamburger seine Kleider
von sich, und schwamm auf solches zu; es hatte
aber zu viel Wasser gefaßt, daß er sich nicht getraute, einzuspringen, er mußte es daher nur vor
sich hertreiben, bis er es gegen unsern Floß
brachte, auf welchem ich ihm ein Seil und eine
Stange reichte, um es zuzusteuern und fest zu
machen. Dieser Zufall war glücklich. Wir giengen nun beide, um solches vom Wasser zu leeren,
das wir auch endlich, obgleich mit vieler Mühe,
zu Stande brachten. Die Freude, die der Hamburger hatte, war unaussprechlich. Vor allem
versahen wir es mit Rudern, die wir vom Schiffe
nahmen, und dann fiengen wir an zu Werke zu
gehen.

Sobald wir das Schiff bestiegen hatten, kam
ich in eine Gegend, wo ich ein Geblöcke von
Schaafen hörte; voll Verwunderung rufte ich
meinen Freund, und sagte ihm, was es gäbe.
Wir brachen die Thüre auf und fanden zwei Kühe
und ein jähriges Stierkalb, sechs Schaafe und
Hämmel, zwei Schweine, und vielerlei Geflügel,
die man am grünen Vorgebürg eingekauft hatte.
Alle diese Thiere waren von Hunger und Durst
beinahe ganz ausgezehrt. Sobald wir erschienen,
wendeten sie sich gegen uns, und forderten zu
fressen. Insonderheit fehlte ihnen Wasser. Wir
gaben ihnen ein und anderes, das in einem Behältniß neben ihnen befindlich war. Unterdessen
sie sich sättigten, machten wir Anstalt, sie in das
Boot zu bringen, welches uns viel Mühe kostete,
aber doch zu Stande kam. Wir brachen zu diesem Behuf alle Thüren ab, und verfertigten eine
Treppe, um sie darüber in das Boot zu treiben.
Da nun auch dieses geschehen war, giengen wir,
bis die Thiere abgefressen hatten, in die Kajüte
des Kapitains. Zwei Koffer, wovon einer offen,
der andere aber versperrt war, befanden sich
darin, auch zwei Uhren, die mir gestern nicht zu
Gesichte gekommen waren, sah ich an der Wand
hängen, und nahm sie zu mir. Ich hob den
Deckel des offenen Koffers auf, dieser strotzte von
Kleidern und ganzen Stücken von Kattun und
andern Stoffen, ich machte ihn wieder zu. In
einem Ecke derselben, stand eine mit Leder-über-
zogene Kapsel, mit zwölf Paar silbernen Löffeln,

Messer und Gabeln, ich betrachtete sie eben noch,
als der Hamburger eintrat, und mir sagte: daß
er zwei Fässer mit Kaffehbohnen, eines mit Zucker,
dann zwei andere mit feinem Mehl, und dann
wieder zwei mit Erbsen und Linsen gefunden,
und solche auch schon auf den Floß gebracht hätte,
nehmen wir auch diesen Plunder, sagte er, des
Wegtragens ist alles werth. Wir trugen es sodann auch dahin, doch der verschlossene Koffer
war sehr schwer, und aus dem Laut, den er im
Stürzen von sich gab, merkten wir daß Gold
darinnen war, dessen wir uns wenig freuten.
Mit diesem Gepäcke war der Floß ziemlich beschwert.

Nun wollten wir uns über die Thiere machen; wofür uns wirklich bange wurde, doch aber
leichter, als wir dachten, von statten gieng. Diese
waren sehr abgemattet, und ließen sich geduldig
über die Treppen in das Boot treiben; der Hamburger, der überall Rath zu schaffen wußte, warf
jedem einen Strick um die Hörner, und gieng so
vor ihnen über die Treppe in das Boot, das er
sehr gut befestigt hatte, damit es nicht schwanken
konnte, und so kamen sie glücklich hinein. Die
Schaafe, Hämmel und Schweine banden wir und
trugen sie dahin, das Geflügel, so in zwei Käffigen
war, stellten wir neben dieselben, und bei alle dem
war noch Raum zu andern Sachen übrig. Wir
suchten sonach, was noch einzunehmen nothwendig
wäre, und giengen in die Vorrathskammer. Hier
fanden wir Wein und Branntwein, sammt einigen
Verschlägen mit gefüllten Bonteillen, was diese

aber enthielten, wußten wir noch nicht; doch nah=
men wir sie mit. Zwei Felleisen, zwei Flinten
und Bretter, so viel als wir diesmal mit fortbrin=
gen konnten, sammt den Treppen, die aus Thüren
mit Beschlägen bestanden, mußten diese Ladung
beschließen. Hier, sagte der Hamburger, kann
man sehen, zu was ein Boot dienlich ist. Wir
können Gott nicht genug danken, daß er es uns
zugeschickt hat. Er will keineswegs, daß wir hier
verderben sollen. Wir banden dann den Floß mit
zwei Leinen an das Boot und ergriffen die Ruder.
Es gieng etwas schwer; doch das Wetter war uns
günstig, und wir hatten Zeit nach Gemächlichkeit
zu arbeiten. Mit Freuden sprang ich voraus, und
zog das Boot mit dem Seil an das Ufer, um es
zu befestigen. Die Treppen mußten zum Landen
wieder die Dienste leisten, und so kamen die Kühe
und das Kalb auf das Land, die sobald sie auf
festem Boden waren, mit Begierde dem Grase zu=
eilten. Wir ließen sie auch ungehindert der Weide
nachgehen, wohin sie wollten. Doch mit den
Schaafen, Hämmeln und Schweinen wußten wir an=
fänglich nicht, was wir machen sollten; weil wir
aber keine Behältnisse hatten, so waren wir ge=
zwungen sie loszulassen, bis wir besser in Ord=
nung seyn würden, sie unterzubringen. Wir
lösten ihnen ihre Bande auf, und sahen ihnen
mit Vergnügen zu, wie sie sich in ihrem neuen
Stande ergötzten, und so wollten wir es mit dem
Geflügel machen. Mir fiel aber ein, dasselbe in
unsere Wohnung zu tragen, weil es Fatime lieb

seyn würde eine Unterhaltung zu haben. Ich nahm beide Käffige auf den Kopf, und begab mich dahin. Ganz stille schlich ich mich in die Höhle und erblickte sie in tiefer Betrachtung, bei welcher sie die Grammatik in der Hand hielt; Azur verrieth mich aber durch seinen Sprung, den er mir entgegen machte und erschreckte sie. Ich sagte ihr ganz kurz, warum ich käme, und zeigte ihr, was ich brächte. Die Freude über dieses Geschenke blitzte ihr aus den Augen. Ich überreichte ihr auch die zwei goldenen Uhren, die ich in des Kapitains Kajüte gefunden, und bat sie solche aufzuziehen, nach der Stunde zu richten, dann eine bei meinem und die andere bey dem Bette des Hamburgers aufzuhängen, womit sie ihn überraschen sollte. Sie versprach es. Ich nahm endlich ein gutes Stück Schinken und Brod, und begab mich auf den Rückweg; sagte ihr aber noch vorher, sie möchte nicht nach dem Ufer kommen, denn die Hitze wäre zu stark, und überdies möchte Azur die Schaafe und Hämmel scheu machen oder gar anpacken, das mir nicht lieb wäre, bis er sich an sie gewöhnt hätte; sie fände ohnehin jetzt Unterhaltung in ihrer Einsamkeit an dem Geflügel. Sie war mit allem zufrieden und gutes Muths, gab mir einen Kuß, den ich ihr aus der Fülle meines Herzens erwiederte.

Unterdessen hatte Hamburger alles ausgeladen und mich erwartend saß er unter den Bäumen im Schatten und betrachtete die Thiere, wie

sie weideten. Der Schinken und das Brod war
ihm ganz gelegen, und ich setzte mich neben ihn
um solches verzehren zu helfen. Da aber zu einem guten Schmause auch ein guter Trunk erfordert wird, stand ich auf und gieng über die Kiste,
wo die gefüllten Bouteillen waren, und holte eine.
Es brauchte aber Kunst, sie zu öffnen. Der Hamburger nahm seine Gabel aus dem Bestecke und zog
den Kork heraus, und wir fanden den besten französischen Wein, den ich in Omars Hause hatte kennen gelernt. Dieser Fund freute uns um so mehr,
da wir auch in den zwei Fässern den nemlichen
vorfanden.

Nachdem wir uns mit Speise und Trank ge-
labt hatten, nahmen wir den Weg nach dem
Schiffe wieder vor, und beschlossen, alles, was
uns vorkomme, zu nehmen, immer aber das noth-
wendigere vor dem entbehrlichen. Und weil wir
doch nicht wüßten, ob die Insel bewohnt wäre,
oder auch ob nicht eine wilde Nation an diese
gränze und uns, wenn sie uns ausgekundschaftet
hätte, wohl gar überfalle; so wollten wir alles
Gewehre, Pulver und Bley, vorzüglich aber die
Kanonen wegzubringen suchen, die uns in solchem
Falle zur guten Vertheidigung dienlich seyn würden.
Und überdies, fuhr er fort, könnten wir nicht immer vermuthen, daß die Witterung gleich bleiben
werde, wie gestern und heute, ein widriger Wind
oder gar ein Sturm könnte das Schiff losreißen
und wegtreiben, in welchem Falle es immer besser
wäre, wenn wir es hätten und benutzten.

Wir giengen also in die Zeugkammer, und fanden vier Pulverfässer und zwei Säcke mit Kugeln, die wir dann mit Vorsicht auf den Floß trugen; Wir durchsuchten die Küche; hier fanden wir noch Mundvorrath, Küchengeräthe, Kessel, Töpfe, Feuerböcke, Bratpfannen und Spieße, alles mußte den Weg nach dem Flosse machen. Zwei Fässer mit Salz, zwei Flaschenkeller mit Spanischen Wein, zwei mit Rum, zwei Kisten mit Zitronen und eine mit Pomeranzen. In einem Nebenbehältniß befanden sich in Kisten Reis, Erbsen, Linsen, Hirse, Bohnen, Zwieback, Mehl, Pöckelfleisch, Speck, Oel u. dgl. Mit allem diesen wurde der Floß angefüllt, und hinlänglich befrachtet. Nun kamen wir in des Zimmermanns Magazin. Seegeltuch, Taue und Nägel, alles Gewehr, eine Flinte mit zween Läufen, zwei Vogelflinten, einem Kugelrohr, und zwei Paar Pistolen, nebst einem Hirschfänger, dann zwei Fäßchen feines Pulver, etliche große Beutel mit Schroot und einen mit Vogeldunst, auch mehrere Stücke Bley, und einen Schleifstein; zwei Fäßchen Flintensteine, mehrere Feuereisen, einen großen Knaul gezogenen Schwefelfaden, und etliche Bünde Lunten fanden wir daselbst vor. Da dieses das Boot noch nicht beschwerte, schlugen wir die Wand daneben durch, und fanden allen nur erdenklichen Werkzeug: Sägen, Beile u. s. w. die wir denn, nebst dem Mundvorrath, am besten in unserer dermaligen Lage brauchen konnten.

Da nun das Boot auch ganz voll war, nahmen wir unsern Rückweg aus dem Schiffe, und
als

als ich eben von demselben herabklettern wollte,
fand ich noch eine trächtige große Katze, die auf
mich zulief, sich an meinen Beinen anschmiegte
und mich gleichsam zu bitten schien, sie auch
mitzunehmen. Ich trug sie in das Boot, und
wir fiengen an abzufahren.

Der Himmel war uns ungemein günstig, nicht
den mindesten Wind hatten wir, der unsern Trans-
porten hinderlich gewesen wäre; glücklich mit
jedem derselben kamen wir an das Gestade, und
die Vorsicht schien uns nach so vielem ausgestandenen Ungemach nun in unsern Unternehmungen
zu begünstigen. Wir erkannten es auch mit wahrem Danke. Dann fiengen wir an auszuladen,
wozu guter Muth und die Trage uns am besten
behülflich waren.

Unsere Heerde weidete unterdessen wacker in
dem Grase, das den Kühen fast bis an die Bäuche
reichte; wir sahen ihnen eine gute Weile zu, und
brächen in Lobsprüche über die Wohlthat aus, mit
welcher die Vorsicht für uns gesorgt hat. Da wir
aber nicht leer nach Hause gehen wollten, luden
wir vorzüglich das Mehl und die Silberbestecke
sammt einigen Bouteillen Weins auf die Trage,
und in die Höhe darauf die Katze, und so waren
wir bereit zum Abgang. Dann zogen wir das
Boot und den Floß auf das Trockene, und wollten lieber eine geringe Mühe nicht achten, als uns
einem großen Schaden durch den Verlust derselben
aussetzen. Wir langten zu Hause an, und brachten unsere Sachen in Verwahrung; ich nahm

15

dann einen Keffel, und gieng nach der Quelle, um Waffer zum Trinken und Einkühlen des Weins zu holen. Als ich zurück kam, war der Tisch schon gedeckt, den immer noch eine leere Kiste vorstellen mußte, doch hatte sie Fatime mit weißem Tisch= zeug bedeckt, und die Zinnteller sammt Bestecken, die wir gestern aus dem Schiffe genommen hätten, zierten denselben. Jedes hatte ein Glas vor sich stehen, und statt der Sessel einen Pack, um zu sitzen. Bei unserer Mahlzeit fehlte uns nichts als Brod, worüber uns aber der Hamburger tröstete, und sobald wir von der Schiffsarbeit frey seyn würden, auch mit diesem Bedürfniß zu versorgen versprach, welches um so füglicher geschehen könnte, da wir eine schöne Quantität Mehl hätten.

Wir ließen es uns recht gut schmecken, und blieben lange bei Tische, welches theils selbst die Mattigkeit, theils auch die Entwürfe über unsern Maierhof verursachten. Nach vielen Ueberlegun= gen fiel es endlich dahin aus, daß die Wohnung selbst in einer Entfernung von hundert Schritten seitwärts angelegt werden sollte, wozu uns die Bretter und Dielen des Schiffes, wenn wir an= ders so glücklich wären, solches bewirken zu kön= nen, unvergleichlich zu statten kommen würden.

Unterdessen mahnte uns die Arbeit selbst, wir leerten den Rest der Bouteille, und Fatime muß= te uns Bescheid thun. Bevor wir aber fort= giengen, verfertigte er noch einen Sonnenschirm von Wachsleinwand, der gute Dienste that. Nun traten wir den Weg an. Ich trug in der

linken Hand den Schirm und an der rechten
führte ich Fatime. Nachdem wir in diesem Auf-
zug einige Schritte gegangen waren, blieb der
Hamburger stehen, und sagte: ich glaube, daß
wir alle betrunken sind. Ich wußte nicht, was
er sagen wollte, und fragte, warum? Und du
fragst noch? siehst du nicht, daß die Trage gar
nicht von der Stelle kann? — Nun erst begriffen
wir ihn. Ich gab dann Fatime den Schirm,
setzte sie auf die Trage, und marschirten fort;
wie wir uns aber lenkten und den Weg gegen den
Wald einschlugen, erblickten wir schon unsere Vieh-
heerde, die wir dann Fatime zeigten. Azur spitzte
die Ohren, und wollte auf die Heerde los, allein
ein Ruf von mir und eine geballte Faust hielten
ihn ab und er blieb ruhig an meiner Seite. Bei
unserer Annäherung staunten sie uns an, keines
aber nahm die Flucht.

Nun giengen wir wieder an unsere Arbeit,
ließen jedoch Fatime im Wäldchen zurück, und
baten sie, auf den Hund gut Acht zu haben. Wir
machten sodann unsere Fahrzeuge flott und giengen ab.

Jetzt gieng es in den untern Theil des Schiffes.
Wie erstaunten wir aber über die Menge der
Güter, die sich da vorfanden. Etliche Duzend
Feldsesseln, die sich zusammen legen ließen, eine
geborstene Kiste mit Schaufeln u. d. gl. nebst noch
verschiedenen Sachen wurden auf den Floß gebracht. Jetzt kam mir ein einballirter Kasten
unter die Augen, der, wie mich die Neugierde ihn

zu besehen trieb, aus lauter Schubladen bestand,
und über jede derselben geschrieben war, was es
enthielt. Ich las: Saamen von Carviol, Kohl,
Sellery, Rüben, Gurken u. s. w. Welch ein herr-
licher Fund! rief ich dem Hamburger zu, der
mir ihn in das Boot tragen half. Die Größe
dieser Gepäcke füllte die Fahrzeuge bald, und wir
stießen ab, langten auch bald darauf am Ufer an.
Hier erblickten wir Fatime schlafend, gönnten ihr
aber die Ruhe und verrichteten unsere Arbeit.
Sobald diese geendet war, fuhren wir nochmals
ab, und nahmen für diesmal, da die Päcke nicht
so nöthig schienen, acht Kanonen mit uns, nebst
allen Brettern, die wir nur immer vorfanden.
Auch diese Ladung brachten wir an Ort und
Stelle, und beschlossen noch einmal abzufahren.
Unsere Aerzte hatten nun volle Arbeit, wobei uns
auch die Sägen treulich beistehn mußten, alle Masten banden wir an Leinen und ließen sie ins
Wasser, die wir dann nachher bei unserer Abfahrt nachschleppten. Bretter und noch vier Kanonen mußten jetzt herhalten, die wir dann an
Bord nahmen, und noch einige Päcke beifügten.
Mit diesem Transport beschlossen wir den heuti-
gen Tag und ruheten aus.

Nachdem wir uns in etwas erholt hatten,
stand ich auf, und der Kasten fiel mir neuerdings
in die Augen. Ich konnte mich nicht länger enthalten, und riß die Leinwand und was um ihn
gewickelt war, ab. Er war schön vom Holz ein-
gelegt, und stellte von unten einen Schreibkasten

vor, der auf vier Säulen stand. Ich probirte
die Schubladen, die sich aber nicht öffnen ließen;
doch die letzte war offen, und enthielt zwei Schlüssel. Ich ergriff in der Eile einen davon, und
steckte ihn an das Pult, das er öffnete. Hier
fand ich zur ungemeinen Freude alle nur mögliche Schreibmaterialien vom ersten bis zum letzten: ein silbernes Schreibzeug, aber ohne Dinte.
Doch fand ich Dintenpulver in einer Schachtel.
Ohne das übrige zu untersuchen, schloß ich das
Pult wieder zu, und legte den Schlüssel an sein
voriges Ort.

Nun schleppten wir noch alles, was uns
vorzüglich nothwendig schien, nach unserer Wohnung, und trieben auch das Vieh dahin, welches Azur bewachte.

Nach dem Abendessen legte sich jedes zur
Ruhe, die wir auch wirklich höchst nöthig hatten.
Allein der Schlaf wurde noch durch eine neue
Scene der Freude und des Dankes aufgehalten,
da der Hamburger die Uhr neben seinem Bette
sah; er glaubte anfänglich, sie gehöre der Fatime,
und trug sie ihr in ihre Schlafkammer, allein sie
sagte: es müsse die seinige seyn, weil sie die
ihrige da sähe, und ihm auch zeigte. So sey es!
rief er mit Entzücken aus: ich werde sie behalten,
und in zwei Tagen bei ihrer Vermählung damit
Staat machen. Er kam nun zu mir, um auch
mir dieses angenehme Geschenk vorzuweisen, ich
aber freute mich mit ihm, und sagte: da ich
gleichsam von ungefähr auch meine erblickte: daß

mich Fatime auch mit einer beschenkt habe. Sie bleibt auch im Unglück noch, sagte er, großmüthig, wie in ihren glücklichen Tagen, wer sollte sie nicht lieben und ehren, da sie es so würdig ist? Dann fieng er an: „Dieser Vorgang öffnet mir den Mund über das, was ich heut und gestern gedacht habe. Azem! ich kenne Eure Neigung zu einander. Unsere dermalige Lage befördert und begünstigt ihre und Deine Wünsche. Es ist daher meine Meinung: daß Ihr Euch beide vereiniget und Eure Neigungen befriediget; denn Du bist auch in Deinem Gewissen dazu verpflichtet, da sie sich Deinetwegen in dieses Unglück gestürzt hat. Ich denke also die ganze Feierlichkeit so zu veranstalten: daß Du ihr die heilige Taufe ertheilest, und ich Euch nach diesem, als eine Mittelsperson, durch das unaufhörliche Band der Ehe nach der christlichen Religions⸗Einrichtung zusammen verbinde.“ ——

Bei Vollendung dieser Worte fiel ich ihm weinend um den Hals, und küßte ihm, versprach ihm auch in allen zu gehorchen, weil ich sähe, daß er es so redlich mit uns meyne.

Meine Gedanken waren in einer schrecklichen Verwirrung. Ich legte mich zur Ruhe, aber weit entfernt war der Schlaf von mir, nach einer Stunde als ich mich noch immer mit diesem Gegenstand beschäftigte, hörte ich auch Fatime in ihrer Kammer sich bewegen, und ich glaube, daß sie alles, was der Hamburger gesprochen hat, so gut, wie ich, vernommen habe. Diese Muths⸗

maſſung ſchten mir um ſo richtiger aus dem Grun=
de, weil ſie, da es noch kaum zu grauen anfieng,
ſchon ihr Bette verließ, zu dem Hamburger, der
ſchon wach war kam, und ihn fragte, ob er nicht
aufſtehen wolle, um ihr zu zeigen, wie die Kühe
zu melken wären? Ja, ſagte er, von Herzen
gerne, und wir erhoben uns freudig. Allein die
Kühe, ſo wie die Schaafe und Hämmel weideten
ſchon in einer guten Entfernung. Wir folgten
ihnen daher mit den Gefäſen, und der Hamburger
hielt bei der erſten, die wir antrafen. Die Kuh
hielt ſich ganz ruhig, und ließ ſich gedultig melken.
Nun mußte es Fatime probieren, und es gelang
ihr gut, wobei die Freude ihre Geſchicklichkeit
noch mehr beförderte.

Das Vergnügen, das ſie über die erlangte
Wiſſenſchaft dieſer Behandlung, die ſie in ihrem
Leben weder geſehen, noch weniger aber ſelbſt da=
bei Hand angelegt hatte, bezeigte, verurſachte uns
eben ſo viel Zufriedenheit, als ihr ſelbſt. Wir
hießen ſie nun die Milch in die Kühle zu ſetzen,
und das, was ſie jetzo zum Frühſtück brauche,
davon zu nehmen, was wir aber zum Mittags=
mahl haben wollten, würde der Hamburger, da
wir ohnehin in der Nähe wären, zur erforder=
lichen Zeit veranſtalten.

Nun nahmen wir unſere Werkzeuge, und be=
gaben uns auf den Platz, wo die Stallungen er=
richtet werden ſollten, fiengen an zu graben, und
was dabei nöthig war. Alles gieng gut von
ſtatten, weil Eifer und die Nothwendigkeit dazu

beitrugen. Es wurde freilich kein Meisterstück,
doch wozu es dienen sollte, wurde es wenigstens
fest und dauerhaft.

Unterdessen wurde der Kaffeh fertig, Fatime
rief uns, und wir kamen. Sie wollte uns
eine kleine Freude machen, und fütterte eben das
Geflügel. Wir lachten, da sich Hühner, Tauben,
Gänse und Enten um sie versammelt hatten, die
ihren Fras aus ihren Händen erhielten, und priessen
sen uns in unserem Unglück doch sehr glücklich.

Dieser herrliche Versuch, Kaffeh mit Milch
zu trinken, das im ganzen türkischen Reich, so
wie mit Zucker sehr selten, und nur von den
Frauenzimmern geschieht, war uns eine angenehme Wohlthat, die den Gaumen reizte, dabei aber
zur Gesundheit viel beitrug, nährte überhaupt,
und half, mäßig genossen, in vielen Beschwerden
unserer ungewohnten Lebensart.

Die erhaltene Milch bestimmte der Hamburger zum heutigen Mittagsmahl, das aus einem
in Milch gekochten Reis bestehen sollte. In dieser Absicht unterrichtete er Fatime, wie sie es machen, und wie viel von einem jeden dazu genommen werde, er wolle ihr schon, wenn es Zeit seyn
würde, zu Hülfe kommen. Dann giengen wir
zu unserer Arbeit, mit welcher wir so sehr eilten,
daß die Thiere in den Stallungen schon heute zum
erstenmal übernachten konnten. Wir hatten solche
viel geräumiger angelegt, als es die Anzahl, die
wir hatten, dermal erforderte; doch rechneten
wir, und nicht ohne Grund auf Vermehrung.

Nun da dieß vollendet war, erquickten wir unsere ermatteten Glieder durch Speise und Trank. Fatime, die heute Köchinn war, hatte nach Anleitung des Hamburgers ihre Geschicklichkeit auch damit bewiesen; der Reis in der Milch war so schmackhaft, daß wir uns nicht eher abbrechen konnten, bis er gänzlich aufgezehrt war. Ich könnte in der That nicht behaupten, ob derselbe mir aus der Ursache so gut schmeckte, weil es eine neue Speise war, oder — weil ihn Fatime gekocht hatte; eines und das andere kann mich gereizt haben.

Sobald die Schüssel geleert war, und wir in guter Vertraulichkeit noch beisammen saßen, kam die Verabredung, die ich und der Hamburger für den Sonntag beschlossen hatten, bei allgemeinem Diskurse nochmals zur Sprache. Ich nahm Fatimes Hand, die neben mir saß, und entdeckte ihr was des Hamburgers Meinung sey; ein fröhliches Ja, ich bitte darum, war ihre Aeußerung; da ich ihr aber nach einer kurzen Pause sagte, daß der Hamburger nach Vollendung der Taufe auch ihre und meine Wünsche zu befriedigen und durch das unauflößliche Band der Ehe verbinden würde, wollte sie mir die rechte Hand entreißen, fuhr aber mit der linken in das Gesicht, und verhüllte dasselbe; ich stellte ihr hierauf vor: daß sie keineswegs dazu gezwungen würde, es müsse ihr fester Wille dazu erforderlich seyn. Nun blickte sie mich zärtlich an, und sagte seufzend: Du weißt es ja schon lange, daß dieß mein Wille ist! — —

„Nu, antwortete ich, es ist auch ein für allemal der meinige!" — und reichte ihr meine
rechte Hand.

Dies galt also für das förmliche Versprechen unserer Heirath. Ich wünschte ihr nun
zum Uebertritt zu der römisch-katholischen Kirche alles Glück; und so begaben wir uns alle
äußerst vergnügt zur Ruhe.

Der Morgen war kaum angebrochen, als
sich gleich jedes zu seiner Arbeit begab. Wir
fiengen an für das Geflügel ein Behältniß zu
bauen, und wurden bei anhaltenden Fleiß noch
vor der Mittagsstunde fertig.

Da wir für heute keine andere Arbeit anfangen wollten, auch der Hunger bald durch
abermal in Milch gekochten Reis gestillt war,
machte mir der Hamburger den Vorschlag: den
Felsen, unter dem wir wohnten, zu untersuchen, da ohnehin Fatime sich in ihrem Behältniß für den morgenden Tag mit sich selbst
beschäftigte. Wir nahmen dann jeder eine
Flinte, die wir vorher geladen, sammt Pulver
und Blei, hiengen unsere Pallasche um, und
giengen in Begleitung des Azurs gegen die west-
liche Seite des Felsons hin. Das erste, was
wir hier antrafen, war ein kleiner heller Bach,
der zwischen zwei Felsen über einen kiesigten
Boden dahin rollte, und seinen Lauf in die
See nahm. Ich versuchte sein Wasser, und
fand es vortrefflich. Von dem Bache selbst erhob sich eine gelinde Anhöhe gegen die Klippen,

welche sehr bequem zu ersteigen wär. Wo diese Anhöhe sich endigte, war eine Ebene von einigen siebenzig bis achtzig Schritten im Umfang, die voll Palmbäume war, und der Felsen gegen die Seeseite mochte etwa sechs Klafter hoch seyn, und ragte nur um etwas über die Bäume. Wir freuten uns ungemein über diese Entdeckung, und beschlossen gleich, an diesem Orte, wo wir von der Seeseite nicht gesehen werden, doch aber durch die freie Aussicht alles entdecken konnten, unsern künftigen Wohnplatz aufzuschlagen, da wir von Brettern einen großen Ueberfluß besaßen, und wo die Kanonen sehr vortheilhaft anzubringen seyn würden, so daß wir uns nicht nur gegen jeden feindlichen Angriff vertheidigen, sondern auch, wenn wir so glücklich seyn sollten, über kurz oder lang ein Schiff zu erblicken, es durch den Donner der Kanonen zu unserer Erlösung herbeirufen könnten. Noch voll von dieser erfreulichen Ahndung bestimmten wir, daß einer von uns täglich hingehen sollte, ob er nichts von einem Schiffe wahrzunehmen glaube.

Indem wir uns mit der angenehmen Aussicht ergötzten, fiel dem Hamburger eine kleine Bucht oder Hafen, so dicht an unsern Felsen lag, ins Gesicht; er muthmaßte, daß es von dem nämlichen Gewässer seyn müsse, was an die Klippen stoße, zwischen welchem das gescheiterte Schiff geklemmt läge. Dieses wäre eine glückliche, und ungemein nützliche Entdeckung, indem wir das übrige des Schiffes mit weniger Mühe hieher bringen könnten. Die Gewißheit davon zu erfahren, könnten wir wohl einen Versuch machen. Ich war damit einverstanden, wir verließen den Felsen und machten uns mit dem Boote zu dieser Untersuchung auf den Weg. Wie der Hamburger gesagt hatte, war es auch. Wir fuhren das Schiff vorbei, und eine nicht gar lange Strecke an den Felsen hin, so hatten wir die Bucht oder Einfuhr, die nicht hundert Schritte von unserer Wohnung entfernt lag. Um aber diese Wasserreise nicht gar umsonst gemacht zu haben, nahmen wir Bolen und Bretter so viel das Boot tragen konnte, auf, und fuhren in unsern neuen Hafen mit Freuden ein, wo auch das Boot zum erstenmal verwahrt wurde.

Da sich nun jeder auf den morgenden Tag vorbereiten mußte, ruhten wir vor heute aus, nahmen aber von dem Kleidervorrath, was jedem paßte, damit wir morgen sauber angekleidet erscheinen könnten.

Jetzt fiel dem Hamburger auch noch ein, daß wir zur morgenden Feyerlichkeit einen Braten haben sollten. Ich lachte, und war mit seiner Anordnung zufrieden. Er schlachtete also eine Gans und bereitete sie zu. Unterdessen übernahm ich Fatimens Arbeit, und molk die Kühe und Schaafe, damit sie nicht bei ihrer Vorbereitungsandacht gestört würde. Bei der vielen Milch, die wir nun täglich erhielten, fragte ich

den Hamburger, was damit zu thun wäre, da
wir sie doch von einem Tag zum andern nicht
aufzehren könnten? Wir machen Käse davon,
war seine Antwort, die uns, bis wir frisches
Fleisch haben werden, zur Nahrung dienen
müssen.

Wir giengen endlich zur Ruhe, und schlie=
fen unter mancherlei Betrachtungen ein. Doch
mein Schlaf war kurz und unruhig, und die
Wichtigkeit des folgenden Tages vergönnte mir
keine Ruhe. Die Erwartung eines großen Glücks
macht uns eben so unruhig, als die Furcht eines
bevorstehenden Unglücks: denn Fatime muß eben
diese Unruhe befallen haben, weil ich sie seufzen
und allerlei Bewegungen machen hörte. Was
wollte ich aber thun, da mein Freund neben mir
sanft schllef? ich mußte mich, um ihn nicht zu
wecken, still und ruhig betragen.

Endlich brach der Tag an. Ich konnte mich
nicht länger halten, und verließ mein Bette. Das
erste, was ich that, war das Melken der Kühe und
Schaafe, während dem der Hamburger das Früh=
stück bereitete, das wir aber erst nach der Taufe
Fatimens zu uns nahmen. Sobald dieses alles
geschehen, überdeckte ich den Tisch mit einem wei=
ßen Tuche, der zum Altar dienen sollte, und gieng
zu Fatime, die ich schon in einem weißen Kleide
antraf, um mein Gebetbuch zu holen, das wegen
seines Titelkupfers das Wesentlichste dabei war.
Nach dieser Vorbereitung zogen wir uns beide an,
und schritten zur ersten feierlichen Handlung, der

Taufe. Nach Abschwörung des muhamedanischen und Annahme des christlichen Glaubens taufte ich sie, und legte ihr den Namen Elisabeth bei. Als dies geschehen war, wurden wir auch durch den Hamburger, welcher schwarz angekleidet die Stelle des Priesters vertrat, mit einander getraut, wobei Fatimes Freude ohne Grenzen war; dann nahmen wir das Frühstück ein, wobei uns der Hamburger durch Kuchen, den er den Abend zuvor gebacken, angenehm überraschte.

Alles war nun beschäftigt, die Hochzeitsspeisen zu bereiten; sogar Azurn jagten die vielen Gerüche von einer Seite zur andern, er wußte nicht, was dieses Vielerlei zu bedeuten hätte. Ich mußte über meine vielfältigen Verwandlungen lachen. Denn erst war ich Kühmagd, dann Bischoff, über eine Weile Bräutigam, Tafeldecker und Kellner, und was bis auf die Nacht noch werden würde, darüber gieng ich hinaus. So geht es, dachte ich, in dem menschlichen Leben; was man am wenigsten vermuthet, trifft am ersten ein.

Nachdem die Speisen gekocht, setzten wir uns, und aßen mit solchem Appetit, den wir der Feierlichkeit des Tages nur allein zuschrieben; es kann aber auch seyn, weil wir, seit wir hier waren, dergleichen noch nicht hatten. Die gebratene Gans war schon für sich ein Leckerbissen, dem ich seit der Entfernung aus Omars Hause entsagen mußte. Doch der Himmel wußte, wie er uns über das ausgestandene Ungemach trösten sollte, und diesem dankten wir. Alles war fröhlich und aufgeräumt,

wozu der köstliche Wein vieles beitrug. Meine
Frau fragte mich, warum ich ihr den Namen
Elisabeth beigelegt, und ihr nicht den Namen Fatime gelassen hätte? Ich erklärte ihr aber, daß
dieses der Name meiner seeligen Mutter wäre,
der ich mich immer, wenn ich ihn aussprächte, erinnern wolle. Und da sie zweitens dem türkischen
Glauben entsagt, und den christkatholischen angenommen hätte, so wäre es nichts als billig, daß sie
einen christlichen Namen führen müsse. Dieses,
sagte sie, war auch meine Meinung; und mein
Herz ist so ruhig, daß ich es nicht sagen kann.
Das will ich gerne glauben, antwortete ich, und
lachte ihr schalkhaft ins Gesicht, nur dürfte es
Calil Osman nicht wissen! Mit diesen Worten
entfernte ich mich von ihr. Der Hamburger lachte aus vollem Halse, und die Tafel hatte ein
Ende.

Wir machten einen Spaziergang auf den Felsen, und nahmen Elisabeth mit dahin, um ihr
die angenehme Lage und die Aussicht zu zeigen.
Sie fand sie sehr reizend, und um so mehr, da
wir ihr sagten, zu was sie uns behülflich seyn
könnte, und aus welcher Absicht wir auch eine
Wohnung darauf zu bauen beschlossen hätten. Wir
hielten uns hier bis gegen den Abend auf, und
kamen ziemlich ermüdet zurück. Da wir keinen
Hunger fühlten, leerten wir noch eine Bouteille
Wein, und legten uns zur Ruhe. — — —

Funfzehntes Kapitel.

Ihre vertheilten Arbeiten zur Aussaat und zu den nö=
thigen Gebäuden. Gänzliche Zerstückelung des
Schiffes, und andere Vorkehrungen zur Beschüz=
zung ihres Lebens.

So war ich nun in meinem 31sten Jahre meines
Lebens ein Ehemann, und Elisabeth in ihrem 19ten
meine Frau. Ich schrieb daher den Tag unserer
Errettung von dem Sturm und der Betretung der
Insel, welches der 22ste Sept. des 1744sten Jah=
res war, mit einer Kohle an die Felsenwand unse=
rer Wohnung, und setzte nun den Tag unserer
Verheirathung am 26sten darauf dieses nämlichen
Monats dem ersteren an die Seite, damit ich mich
so oft ich vorübergienge, des Unglücks sowohl als
des Glückes erinnern könnte, das mich hier betrof=
fen hat.

Ich verließ nun mein Ehebette, um die Arbeit mei=
ner Frau zu verrichten, die mich darum bat, indem
sie vorwendete, daß sie noch von der gestrigen vie=
len Arbeit ganz müde wäre, und noch eine
Stunde länger schlafen möchte. Ganz gern that
ich ihr diese Gefälligkeit, und wie konnte ich ihr
sie abschlagen? Jeder meiner Leser weiß ja,
was

was ein geliebtes Frauenzimmer bei einem zärtlichen Gegenstand vermag.

Als ich meine Arbeit verrichtet hatte, kam der Hamburger, den ich heute noch nicht gesehen hatte, schon mit einer Ladung vom Schiffe in der Bucht an, die ich ihm dann ausleeren half. Und da ich mich nachher zu ihm einsetzen wollte, sagte er, daß er es für nothwendiger halte, wenn ich, während er das Schiff zerstücken würde, einen Theil des Erdreichs gegen Westen hin, dessen Boden er heute untersucht und sehr gut befunden hätte, mit einer Grabschaufel umstechen möchte, weil wir uns doch nicht immer mit diesem, was wir jetzt hätten, behelfen könnten. Recht gut, gab ich ihm zur Antwort, und hölte mir meinen Werkzeug. Es gieng ungemein gut von statten, das Erdreich war fett, und brauchte nicht viel Mühe, die Schaufel gieng bei einem mäßigen Fußdruck ganz ein. Als ich so beiläufig eine Stunde gearbeitet hatte, kam der Hamburger wieder mit einer Ladung, und zugleich meine Frau von einer andern Seite, um uns zum Frühstück zu holen.

Wir nahmen das Frühstück unter freiem Himmel ein. Der Hamburger war gutes Muths, und jagte etliche Male Elisabethen die Röthe ins Gesicht, und sie betrug sich eben, wie alle junge Weiber nach der ersten Brautnacht, stellte sich verschämt, und war doch immer die erste, die zu weiterem Anlaß gab. Ich dachte nun, daß dies so dem Geschlechte eigen seyn müsse, weil ich es bei einer Türkin eben nicht anders, als wie in Linz,

Wien, und wo ich immer war, gefunden hatte. Eine schalkhafter als die andere. Sie fragte endlich, was wir essen wollten; wir stellten es ihr frei. Es wäre ohnehin noch von gestern etwas vorräthig, wir Männer hätten bald genug. Sie könne sich übrigens etwas von der Milch kochen, weil sie eine Liebhaberin davon wäre. Sie solle aber wohl Obacht geben, fuhr der Hamburger im Scherze fort; daß ihr nicht Calil Osman aus dem Reiche der Todten erscheine, und ihr die Untreue vorwerfe, die sie gestern an ihm begangen habe. Hier wendete sie sich um, spie bei Anhörung dieses Namens aus, und lief davon; wir aber lachten, und schrien: Bravo! Bravo!

Da sieht man, daß die Gegenwart und der freundschaftliche Umgang eines Frauenzimmers im größten Unglück den Mann aufrichten, und in so weit zur Fröhlichkeit verleiten können, daß er das Ungemach, so er aussteht, nur halb fühlt, und zuweilen auf eine gute Zeit gar vergißt. Dieser Fall war gerade bei uns. Denn die Wahrheit zu gestehen, saßen wir gewiß nicht in einem Rosengarten, und jedes hatte seine gute Portion sehr schwere Arbeit auf sich; und dennoch lief manche kleine Ergötzlichkeit mit unter, die solche erleichterte, und das Bittere versüßte.

Beide machten wir uns wieder zur Arbeit, die uns auch trefflich von statten gieng. Ich grub mit so vielem Eifer in meinem Erdreich, als wenn ich heute noch die ganze Insel umgraben müßte. Als ich nun so eifrigst fortfuhr, erschreckte

mich Azur durch sein jähes Aufspringen; ohne
einen Laut von sich zu geben, eilte er quer durch
ein kleines Wäldchen, wohin wir noch keinen Fuß
gesetzt hatten. Ich wollte ihm anfänglich nach-
eilen, da ich aber zu müde war, und überdies nicht
wissen konnte, was und wie weit er seinen Gegenstand werde verfolgen müssen, blieb ich bei meiner
Arbeit und erwartete ihn. Wie verwunderte ich
mich aber, als ich ihn bald in vollem Lauf auf
mich zueilen sah, ein Thier im Maule, das er
vor mir niederlegte. Ich erkannte es für einen
Haasen, denn es hatte dessen Gestalt, nur waren
die Haare röthlich, und die Beine etwas länger.
Diese Geschicklichkeit meines Azurs war mir lieber, als ein Koffer mit Gold, den ich nicht nutzen
konnte. Noch voll Entzücken über diesen erfreulichen Zufall erblickte ich den Hamburger, wie er
mit einer frischen Ladung in die Bucht eindrang.
Mit Freuden trug ich ihm den Haasen entgegen,
mit dem uns Azur regalirt hatte. Sein Vergnügen war dem meinigen gleich. Eben recht, sagte
er, es befinden sich gerade zwei Fässer mit Weines-
sig unter gegenwärtiger Ladung, ich werde solchen
Abends hinaufkollern, und den Versuch mit einer
Beitze über den Haasen machen; wir haben morgen einen herrlichen Braten zur Abwechselung.
Bei meiner ersten Landung habe ich solche Thiere
in dem Wäldchen angetroffen, wo unsere Nieder-
lage ist, und es kann seyn, fuhr er fort, daß sie sich
gegen Süden gezogen haben, weil wir uns beständig dort sehen ließen. Wenn nur erst die

Schiffsarbeit vollendet ist, und wir von der Insel Kenntniß einziehen können, vielleicht giebt es Thiere, die uns zum Unterhalt dienlich sind. Du magst den Haasen aber unterdessen in die Wohnung tragen, daß er aus der Sonnenhitze kommt und nicht stinkend wird, ich werde ihm Abends die Haut abziehen und ihn beitzen.

Ich schlich mich ganz leise in die Wohnung, um zu sehen, was Elisabeth mache. Ich fand sie vor dem offenen Koffer des Kapitains auf der Erde sitzend, und einen großen Spiegel auf einem Gestelle in der Hand haltend, worin sie sich lange besah. Ich wollte sie nicht erschrecken, und machte ein Geräusche, das sie aufmerksam machen sollte, und gieng hinein. Der Spiegel war aber schon zusammengelegt, und auf die Seite geräumt. Nun, was machst du denn da? fragte ich und küßte sie, gefällst du dir auch so, wie mir? Sie wurde roth, und sah mich an auf diese Frage; ich riß sie aber aus der Verlegenheit, und sagte ihr, daß ich ihr lange zugesehen hätte. Sie gestand mir endlich, daß sie dieser Spiegel sehr freue, weil er besser als der ihrige zeige, und auch um ein ziemliches größer wäre. Allein, sagte sie, ich brauche ihn eben nicht: denn der, dem ich gefallen soll, muß mich jetzt behalten, wie ich bin, ich mag schön oder häßlich seyn. Ich küßte sie für diese Schmeichelei, und gab ihr den Haasen aufzuheben und gieng wieder zu meiner Arbeit zurück.

Ich hätte nicht geglaubt, daß ich in einem Tage soviel verrichten könnte, und doch brachte

ich, weil ich Luft dazu hatte, die ganze Strecke zu
Stande, so daß ich, als der Abend herbeikam,
auch meine ganze Arbeit verrichtet hatte. Ich
gieng dann sehr müde nach Hause, und bald nach
mir kam auch mein Hamburger. Unsere Köchin
hatte inzwischen das Nachtmahl schon in Bereitschaft, und wir ließen es uns trefflich schmecken,
wie es denn bei so schwerer Arbeit allerdings
schmecken mußte.

Bevor wir uns der Ruhe überließen, machte
sich der Hamburger noch über den Haasen, und
beizte ihn in Essig, brachte dann Waizen hervor,
den ich am Morgen aussäen sollte, und sagte mir,
daß ich einen großen Theil des umgegrabenen Lan-
des mit diesem Saamen besäen, einen andern mit
Korn, und einen dritten mit Reis bewerfen sollte.
Bliebe von dem Erdreich aber noch etwas übrig,
so möchte ich es so eintheilen, daß eine Hälfte Erbsen, die andere aber Bohnen empfänge; welche
beide ein angenehmes gutes Essen abgäben. Ich
aber, fuhr er fort, hoffe, wo nicht morgen, doch
gewiß übermorgen mit der Zertrümmerung des
Schiffes fertig zu werden; dann können wir zu
den Gebäuden sowohl, deren wir noch bedürfen,
als auch für unsere weitere Sicherheit Anstalten
machen; um uns auf alle Fälle gegen jeden feindlichen Versuch vertheidigen und unser Eigenthum
beschützen zu können.

Nach diesen getroffenen Anstalten giengen wir
schlafen, und der Gott des Schlafes wiegte uns
sanft ein, um Mühe und Arbeit zu vergessen, und

zur fernern Kräfte zu sammeln. O wohlthätige Gottheit! wie liebst du deine Kinder, und wie sehr sind jene Unglücklichen zu bedauern, die sich deinen Zorn zugezogen haben, und deiner Gnade beraubt ihr Ungemach doppelt fühlen müssen. Ich schmeichelte mir, ein Schooßkind von ihm zu seyn, weil ich von Jugend auf einen guten Schlaf hatte; aus dem mich aber Calil Osman auf der Galeere durch die Falaka ermuntern ließ, wofür er jedoch bald darauf gestraft wurde. Der Zorn der Gottheit war aber durch seine Strafe nicht gestillt, sondern ich mußte derselben, als der beleidigte Theil zu seiner weitern Strafe auch nach dem Tode noch zum Werkzeug dienen, um mich und sie an seiner Verlassenschaft zu rächen.

Mit frühem Morgen unterzog ich mich meinem Geschäfte; und der Hamburger der endlichen Zernichtung des Schiffes. Wir wetteiferten gleichsam, welcher den andern übertreffen sollte. Ich warf mit glücklicher Hand meine Saat aus, und er vollendete mit unbezwingbaren Eifer eine Arbeit, die Schweis und Seufzer expreßte. Und warum? um ein elendes Leben, das uns ein Nichts rauben konnte, zu erhalten.

Da ich sodann ganz abgemattet den letzten Wurf mit den Bohnen gemacht hatte, legte ich mich nach der Länge auf die Erde hin, und mein getreuer Azur sich neben mir. Da ich ihm bei dieser Gelegenheit schmeichelte, merkte ich, daß sich in seinem Leibe etwas bewege; ich betrachtete ihn genau, und erkannte endlich, daß er trächtig sey. Nun war er mir doppelt lieb, denn erstlich war es ein ungemein schöner und großer Hund, und von einer guten Art, was er gestern durch seinen Haasenfang bewiesen hat, und zweitens war seine Liebe für mich, die ihn zur unbezwingbaren Tapferkeit, ja so zu sagen, zur äußersten Wuth verleitete, unschätzbar, wovon er in der Folge ebenfalls Proben sammt seinen Jungen zu meiner Vertheidigung ablegte. Diese Freude mußte ich gleich bei meiner Nachhauskunft Elisabethen, die ihn ebenfalls sehr liebte, auch dem Hamburger erzählen, die über dieses unvermuthete Ereigniß, gleich mir ihr Vergnügen hatten, und ihn von nun an besser pflegten. So richtete es die Vorsicht durchgängig, daß ein und anderes über kurz oder lang zu unserem Besten geschehen mußte.

Unterdessen gieng ich zu Hause, und half meiner Frau in ihrer Beschäftigung, die sie sich so angelegen seyn ließ, als wäre sie von Jugend auf dazu angehalten worden. Der Haase stack am Spieß, und sie drehete ihn mit aller Mühe um das Feuer, ich löste sie nun ab, wogegen sie sich in den Viehstall begab, und auch dort ihrer Verrichtung oblag, bis der Hamburger endlich anlangte, und uns die fröhliche Nachricht ertheilte: daß das Schiff glücklich in unsern Händen sey. Nun fuhr er fort, können wir für unsere innere Einrichtung zu sorgen anfangen, damit, wenn eine andere Witterung einfallen sollte, wenigstens das, was uns der Himmel so gnädig und so wunderbar geschenkt hat, versorgt ist. Dann setzten wir uns zu unsern Haasen, und ließen ihn uns wohl schmecken, theilten aber auch dem Jäns ger redlich mit. Noch heute baute ich für Azur am Eingang unserer Wohnung eine Hütte zusams men, damit er nicht nur bequemer unsere Heerde gegen den Anfall von Raubthieren bewachen, sons dern auch unsere eigene Sicherheit mehr unters stützen könne.

Sechszehntes Kapitel.

Sie treffen noch ein und andere Anstalten, durch-
gehen die Insel inwendig, erlegen einen Auerochsen, finden aber übrigens keine Spur von
wilden Thieren noch Menschen.

Gleich bei Anbruch des Tages, sagte der Hamburger: vor allen wollen wir zu einer großen
Hütte den Anfang machen, worein wir unsere
Güter, die uns der Himmel bescheert hat, vom
Verderben bewahren; und diese soll mit den
Stallungen zusammenhängen, und sich gegen den
Wald zu enden. Auf diese Art war jeder mit
seinem Werkzeug in Bereitschaft, und wir fiengen mit Sonnen-Aufgang damit an, und hatten
bis Mittag die Gruben, wo die Hauptpfeiler
zu stehen kamen, gänzlich eröffnet. Es war
eine Freude zuzusehen, wie flink sich jeder das
bei betrug; denn wir beendeten diese Arbeit sehr
bald. Schon am dritten Tage theilten wir die
Gattungen ab; diejenigen die zu den Lebensmitteln gerechnet wurden, erhielten ihren besondern Platz, und wurden so gelegt oder gestellt,
daß wir in jedem Fall dazu konnten, was aber
nicht von dieser Klasse war, kam zwar auch

ordentlich, nur aber etwas dichter, übereinander, ausgenommen Werkzeuge oder solche Dinge, die wir zu unseren Unternehmungen brauchen konnten. Solchergestalt brachten wir diese Woche alles, bis auf das Schießpulver unter Dach. Für das letztere gruben wir unter den Felsen, der gegen der Bucht zustand, und von unsrer Wohnung beiläufig ein paar hundert Schritte entfernt war, einen eigenen Keller, um es gut zu verwahren, und uns vor allen Schaden zu sichern. Unterdessen, bis dieses zu Stande kam, legten wir es gleichfalls zu den übrigen Gütern, jedoch zu Ende des Gebäudes, und sahen uns nur aus dieser Ursache zufrieden gestellt, daß es vor dem Verderben, wozu ein starker Regen hätte beitragen können, gesichert war. Doch war der Keller zu dem Pulver das erste, was vorgenommen werden mußte, weil wir nicht eher ruhig seyn konnten. Nur wollten wir den Sonntag, um ausruhen zu können, abwarten, dann aber unverzüglich damit anfangen.

Mit abwechselnden Arbeiten verstrich eine geraume Zeit, als ich den Hamburger an die Aufführung eines Backofens erinnerte. Recht gut, sagte er, ist diese Erinnerung, und es soll heute noch geschehen. Wir berathschlagten nun sogleich, und der Entschluß fiel dahin aus, daß solcher neben dem Feuerherd an den Felsen unserer Wohnung errichtet werden solle, weil wir zu den häuslichen Verrichtungen alles gerne in der Nähe beisammen haben wollten, um in der

üblen Witterung nicht weit gehen zu dürfen. —
Er wurde ganz einfach und bequem, so wie wir
ihn brauchten, und leistete uns eben die Dienste,
wie der künstlichste; davon wir heute noch die
Probe machten, um am Sonntag frisch gebackenes
nes Brod zu haben.

Jeder Sonntag war unser Bet = und Ruhe=
tag, um Gott und zugleich auch uns die Schuld
zu entrichten, zu der wir gegen eines und das
andere verbunden waren. Nach eingenommenem
Mittagsmahl nahmen wir einen Spaziergang auf
den Felsen vor, hielten uns aber nicht lange
da auf, da wir uns gegen die Westseite zu, wo
Azur den Haasen gefangen hatte, zu begeben
Willens waren. Wir holten daher im Rückwege
Elisabethen ab, um auch ihr diese angenehme
Gegend zu zeigen. Jeder versah sich mit seinen
Waffen, und so machten wir uns in Begleitung
des Azurs auf den Weg. Wir mußten beiläufig
eine Viertelmeile zurücklegen, bis wir aus dem
Walde gelangten, in welchem Azur sein Wild=
pret erhascht hatte, es war ein sehr ebenes und
mit Gras bewachsenes Erdreich, zu dessen Ende
ein Hügel lag, auf den wir zugiengen. So=
bald wir solchen erreicht hatten, erblickten wir
abwechselnde Schönheiten von Wäldern mit un=
termengten Wiesen, dann Teiche, die mit den
dicksten Gebüschen besetzt waren. Der Anblick
so vieler reizenden Gegenstände erweckte eine all=
gemeine Sehnsucht, dieselben näher zu sehen,
und kennen zu lernen. Es wurde daher ein=

müthig der Schluß gefaßt, mit den folgenden Tag eine Reise zu unternehmen, um eigentlich, so gut es sich thun ließ, die Insel zu unter= suchen. Da wir aber zu diesem Vorhaben, mehr als einen Tag nöthig hatten, und Elisa= beth alleine nicht zurückbleiben würde, so muß= ten wir uns heute noch anschicken, einen Karren zu verfertigen, um darauf unser Proviant und einiges Bettzeug mitzuführen, damit wir leben, und wo wir Nachtlager zu halten Willens wä= ren, uns des Bettzeuges bedienen könnten. Ueberdies wäre es auch, falls Elisabeth ermüdet würde, um sie zu fahren, eine höchst nothwen= dige Sache. Die Begierde trieb uns sodann nach einer kurzen Betrachtung zurückzukehren, um unser Vorhaben zu beschleunigen.

Der Sache ward leicht abgeholfen. Wir nah= men ein Rad von den Kanonen, das uns das ganze Fuhrwerk erleichterte, und in weniger, als einer Stunde war der Karren fertig. Nun mach= ten wir, bevor wir diese Reise, die mehr als einen Tag erforderte, antraten, alle Vorbereitungen, daß unsere Thiere durch die Abwesenheit keinen Nach= theil litten. Wir füllten die Wassergeschirre voll, und stellten dem Geflügel ihr Futter in ganzer Maaße auf die Erde hin, öffneten aber allen die Thüren, um nach Belieben aus und eingehen zu können. Für uns kochten wir einige Schinken und anderes geräuchertes Fleisch, und bereiteten alles zum morgenden Aufbruch.

Die Sonne war noch nicht aufgegangen, als wir schon unsere Betten verließen. Wir nahmen ein kleines Frühstück, das meine Frau in Eile bereitete, und nachdem wir den Eingang in unsere Wohnung mit Brettern verrammelt hatten, verließen wir dieselbe, und traten unsere Reise an. Mit Pulver und Blei versehen, nebst Gewehr und Waffen, und noch überdies von dem tapfern Azur begleitet, konnten wir jeder Gefahr trotzen.

Wir hatten schon von der Spitze des Felsens gesehen, daß die Insel sehr ungleich war, indem sie von Süd-Ost bis Nord-Ost sehr schmal, von Nord-West aber bis gegen Süden sich merklich ausbreitete und erhöhete, wo sie zugleich waldicht wurde. Wir nahmen daher zuerst unsern Weg gegen Süd-Westen, weil wir von der Höhe durch Hülfe unserer Ferngläser am leichtesten ausspüren konnten, ob sich einige Hütten, wo Menschen wohnten, oder Plantagen im niedern Lande befänden.

In dem Walde sahen wir verschiedene große und kleine Vögel, die aber bei unserer Erblickung eiligst die Flucht nahmen. Sobald wir aus dem Walde kamen, war ein steiler Abschuß vor uns, dem wir aber auswichen, und einen gemächlicheren Weg suchten. Wie wir in das Thal gelangten, sahen wir in der Entfernung eine Heerde Thiere, die wir für Schaafe hielten. Wir betrachteten sie mit den Ferngläsern, und fanden, daß wir uns nicht geirrt hatten. Ihre Farbe war hellbraun, sie trugen kleine Hörner, übrigens aber

kamen sie der Größe nach den europäischen gleich.
Diese Entdeckung war vortrefflich. Doch wollten
wir uns durch einen Schuß nicht verrathen, und
ließen solche in Ruhe. Nun schlugen wir uns gegen die Küste. Hier trafen wir Wasser an, wo
Reiher und Wildenten sich aufhielten, aber ohne
sie zu beunruhigen, wendeten wir uns gegen eine
Anhöhe, wo uns ein angenehmer Geruch entgegen
duftete, den allerlei blühende Bäume verursachten.
Hier hielten wir unser Mittagmahl unter dem
Schatten derselben.

Nachdem wir uns eine gute Stunde hier aufgehalten hatten, aber keine Spur von einer menschlichen Seele wahrnahmen, giengen wir weiter,
und sahen bald einige Arten rothes Wildpret auf
den Hügeln herumspringen, wir sahen hier viele
Vögel in den Wäldern, und unter solchen den
schön gefärbten Papagey, nach welchem es Elisabethen gelüstete; allein ihn zu schießen war Schade,
und lebendig zu bekommen, für jetzt eine Unmöglichkeit. Ich versprach ihr aber einen, sobald es
sich thun ließe. Nun mußte sie sich aufsetzen,
weil wir bergab zu wandern hatten. Wir gelangten zu einem Fluß, und sahen einige Schild-
kröten, die an das Ufer stiegen, ihre Eier in san-
digte Oerter zu legen, und fiengen eine von mit-
telmäßiger Größe, welche uns zum Nachtmahl
ungemein zu statten kam. Hier fanden wir auch
Fische von verschiedener Art, hatten aber keine
Angeln, sie zu fangen.

Nun fieng es an Abend zu werden, als wir an eine Anhöhe gelangten. Wir bestiegen sie mit vieler Mühe, die uns aber durch ihren Wohlgeruch, den die vielen Blumen und Zitronen sowohl als Pomeranzenbäume, die theils mit Blüthen, theils aber auch mit Früchten prangten, von sich gaben, reichlich vergolten wurde. Hier erblickten wir in einer weiten Entfernung unsern Felsen, der just mit dieser Anhöhe den Mittelpunkt der Insel ausmachte, und wir muthmaßten, daß die Länge derselben nicht über zehn, die Breite aber etwas über acht Meilen betragen möchte. Und wir haben uns gar nicht betrogen, wie wir bei längern Aufenthalt gefunden haben.

Hier entschlossen wir uns Nachtlager zu machen. Zu welchem Ende wir den Proviant abpackten, und Hamburger die Schildkröte zu kochen Anstalt traf, unterdessen meine Frau die Schlafstätte bereitete. Jedes trug zu dem Besten des andern bei, und so beschäftigten wir uns eines wie das andere. Die Lage war wirklich reizend, und in dieser Rücksicht wünschten wir auch, daß sie unserer Wohnung näher liegen möchte; wobei wir aber doch den Vortheil der Bequemlichkeit keineswegs haben konnten, den uns der rauhe Felsen so vielfältig darbot. Meine Frau, die eine große Liebhaberinn der Wohlgerüche war, pflückte sich eine Menge der Pomeranzen und deren Blüthe ab, davon wir einen guten Theil verzehrten, und uns auf den Weg im Ueberfluß versahen, welches wir aber hätten leicht entbehren können, weil wir morgen im Rückwege mehrere und unserm Wohnort sehr nahe antrafen.

Nachdem wir unsere Leckerbissen verzehrt hatten, giengen wir zur Ruhe, um Morgens desto früher wieder aufstehen zu können.

Kaum war es Tag, als wir uns schon wieder zum Aufbruch bereiteten. Es erhob sich ein sanfter Westwind, der uns recht gewünscht kam, und die Hitze etwas verminderte, die uns drohte. Wir erblickten abermals den Felsen, der uns gestern Abends so angenehm vorkam; bis an die Mitte seiner Höhe hinan sah man nichts, als nackte, steile Spitzen, die sich ungleich über einander erhoben, und an verschiedenen Orten tiefe Spalten und ausgeschwemmte Furchen hatten. Zugleich hörten wir rechts ein dumpfes Gebrüll, wie eines fernen Donners, oder eines wilden Waldstroms, und konnten nicht errathen, woher dieses Getöse rührte.

Noch waren wir in tiefen Staunen, als ich gewahr wurde, daß ein Strom über einen Felsen in die See stürzte, und dieses Getöse verursachte. Wir verließen diese unangenehme Gegend, und lenkten uns nach den hohen Hügeln, die wir gegen Nordwest vor uns sahen. Nach einer Stunde beiläufig erreichten wir dieselben. Wie mußten wir aber lachen, als Azur, der mit mir auf dem Wege voraus war, in einem Augenblick ein Kaninchen erhaschte, das vor ihm aus dem Grase aufstand; nur ein Sprung, und er hatte es. Ein einziger Druck, den er ihm mit dem Gebiße gab,

machte

machte es todt, und so hielt er mir dasselbe vor.
Ich gab es meiner Frau auf den Schoos, die
dies arme Thier sehr bedauerte. Wir hatten noch
nicht zwanzig Schritte zurückgelegt, so hatte er
schon wieder eines; und ich glaube, wenn wir uns
hier länger aufgehalten hätten, wir würden deren
eine große Menge erhalten haben. Denn wie wir
uns diesen Anhöhen näherten, sahen wir viele hundert Löcher, die ihnen zum Aufenthalt dienten. Und
die Witterung, die der Hund vor diesen Löchern
nahm, deutete an, daß einige darinn seyn mußten,
weil er davon nicht weg wollte, und wie ein Vor-
stehhund die Ruthe bewegte. Uebrigens war der
Boden voll Gras, auch hin und wieder Gesträuche,
die den Europäischen Hollunderstauden ähnlich
waren. Wir erstiegen die erste dieser Anhöhen,
und erblickten unsere Felsenwohnung von ferne.
Hier fiel unserm Auge ein sehr schönes Thal auf,
darinnen wir Bäume gegen die Seiten des Ber-
ges voll Blüthen oder Früchten, gleich jenem, wo
wir übernachtet hatten, antrefen. Die Luft war
da vornehmlich durch den süßen Geruch einer Gattung Jasmins und häufiger chinesischer Rosen lieblich durchduftet. Wir fanden verschiedene schöne
Wasserquellen, aus denen hin und wieder Bäche
und kleine Flüße entsprangen, die mit den köstlichsten Fischen im Ueberfluß versehen waren. Alle
diese schmeichelnden Gegenstände machten auf uns
den sanftesten Eindruck, und bestimmten uns, das
Mittagsmahl in diesem so angenehmen Thale zu
halten.

17

Da wir nur kalte Küche hatten, und die zwei Kaninchen bis morgen aufbewahren wollten, war die Speisezeit bald vorüber. Der Hamburger zerschnitt ein Seegeltuch, und verfertigte sich einen Fischtaucher. Wir saßen ihm bei dem Unterhalten zur Seite, und in weniger als einer Viertelstunde hatten wir zwölf der größten Salmen und Aeschen, die wir in einen Keffel mit Waffer setzten und mit uns nahmen. An Pomeranzen und Zitronen mangelte es keinesweges, und man konnte mit Grund sagen, daß dieser Theil der Insel ein Paradies genannt zu werden verdiente.

In den Wäldern fanden wir nicht einen von den Bäumen der nördlichen Länder; aber dafür hat sie die Natur reichlich entschädigt, da sie andere köstliche Pflanzen, die diesem Welttheile eigen sind, hier wachsen ließ. Nebst dem Zimmet- und Muskatbaum fanden wir den Palm- und Kaffeebaum mit tausendfältigen Früchten behangen, über deren Erblickung meine Frau am meisten frohlockte; so auch die Pfefferstaude, und andere Gewürzgewächse mehr. Wir sahen auch in den Hohlungen der Bäume wilde Bienen, worein sie ihr Honig trugen, und andere in kürbisähnlichen Klumpen an den Aesten der Bäume hängen.

So war der untere Theil dieser glücklichen Insel beschaffen. Mit Verwunderung sprachen wir im Fortgehen von all diesen Schönheiten, darein uns die göttliche Vorsicht gesetzt hatte; als wir auf ein sehr dickbewachsenes Gesträuche losgiengen. Mit welchem Entsetzen wurden wir aber befallen,

als wir das Gebrülle eines Thieres in unserer Nähe vernahmen. Mausestill war alles in eben dem
Augenblick und horchte, ob der Laut nochmals
und woher er käme. Ich gab Azurn mit Hand
und Minen zu verstehen, daß er sich still halte und
nicht vordränge. Er verstand mich auch, und hielt
mit gesenktem Schwanze neben mir. Jeder untersuchte sein Gewehr und erwartete, was erfolgen
würde. Meine Frau stand zitternd hinter mir.
Nun erfolgte ein zweiter Laut, viel näher als zuvor, und wir erkannten in solchem die Stimme
eines Ochsen. In der Geschwindigkeit war unser
Entschluß gefaßt, daß ihn Azur aus dem Gebüsche
jagen sollte. Hamburger wollte bleiben, wo er
wäre; ich aber sollte etwas weiter aufwärts gehen,
und den Hund nach ihn hetzen. Als ich mich
hoch genug sah, hetzte ich den Hund an. Wie ein
Pfeil, ohne einen Laut von sich zu geben, schoß er
in das Gebüsch, und gleich darauf hörten wir
ein fürchterliches Gebrülle, wie ihn Azur gepackt
hatte. Doch er machte sich wieder los, und
stürzte blutend aus dem Gebüsche auf die Ebene,
und Azur hinter ihm; ich schrie dem Hamburger, nicht zu schießen, um zu sehen, wie sie beide
kämpfen würden. Es war eine Lust, die Geschicklichkeit und Herzhaftigkeit dieses trefflichen Hundes zu sehen. Der Ochs war wüthend, und setzte
mit seinen Hörnern in Azur, allein durch eine ge-
schickte Wendung übersprang ihn dieser, erwischte
ihn bei der Gurgel und warf ihn zu Boden. Nun
eilten wir ihm zu Hülfe, und zwei Schüsse, die

wir ihm in den Kopf gaben, streckten ihn todt dahin.

Die Gestalt dieses Thieres war fürchterlich; seine schwarzen Mähnen hiengen ihm fast bis auf die Erde, und ein Höcker, den er zwischen den Schultern hatte, vermehrte seine Mißgestalt. Er war übrigens mittlerer Größe und ausnehmender Stärke; doch mußte er bei all diesem anscheinenden Vortheil der Tapferkeit und Geschicklichkeit unseres Hunds unterliegen. Wir muthmaßten, daß es in dieser Gegend mehrere geben müße, und dieser Vortheil blieb uns, wenn es an Fleisch mangeln sollte, immer vorbehalten; wir haben aber niemals Gebrauch davon gemacht, auch keinen gesehen. Wir brachen ihn an der Stelle auf, behielten aber nur die eßbaren Theile des Eingeweides, und fuhren nun, das Thier auf unsern Karren gepackt, weiter.

Aber diese Freude kostete uns auch vielen Schweis, und ich bedauerte nur meine Frau, daß sie deswegen zu Fuß gehen mußte. Wir durchstrichen noch manche schöne Gegend, ohne irgend eine Spur von wilden Thieren, noch weniger von Menschen zu entdecken, und kamen so bei einbrechendem Abend ganz vergnügt in unserer Wohnung an, wo wir alles so wieder antrafen, wie wir es verlassen hatten. Ohne etwas zu essen eilten wir zur Ruhe.

Siebenzehntes Kapitel.

Eintritt der Regenzeit durch ein heftiges Donner=
wetter. Elisabethens Unpäßlichkeit, und Zeichen
ihrer ersten Schwangerschaft. Dann unternom=
mene Vertheidigungs = Anstalten.

Ich ließ mir mit anbrechendem Morgen die Er=
bauung eines kleinen Hüttchens eifrigst angelegen
seyn, um unser Fleisch auf die Selche zu bringen,
während dem der Hamburger in der Bucht mittelst
einer großen Küste, in die er Löcher bohrte, ein
Fischbehältniß zurichtete, um unsere mitgebrachten
Fische beim Leben zu erhalten. Ein und anderes
erreichte ihr Ende. Mein Hüttchen wurde fünf
Schuh hoch; ich brachte darin einen hölzernen
Rost an, worauf ich das Fleisch legte, nachdem
ich es in große Stücke zerhauen, und gut mit
Salz eingerieben hatte. Dann machte ich ein
Feuer darunter, das aber weniger brannte, als
rauchte, welches dem Fleisch auf dem Roste eine
röthliche Farbe, und einen vortrefflichen Geschmack
gab, und es in etlichen Wochen in einen solchen
Zustand brachte, daß man es fünf oder sechs Mo=
nate aufbehalten konnte. Und so verfuhren wir
auch in der Folge mit den Fischen, die wir fiengen.

Der Hamburger, der sich mit seinem Fischbehältniß beschäftigte, merkte, daß durch das Ein-
dringen des kleinen Fäßchens in die Bucht, sich
gleichsam ein Baßin oder Wasserbehältniß for-
mire, bei genauer Durchsuchung desselben aber
erblickte er eben die Fische, nur nicht in der
Menge und Größe, wie wir mitgebracht hatten.
Und diese Entdeckung gewährte uns köstliche Speisen, die wir zur Abwechslung nach Belieben wählen konnten.

Wir saßen eben Abends und besprachen uns
über einige sehr nothwendige Einrichtungen, wie
z. B. über ein Dach, das von unserem Woh-
nungs-Eingang bis unter dem Backofen errichtet
werden solte, damit wir im Trockenen kochen und
backen könnten, als unsere Kühe sammt dem Stierkalb springend und blökend auf ihre Stallung zulie-
fen. Ha, sagte der Hamburger, ich wette, wir haben
bis Morgen einen Regen; ich und meine Frau
lachten über diesen Wetteranzeiger, und er lachte
mit. Nur Geduld, sagte er, wir werden sehen, wer Recht hat? Wir saßen noch keine Stunde, als sich schon der Wind vom Osten her erhob,
und der Horizont zu verdunkeln anfieng. Es
wird viel seyn, fuhr er fort, wenn es nicht mit
einem Donnerwetter ausbricht. Noch redeten wir
davon, als wir schon in der Ferne den Donner
rollen hörten; der Wind wurde von Zeit zu Zeit
heftiger, und zwar so, das ein vollkommener
Sturm daraus ward. Das Ungewitter zog sich
über unsern Felsen hin, und es fieng endlich zu

regnen an. Erst dann verließen wir unsern Platz,
und giengen mit banger Furcht in die Höhle.
Meine Frau besonders, versteckte sich unter das
Bettgewand, um das fürchterliche Donnern nicht
zu hören. Ich und der Hamburger blieben wach,
weil wir doch nicht wissen konnten, was geschehe.
Allein Gott hat uns von allem Zufall bewahret;
denn das Donnern hörte nach einigen Stunden
auf, aber der Wind und Regen hielten an. Wie
wir also von dieser Seite ruhig waren, legten wir
uns nieder.

Unterdessen schliefen wir alle recht sanft bis
am hellen Morgen. Es regnete aber beständig
fort. Doch liegen bleiben durften wir nicht, und
wir giengen zu unserer Arbeit. Vor allem aber
sagte der Hamburger, muß ich auf den Felsen, um
zu sehen, ob sich nichts ereignet habe. Er konnte
aber vermöge dem Nebel, der auf dem Ocean
lag, nichts ausnehmen, und verließ ihn; er
kam hierauf zu mir in die Stallung, und half
mir bei der Melkung der Kühe und Schaafe, von
denen wir bald Junge erwarteten.

Da wir uns nun beredeten, was vorzunehmen
wäre, so sagte ich: Wie wäre es, wenn wir zu
dem Dach, wovon gestern die Rede war, ohngeachtet es regnet, den Anfang machten? es würde das Graben, weil der Erdboden feucht ist,
nicht viel Mühe brauchen, als wenn er trocken
ist? Du hast Recht, war seine Antwort, das ist
das Beste, was wir thun können! Wir giengen
dann, und entschieden, wie die Gruben zu die-

Hauptpfeiler zu machen seyen. Ich holte meine Hauen und Schaufeln, und er maß die Hölzer, und schnitt sie zur erforderlichen Höhe. Der Regen hielt uns im geringsten nicht ab, und wir trotzten ihm auf alle Fälle. Das Dach selbst machte uns keine große Mühe, weil wir es an den Felsen anlehnten, und an Holz überhaupt, so wie an den übrigen Erfordernißen keinen Mangel litten; der Zwergriegel allein, der das ganze Dach an die Felsenwand halten mußte, machte uns Schwierigkeit, doch da wir mit Hacken und Klammen versehen waren, brachten wir alles zu Stande. Bis auf den Abend konnte man trocken kochen, backen und frey hin und wieder gehen.

Nun hatten wir noch eine dergleichen Arbeit vor uns; die aber nicht nothwendig, übrigens aber zu unserer Bequemlichkeit war. Das ist, ein bedeckter Weg von unserer Wohnung bis in die Stallungen, und diese mußte noch hergestellt werden, brauchte aber viel mehr Zeit und Umstände, als das Dach. Wir ließen uns aber nicht abschrecken, und kamen in acht Tagen das mit zu Stande.

Noch hatte der Regen nicht nachgelaßen, obgleich kein Wind wehte. Er hielt ganzer vierzehn Tage unausgesetzt an; welches wir in der Folge der Zeit als eine bestimmte Periode immer voraus wußten. Da wir nun wegen dem üblen Wetter nicht ausgehen konnten, und im Hause nicht viel zu thun war, verfertigte ich eine Art

Kalender, oder Zeitrechnung. Ich hatte freilich alle Gattungen von Schreibmaterialien in des Kapitains Koffer gefunden, allein es war nicht immer Zeit, solche zur Hand zu nehmen, besonders jetzo, da es viele Arbeit gegeben hatte, und noch gab. Um dies zu verhindern, nahm ich einen dicken Pfahl, und grub ihn neben dem Eingang unserer Wohnung rechts in die Erde. Gleich vom Anfang desselben oben über die Quere brannte ich mit einem glühenden Eisen in großen Buchstaben die Worte, so wie sie schon an der Felsenwand mit Kohle geschrieben standen: „Hier sind wir am 22sten Sept. 1744. nach ausgestandenem Sturm von dem Untergang gerettet glücklich an das Land getreten,“ und nach einem kleinen Absatz: „am 26sten dieses nämlichen Monats habe ich mich mit Elisabethen ordentlich verheirathet, welches an einem Sonntage geschehen ist“. Dieses war also das Querstück über den Pfahl, das ein Kreuz formirte. Dann nahm ich einen Bohrer, und machte 365 Löcher, die ich aber durch Querstriche in Wochen und Monate ebenfalls mit glühendem Eisen austheilte, und den Monatsnamen darüber einbrannte; dann machte ich eben so viel Kegelchen als Löcher waren, wovon jene aber, die die Sonntage bedeuteten, ganz schwarz, die die Wochentage aber zeigten, in ihrer Holzfarbe blieben, und besteckte solche in Wochen und Monate eingetheilt ordentlich bis zu Ende des letzten Tages in diesem Jahre. Es verstehet sich aber, daß ich die Besteckung gedachter Löcher leerte bis auf jenen des 15ten Nov. wo ich meine Zeitrechnung angefangen. Damit aber kein Irrthum mit den Kegel'chen geschehen könne, nahm ich eine hölzerne Matrosenschüssel, hieng sie an den Pfahl, und legte die ausgezogenen hinein. Dieses Geschäfte behielt ich mir allein vor, und zog so nach jedem Tage Abends vor dem Schlafengehn meinen Kegel, womit wir zuverläßig wußten, wie wir im Jahre lebten.

Ein liebreicher Ostwind befreite uns endlich von dem Regen, und die Sonne erheiterte Menschen und Thiere. Die jungen Lämmer hüpften um ihre Mütter mit fröhlichen Geberden, und alles was lebte, ergötzte sich an der Schönheit der Natur. Selbst wir, die wir so lange in unserer Höhle zubringen mußten, giengen nun aus um frey zu athmen, und unsern Verrichtungen neuerdings obzuliegen. Wie verwunderten wir uns, da wir uns von dem Kerker, indem wir wider die Gewohnheit eingesperrt waren, entfernten, und uns in die Weite machten, daß die fruchtbaren Regen, die Insel, so zu sagen, verjünget hatten. Die Bäume, die sich in diesem glücklichen Klima niemals entblättern, waren jetzt der Schmuck eines lachenden Grüns. Die Wiesen ein Schmelz neuer Blumen bezauberten Gesicht und Geruch, und gewährten unseren Herzen eine unbeschreibliche Freude und Vergnügen. Die Schönheit aller dieser Gegenstände veranlaßte, daß wir auch unsere Aussaat besehen wollten; aber Ver-

wunderung ergriff uns im höchsten Grade, als wir
dahin kamen. Alles grünte, und versprach die herr-
lichste und glücklichste Aerndte. Der Anblick ergötzte
uns ungemein, da wir Hoffnung hatten, diese nutzbare
Gattung, wenn unser Mehl zu Ende seyn würde, zu
diesem bedürftigen Lebensmittel verwenden zu können.

Noch voll Entzücken über die glückliche Aussicht übersah ich das ganze Feld mit lächelnder
Miene, als ich am Ende des Ackers, wo die Erbsen gebauet waren, sich etwas zu bewegen glaubte.
Ich machte den Hamburger darauf aufmerksam,
und dieser sah es ebenfalls. Nun nahmen wir
unsere Flinten und giengen links und rechts
darauf los. Es war eine Schaar Wildtauben,
die bei unserer Annäherung aufflogen. Allein
wir schoßen beide zugleich in den Schwarm und
erlegten fünf davon; die übrigen zogen sich in
der Eile gegen den Wald und verloren sich aus
dem Gesicht. Azur brachte sie in kurzem zu unsern Füßen zusammen, und wir fanden die Diebe
fett und angefressen, die uns zum Ersatz für den
Diebstahl mit ihrem Fleische, das sehr schmackhaft
war, dienen mußten. Dieser Vorfall veranlaßte
uns, daß wir ihnen nun öfter nachspürten.

Wir konnten uns sonach bei allem unsern
Unglück noch mehr, als glücklich schätzen, da wir
an nichts Mangel litten, und mit allem, was zur
Erhaltung unseres Lebens erforderlich war, nicht
nur im Ueberfluß aus dem Schiffe versehen waren, sondern auch für die Zukunft durch die Fruchtbarkeit der Insel selbst, als auch durch unsern

eigenen Fleiß hoffen konnten. Es befanden sich keine wilden Thiere auf der Insel, von denen wir uns des Lebens wegen fürchten mußten, noch Menschen, die, uns dasselbe oder unsere Güter rauben wollten, und so waren wir, bis auf das einzige, daß wir von aller menschlichen Gesellschaft abgesondert leben mußten, in jeder Rücksicht glücklich.

Unterdessen wollten wir den Anfang mit unserer Arbeit auf der Felsenhöhe machen, weil uns aus mehreren Ursachen daran gelegen seyn mußte. Zu diesem Ende schleppten wir am allerersten vier Kanonen auf denselben, und nachdem wir sie mit Parabeten versehen hatten, stellten wir sie gegen die Seite des Meeres und gaben ihnen die gehörige Ladung, um in jedem Fall immer Gebrauch davon machen zu können. Bei Endigung dieser Arbeit belebte uns eine solche Freude, als wenn wir schon gewiß wüßten, daß wir dadurch von einem augenscheinlichen Tod und endlich von dem einöden Leben errettet würden.

Das Herz im Leibe lachte uns, da wir sie endlich im vollen Stande erblickten, ja wir äußerten sogar den thörigten Wunsch, die Gelegenheit nur bald zu haben, um ihre Wirkung zu versuchen. Freilich lebten wir der Hoffnung, durch einen solchen Kanonenschuß ein vorbei seegelndes Schiff zu unserer Erlösung herbeizurufen. War es aber ausgemacht, daß solches, wenn es uns hörte, uns auch freundschaftlich behandeln würde? Konnten wir nicht in schlechtere Hände verfallen, und es übler mit uns werden, als jetzt? Und

im zweiten Falle, durften wir zwei elende Männer es mit einer Menge Wilden aufnehmen, wenn
sie uns in vertheilten Schaaren und auf verschiedenen Gegenden zugleich eindringend angriffen
und überfielen? Die Probe hat nach Verlauf
einiger Zeit sattsam bewiesen, daß wir in dergleichen Vorfällen ganz anders handeln, wenn der
Fall sich wirklich ereignet, als wenn er nur in einer bloßen Idee besteht, die noch weit entfernt
nur halb möglich zu werden scheint. Doch der
Mensch handelt gemeiniglich so. Unterdessen, da
das Hauptwesen einmal seine Richtigkeit hatte,
ließen wir auch eher nicht ab, als bis auch eine
Wohnung errichtet war, die nach der Hand der
Hamburger größtentheils für sich behielt.

Da ich inzwischen eines Tages vor der Mittagsstunde in der Wohnung etwas zu holen hatte,
fand ich Elisabethen auf ihrem Bette liegend.
Ich erschrack und fragte, ob sie krank sey? Sie
hob ihr Haupt empor und sagte mir, daß ihr
mit einem mal übel geworden sey, und daß sie
sich habe erbrechen müssen. Ich wollte ihr von
der Suppe, die eben mit dem Fleisch am Feuer
stand, zur Labung und Stärkung des Magens
reichen; sie bat mich aber, mit solcher entfernt
zu bleiben, indem sie den Geruch davon nicht vertragen könne. Ich betrachtete sie eine gute Weile,
und drang weiter mit Fragen in sie, als sie mir
endlich entdeckte, daß sie schwanger sey. Ich bat
sie hierauf, sie möchte sich in diesen glücklichen Umständen, so viel möglich, von starker oder erschüt-

ternder Anstrengung enthalten, ich würde sie in
allem vom Herzen gerne überheben. Sie versprach
mir auch zu folgen, doch mußte sie, ehe ich sie
verließ, ein kleines Gläschen Cyperwein trinken,
worauf ihr wieder besser wurde.

Ich konnte die Freude Hamburgern nicht
verhehlen, und erzählte es ihm mit vielem Vergnügen. Mit der Empfindung eines theilnehmen-
den Freundes sagte er: Ich bin eben so entzückt
darüber, als du immer seyn kannst, es liegt uns
nun ob, sie zu überheben und keineswegs zu ge-
statten, daß sie etwas unternehme, was ihr schädlich seyn könnte, ich würde untröstlich seyn, wenn
ihr ein Unglück widerführe.

Ich war nun ein ganz anderer Mensch, seit
dem ich Hoffnung hatte, Vater zu werden.
Meine Arbeiten giengen mir unter den Vor-
stellungen dieses beglückten Namens mit einer Leich-
tigkeit von statten, die mich selbst erfreute, besonders solche, wo ich mußte, daß sie für mein liebes
Weib verrichtet wurden. Ich fühlte mich keineswegs ermattet, wenn sie auch noch so schwer und
vielfältig waren. Doch muß ich auch meinem
Freund Hamburger die Gerechtigkeit wiederfahren
lassen, daß er mich treulich unterstützte, und meine
Frau auch sogar von diesen Verrichtungen abhielt,
die ihr mehr zur Gesundheit als zur Ermattung
waren. Denn seine Hochachtung blieb gegen sie
noch immer die nämliche, die er als Sklave in
Candien gegen sie gehegt hatte.

Achtzehntes Kapitel.

Nothwendige Gebäude zur Unterbringung der Früchte
bei bevorstehender Aerndte beschäftigen beide.
Elisabethens glückliche Entbindung von einem
Knaben, und dann eine schreckbare Entdeckung,
die zur Befestigung ihres Wohnorts Veranlassung giebt. Der erste Jahrstag ihrer Landung
auf dieser Insel wird gefeiert.

So fleissig ich und Hamburger immer arbeiteten,
so fanden wir doch von Zeit zu Zeit Gegenstände,
die unsere Arme zu neuer Thätigkeit aufforderten,
und da wir glaubten, alles vollendet zu haben,
um ausruhen zu können, so fanden wir, daß dies
oder jenes neuerdings gemacht werden müsse. Die
bevorstehende Aerndte hieß uns, zu ihrer Unterbringung Sorge zu tragen, damit, weil uns Gott
so reichlich gesegnet hatte, wir dieselben aufzube-
wahren beflissen seyn sollten. Wir erbauten das
Her in dergleichen Länge an unsere Magazine einige Scheunen, die uns eben nicht gar zu lange aufhielten, denn in Zeit von acht Tagen war alles
fertig, und wir konnten uns gleich darnach zum
Schnitte anschicken.

Da mich Azur, wo ich immer hingieng, zu begleiten gewohnt war, so wunderte ich mich, ihn heute noch nicht gesehen zu haben; ich suchte ihn in seiner Hütte, und fand, daß er geworfen hatte. Sieben Junge lagen an seiner Seite. Allein ich war nicht Willens, so viele Hunde zu erziehen, nahm fünf derselben, und ertränkte sie, und ließ ihm nur zwei kohlschwarze beiderlei Geschlechts. Die Fruchtbarkeit schien die Insel in allen Gattungen zu beglücken. Die Katze, die ich trächtig von dem Schiffe gerettet hatte, ließ sich selten aus Furcht vor dem Hund sehen, doch sagte mir meine Frau, daß, wenn sie dessen Abwesenheit merke, sie zu ihr in die Wohnung komme, und um Nahrung schreie. Heute aber, da ich bei dem Magazin vorbeigieng, erblickte ich sie mit vier Jungen, die an ihr sogen. Ich wollte sie ihr nicht nehmen, weil wir viele sowohl eßbare als andere Sachen hatten, die sie vor den Mäusen bewahren sollten, und um so weniger, weil sie sich da aufhielten, wo ihre Wachsamkeit am meisten erfordert wurde. Doch war ich keinesweges Willens, sie überhand nehmen zu lassen, und ihre Vermehrung durfte niemals über vier sich erstrecken.

Die Aerndte fiel ungemein glücklich aus, so, daß wir von jeder Gattung der Aussaat vier volle große Fäßer füllen konnten, und wir überlegten, daß, wenn wir jährlich nur so viel aussäeten, wir dennoch bei einem Misjahre doch allezeit zum Lebensunterhalt sowohl, als zur Aussaat, auf ein Jahr vorräthig haben würden. Die Erbsen und

Boh=

Bohnen wurden endlich auch reif, und wir hatten
den Vortheil, daß wir solche, so lang sie grün
waren, als Zugemüse kochen konnten, welche mit
Lammfleisch meine Frau unverbesserlich zurichtete,
überhaupt auch eine ihrer Lieblingsspeisen war.

So verstrich die Zeit unter beständiger Arbeit
dahin, und ich sah mit Sehnsucht und banger Hoffnung dem Augenblick entgegen, wo meine liebe
Elisabeth Mutter werden würde; nur rief ich zu
Gott, um eine glückliche Entbindung derselben, welches allein, wenn ich darauf dachte, mir die Haare
zu Berg steigen machte. Unerfahren und jung,
wie sie war, wenn die Geburt hart oder wohl
gar unglücklich würde, wie sollte sie sich betragen,
wie der Noth abhelfen? Ich war niemals bei
dergleichen Geschäften, und wußte ihr ebenfalls so
wenig zu rathen, als sie sich selbst. Unser beider-
seitiger Trost bestand auf dem Hamburger, der
uns wegen der Geschicklichkeit in der Chirurgie,
so er besaß, wovon er auch an mir die Probe abgelegt, allein einen glücklichen Ausgang hoffen ließ.
Dieser unvergleichliche Mann, dem wir vieles zu
verdanken hatten, verfertigte ohne unser Wissen
aus Dankbarkeit zu seiner gewesenen Gebieterin
einen eigenen Sessel zu diesem Vorhaben, um ihr
die Geburt zu erleichtern, nach Art derjenigen,
wie sie in seinem Vaterlande üblich sind, überzog
ihn mit rothem Tuch, und hob ihn bis zum Augenblick des Bedürfnisses ganz geheimnißvoll auf.

Unterdessen richtete sie sich alles zur Hand,
was sie sowohl für sich selbst, als für das Kind,

18

so sie hoffte, von keinenzeng brauchen könnte. Sie
war in ihrer ganzen Schwangerschaft gesund, und
hatte während der ganzen Dauer derselben außer
den ersten Symptomen keinen weitern Anstoß von
Unpäßlichkeit. Um ihr zuweilen einen fröhlichen
Muth zu machen, suchte ich das Flageolet her=
vor und blies. Dies durfte sie nicht hören, so
war sie als Elisabeth gleich wieder die zärtliche
Fatime, und auch nicht mehr von meiner Seite
zu bringen; ja, sie gestand mir nach der Hand,
daß ich durch dieses Instrument allein ihr Herz
gerührt, und sie in mich verliebt gemacht hätte.
Darum, sagte der Hamburger, hat sich auch Calil
Osman an ihm gerächet und ihn verhindert, daß
er nicht so zärtlich, wie vorher, blasen sollte. —
Bei diesen Worten lachte sie und eilte davon.

Es rückte nun von Tag zu Tag der Zeitpunkt
näher, wo unsere insularische Gesellschaft um eine
Person vermehrt werden sollte. Es war an einem
Sonntag früh, als sie über häufige Schmerzen im
Kreuz klagte. Hamburger als erwählter Geburts=
helfer hörte ihr Gewinsel, fühlte ihr nach dem
Puls und ließ ihr zur Ader. Wir stellten ihr mit
gelinden Worten die Nützlichkeit derselben vor, und
sie bequemte sich nach ihrem sanften Charakter
gleich dazu. Das Blut machte einen starken Bo=
gen, und wir wünschten ihr Glück. Er verband
ihr die Ader, und wir trugen sie auf das Bette.

Wir hatten kaum das Mittagsmahl geendet, als
sie die Schmerzen zudringlicher fühlte, und zu
jammern anfieng. Der Hamburger, der sich schon

gefaßt hielt) gieng zu ihr, und fragte, ob sie Zutrauen zu ihm habe? Ach, sagte sie, ja! warum
soll ich es nicht haben, da sonst niemand zugegen
ist, der es verstände. Er gieng dann in das Magazin, und brachte den Sessel, über den wir uns
sehr verwunderten. Sehen Sie, fuhr er fort, wie
sehr ich auf Sie bedacht bin; sobald Sie sitzen
werden, ist alles vorüber. Und in der That, in
weniger als einer Viertelstunde hatte ich einen
Buben, der seiner Mutter reizendes Ebenbild war,
auf meinen Armen. Vor Freuden weinte ich, und
benetzte ihn mit meinen Thränen. Der Hamburger traf übrigens alle Anstalten, die sowohl zum
Besten des Kindes als der Wöchnerin erfoderlich
waren. Ich war nun nicht von ihrem Bette wegzubringen, wovon mich der Hamburger auch selbst
mit der Redlichkeit eines wahren Freundes nicht
zu weichen ermahnte, indem ich die Dienste einer
Wochenwärterin zu versehen hätte, die mir in
deren Ermanglung nur allein geziemten; er wolle
schon dem übrigen, was nöthig seyn würde, abhelfen.

Da der Bube frisch und gesund war, ver-
schob ich die Taufe bis auf morgen, und legte
ihn an die Seite seiner Mutter, die ihn denn,
so oft sie ihn anblickte, küßte. Bei Erblickung
desselben, sagte sie, habe sie alle Schmerzen vergessen. Ich umarmte sie mit all der wonnigen
Empfindung, die mich beseelte; indem sie sanftes
Entzücken durchströmte, und ihre Wangen mit
Thränen netzte.

Während ich Elisen alle mögliche Treue bei dem Wochenbette leistete, sorgte ihr dienstlicher Freund für sie mit den kräftigsten Suppen und solchen Speisen, die ihrem zarten Körper und der Lage ihrer Umstände am zuträglichsten waren. Am andern Tag tauften wir das Kind, und gaben ihm den Namen Friedrich.

Elise erholte sich auch bald wieder von ihrem Kindbett, und übernahm die häuslichen Sorgen, die mir und Hamburgern bisher zur Last gewesen waren. Nur so etwa acht Tage war ich mit dem Kleinen, und das nur zur Nachtzeit beschäftigt, nach dieser Zeit war Elisabeth meistens auf, und meine weitern Sorgen und Bemühungen hatten ein Ende; ohne mir jemals zu erlauben, daß ich mich damit abgeben sollte, wie ich vorhin gethan. Du hast, sagte sie, andere Geschäfte genug, du brauchst dich mit diesem nicht abzugeben. —

Diese Epoche zeichnete ich erstens mit der Kohle an die Felsenwand, dann mit glühenden Eisen auf dem Obertheil meines hölzernen Kalenders folgendermaßen: Den 28. Juni 1745 Nachmittag um 3 Uhr ist mir mein erster Sohn gebohren, und den Tag darauf unter dem Namen Friedrich getauft worden. — Und so that ich bei jedem außerordentlichen Ereigniß, das sich auf der Insel zutrug, damit es sowohl uns im Gedächtniß bliebe, wenn wir es vor Augen sähen, als auch, wenn wir nicht mehr seyn würden, und andere nach uns dahin kämen, selbige sich darnach richten könnten.

Es war an einem Sonntage, da ich mit meinem Hund spazieren gieng, um zu sehen, ob ich nicht einige Wildtauben schießen könnte, die wir schon einige Zeit nicht gekostet hatten, und eben heute nach solchen Lust bekam. Ich war nicht weit in die Gegend unserer Aecker gekommen, als ich dieselben in einem Fleck beisammen sah, ich schlug an, und erlegte durch diesen Schuß vier Stück, die todt liegen blieben, merkte aber, daß noch drei derselben währendem Fluges auf die Erde stürzten, die gelähmt seyn mußten, auf diese deutete ich dem Hunde, und er brachte mir eine nach der andern, die ich gar erwürgte, und vergnügt über diese Jagd mit meinen sieben Tauben zurückkehrte. Als ich in die Gegend der Bucht kam, wollte ich sehen, was unsere Fische im Behälter machten; ich stieg dann hinab und erblickte etwas am Strande, welches ich anfänglich für ein Stück Holz hielt, und nicht achtete. Ich unterhielt mich mit den Fischen, die ich alle frisch in ihrem Behälter wahrnahm. Die Neugierde trieb mich aber das Ding näher zu betrachten, und ich sah zu meinem Erstaunen, daß es ein hohl ausgebrannter Baum sey, dessen man sich statt eines Nachens bedient habe, der mit einem Ruder versehen, und das mit Bast an selbigen fest gemacht war. Da ich dergleichen Fahrzeuge in Menge am grünen Vorgebürge gesehen hatte, die bei europäischen Nationen gar nicht üblich sind, so schloß ich gleich, daß es Wilden gehören müsse, die vielleicht in einer uns nahen Insel sich befänden. Das Herz schlug

mir bei dieser mehr als muthmaßlichen Sache
gewaltig, und ich war zweifelhaft, ob ich es liegen laſſen, oder aus dem Schlamm, in dem es feſt
ſaß, heraus nehmen ſollte. Doch, was ſollte ich
es hier verderben laſſen, dachte ich, und gieng am
Strande hin und zog es auf das Trockene. Mittlers
weile war Azur weiter rechts oberhalb der Bucht
in einem Gebüſche am Ufer und gab Laut von ſich.
Ich eilte auf ihn zu; der Hund ſtand vor, wedelte
mit der Ruthe, und ich war der Meinung, es
ſey ein Wild, das ſich im Gebüſche verwickelt habe,
hielt meine Flinte bereit, und ſchlich ganz ſachte
darauf zu; ich ſah von ferne gleich, daß es etwas
Großes wäre, das mir ſchwarz ſchien, ſich aber
nicht bewegt. Ich trat näher, fuhr aber mit
Entſetzen über den Anblick eines todten Wilden
zurück, und fiel nach der Länge in den Schlamm,
daß ich mehr einem Schwein, als einem Menſchen
ähnlich ſah. Ich konnte mich nicht geſchwind genug aufmachen, um dieſes ſchauderhafte und zugleich ſehr bedenkliche Schauſpiel dem Hamburger
zu melden. Dieſer hörte mich mit eben dem Schrecken an, als ich es erzählte, und wir giengen,
daſſelbe näher zu betrachen. Es war ein großer,
ſtarker Menſch, ſchwarz, mit glatten, nicht krauſen
Haaren, übrigens aber nackend, der ſchon in die
Verweſung übergegangen und größtentheils von
den Fiſchen verzehret war. Wir ließen ihnen den-
ſelben zur Nahrung, und betrachteten das Kanoe,
das uns gänzlich überzeugte, daß es ein Fahrzeug
einer wilden Nation ſey, die nicht weit von uns

eine Insel bewohnen müßten, von welcher sie der
Jagd oder der Früchte wegen auf die unsrige übers
führen, und bei entstehendem Sturmwind mit diesen
schlechten Fahrzeugen zuweilen scheitern, wie es dies
sem Unglücklichen auch ergangen wäre.

Dieser unangenehme Zufall schlug uns mit ein
mal zu Boden. Die Furcht, unser Leben unter
den Händen dieser Unmenschen zu verlieren, brachte
uns zu einer Entschließung, die in dieser Rücksicht
ohne Zeitverlust ausgeführt werden mußte. Denn,
sagte der Hamburger, entdecken sie, daß Menschen
auf der Insel wohnen, was ihnen wohl noch ein
Geheimniß seyn muß, so haben wir sie richtig auf
dem Halse, und sie werden nicht eher ruhen, bis
sie uns vernichtet und sich unsers Hab und Guts
bemächtiget haben. Um ihnen aber darin zuvor-
zukommen, wollen wir um unsere Wohnung eine
starke Verschanzung anlegen, und selbige mit den
Kanonen besetzen, die ihnen gewiß die Lust vertreiben sollen, und wodurch wir sie allein abzuhalten
im Stande sind. Ein ungefährer Zufall kann uns
entdecken, und sie locken; sind wir aber einmal so
hergestellt, so können wir sie weit ruhiger erwarten,
und dann soll ihnen unser Leben theuer zu stehen
kommen.

Der Hamburger war nun Ingenieur und For-
tifikations-Direktor. Nach seinem Plan wurde
von dem Ende der Felsenwand bis gegen den
Wald, wo unsere Kornschupfen waren, durch und
zwischen den Bäumen eine Linie gezogen, die wir
mit Pfählen von ein und einer halben Klafter hoch

besetzten, gut mit Brettern anzogen, und in dieselbe Einschnitte machten, um unsere Kanonen,
die auf Parabesen gestellt wurden, gegen sie spielen
zu lassen; wobei wir auch Schießscharten anbrach-
ten, um mit dem kleinen Gewehre gegen sie zu agi-
ren. Sobald' dieses auf der Ostseite vollzogen
war, machten wir uns an die Westseite. Hier
wurde die Linie von dem Aufgang auf den Felsen
an gegen das Ende unserer Stallungen hin auf
eben die Art gezogen und eingerichtet, wie jene
gegen Osten. Von Süden und Norden hatten wir
ohnedies nichts zu befürchten, weil die Felsen allen
Zugang versperrten. In der Mitte jeder Linie
war eine Thüre, deren jede links und rechts mit
zwei Kanonen besetzt war, so daß auf beiden Ver-
schanzungslinien in allen acht Kanonen aufgepflanzt
standen, die ihnen, wenn sie es wagen sollten, Tod
und Verderben drohten.

Mit diesen fürchterlichen Anstalten brachten
wir volle zwei Monate hin, die uns vielen Schweis
und Arbeit kosteten, aber nach ihrer Vollendung
auch das Vergnügen machten, etwas ruhiger athmen zu können. In dreien Tagen hernach fiel der
Jahrstag ein, an welchem uns Gott von dem
Schiffbruch errettet, und auf die Insel versetzt
hatte, welchen wir auch feierlich begiengen.

Neunzehntes Kapitel.

Neue häusliche Nothwendigkeiten beschäftigen sie. Elisabethens zweite Schwangerschaft. Aussaat ihres Korns, dann eine angenehme Jagd. Sie werden endlich von denen Wilden auf der Insel besucht, die sie aber alle erlegen, und ein sechszehnjähriges Mädchen vom Tode erretten.

Wir hatten bisher an nichts Mangel gelitten, das zur menschlichen Nothdurft erforderlich war, als an Kerzen, um uns bei Nachtzeit Licht zu verschaffen, das wir bisher nicht allerdings bedurft hatten. Doch jetzt, da der kleine Fritz zuweilen unruhig wurde, und Elisabeth ihn im Finstern nicht so pflegen konnte, wie es der Umstand erforderte, wurde dasselbe zu einem höchst nothwendigen Bedürfniß, und ich dachte auf Mittel und Wege demselben abzuhelfen. Wir hätten freilich das Fett von dem Auerochsen besser benutzen sollen, als wir wirklich gethan hatten, allein wir waren noch nie im jetzigen Falle, um unumgänglich Licht nöthig zu haben. Nach vielem Hin- und Hersinnen fielen mir zum Glück die Oehlfässer ein, die wir gerettet hatten. Ich nahm einen guten Theil davon, und trug ihn in die Wohnung; da ich aber auch wußte, daß wir mehrere Päcke mit Wolle besäßen, holte ich mir auch solche, spann sie zwischen den Fingern zu einen hinlänglich dicken Dochte, und so bereitete ich auf einer Kasseh-Schaale ein Nachtslicht, das uns herrliche Dienste leistete.

Der Hamburger, der nun von der Zeit an, als der todte Wilde sammt dem Kanoe in unserer Gegend gefunden ward, seine Wohnung auf dem Felsen genommen hatte, überließ uns die untere Gelegenheit gänzlich; und so waren wir nur bei Tage, wo uns die Arbeiten gemeinschaftlich aufforderten, beisammen.

Nun rückte die Aussaat heran, mit welcher wir auf die vorige Art verfuhren, und uns immer dabei gut befanden; mehrere aber anzubauen, waren wir nicht Willens, weil uns der Ueberfluß unnütz schien, den wir nicht aufzehren könnten. Die erste Fechsung war so reichlich ausgefallen, daß wir es in zwei Jahren nicht aufzehren würden, weil wir mit andern Lebensmitteln häufig versehen waren.

Was uns nun das nothwendigste vor allem noch schien, um sagen zu können, daß wir in unserem Hauswesen alles hätten, war eine Mühle; wozu der Hamburger auch Rath schaffte, die er aber der Idee nach, wie er sie in Holland gesehen hatte, zusammenstümpelte. Sie war freilich kein Meisterstück, weil sie anfangs gar nicht gehen wollte, nach und nach aber, durch gemachte Abänderungen dennoch brauchbar wurde; und was hatten wir anders nöthig, als daß sie uns Mehl

verschaffte? das that sie auch, und mehr brauchten wir nicht.

Unterdessen da wir in verschiedenen Dingen
unsere Einrichtung besorgten, fieng meine Frau
wieder an, über Ekel und Magenschmerzen zu
klagen, und da ihr zuweilen beim Essen dieses
aufstieß, so sagte der Hamburger, daß für dergleichen Uebel nichts dienlicher wäre, als etliche
Minuten in dem rothen Sessel zu sitzen, der in
solchen Umständen das bewährteste Mittel abgeben
würde. Sie lachte, — wurde roth, und entfernte sich. So sind aber die Weiber überhaupt.
Sie geben die erste Gelegenheit, und bilden sich
auf die Entdeckung dergleichen Umstände ungemein
viel ein; wollen aber doch die Verschämten spielen, nachdem sie es blos darauf angelegt hatten,
damit man ihre heimliche Freude erfahre, und
ihnen Glück wünsche. O, ihr Schlauköpfe! wie
hintergeht ihr die armen Männer, die schwach
genug sind, euren Maximen zu trauen! ich selbst
finde mich als würdiges Mitglied dieser unzähl-
baren Gesellschaft, und pm so mehr hoffe ich,
wird man mir glauben, je weniger es giebt, die
sich die Wahrheit zu sagen, nicht selbst vor der
Wahrheit schämten.

Da Elisen nach frischen Pomeranzen gelüstete,
so konnte ich ihr den Gefallen wohl erweisen, einige zu bringen. Ich nahm daher den Schub-
karren nebst einigen leeren Säcken, und gieng mit
allem Gewehre versehen unter der Leibgarde meiner drei Hunde mit Anbruch des Tages von unser

Wohnung in die Gegend, wo ich wußte, daß
solche zu haben wären. Im Hinwege fieng Azur
gleich einen schönen großen Haasen, wobei ihm
die zwei Jungen, als eifrige Lehrlinge, freudig
beistanden; übrigens aber stieß uns sonst nichts
auf. Es war beiläufig eine Stunde vor Mittag,
als ich in dem Gewürz-Wäldchen, wie ich es
nannte, ankam. Ich legte mich vor allem
unter den Schatten der wohlriechenden Bäume,
um mich zu erquicken, und verzehrte den mits
genommenen Hammelbraten in Gesellschaft meiner
drei Jäger redlich, wozu mir eine Bouteille des
köstlichen Weins, so van der Winden als ein
Geschenk nach dem Tode hinterlassen hatte, zur
bessern Verdauung dienen mußte. Nach einer
Stunde verließ ich die Ruhe, und füllte zwei
Säcke mit Pomeranzen, zwei mit Kaffehbohnen,
und einen mit andern Gewürzen, die in Menge
auf der Erde lagen; vergaß aber keineswegs die
so sehr beliebten Pomeranzen-Blüthen für Elisas
bethen zu pflücken, mit welchen ich wußte, daß
ich ihr ein Vergnügen und mir einen Kuß verschaffen würde; und da ich bei dieser Gelegenheit
gar ungemein schöne Zitronen fand, so füllte ich
auch von diesen einen Sack, und machte mich
auf den Rückweg.

Als ich in die Gegend kam, wo Azur letzthin
den Ochsen gefangen hatte, standen meine Hunde
still und spitzten die Ohren. Im Augenblick
sprang ein Hirsch heraus, den Azur auf den vier-
ten Satz schon bei der Gurgel hatte und nieder-

riß. Die beiden andern waren auch nicht müßig, und bißen ihn vollends todt. Ich brach ihn auf, spülte ihn aus, und lud ihn auf meinen Karren. Ziemlich ermüdet gelängte ich endlich zu Hause an, ohne daß mir etwas besonderes aufstieß.

Der Hirsch gab dem Hamburger heute noch die Hände voll Arbeit, indem er Morgen Sonn=tags zur Speise dienen, der Rest aber gedöckelt oder geräuchert werden sollte. Wir wurden spät damit fertig, und giengen endlich zu Bette.

Sobald der Tag angebrochen war, verfügte sich jedes zu seiner häuslichen Arbeit, dann früh=stückten wir, und verrichteten unsere Andacht. Und da wir heute einen so köstlichen Braten vor uns hatten, so war ich und der Hamburger um so mehr beschäftigt, als meine Frau wegen dem Fritz, und ihrer zunehmenden Leibesbürde ver=schont werden mußte. Es wurde aber alles be=stritten, und von uns mit bestem Appetit genos=sen; nachher Kaffeh getrunken, und dann gieng ich und der Hamburger auf den Felsen, um uns durch die Aussicht auf das Meer zu ergötzen.

Noch waren wir keine Viertelstunde beisam=men, als mir schien, in einer großen Entfernung was zu sehen, das sich bewege. Ich machte den Hamburger aufmerksam, und wir erkannten durch die Ferngläser wirklich zwei Kanoes, auf welchen man Menschen sitzen und rudern sah. Da wir vermuthen konnten, daß sie an unserer Insel lan=den, und vielleicht gar über Nacht da bleiben möchten, so wollten wir abwarten, an welcher

Gegend sie anlegen und aussteigen würden, um nach Erforderniß mehrere Maßregeln zu nehmen. Sie ruderten mit allen Kräften, und nach einer guten halben Stunde sahen wir sie oberhalb unserer Bucht wirklich landen. Es waren in beiden Kanoes ihrer nur sechs, alle nakend und schwarz, und trugen einen gebunden aus dem ersten Kanoe, den sie auf die Erde legten; in dem zweiten Kanoe aber schien uns eben einer gebunden zu liegen, den sie noch darin ließen.

Vor Schrecken konnten wir uns nicht gleich fassen; wir bebten beide, und wußten nicht, was wir machen sollten. Doch verließen wir sie mit keinem Auge. Sie begaben sich mit dem Gebundenen, dem sie die Füße auflöseten, damit er gehen konnte, mehr als zweihundert Schritte von ihren Fahrzeugen weiter landeinwärts. Dann fiengen sie zu tanzen an, während dem einer Feuer machte, das wir aber nicht wahrnahmen, wie er es zuwege gebracht hatte. Sobald sie Feuer hatten, trugen sie Holz von allen Seiten zu, und zündeten es mit dem brennenden Stück an. Nun schlug einer mit einer Kolbe den Gebundenen auf einen Streich zu Boden. Dieser Auftritt erschreckte uns so, daß uns ein kalter Schauer überlief, und wir in den Erdboden zu versinken glaubten. Doch das Schrecklichste war noch nicht vorüber. Sie schnitten ihm den Leib auf, rissen die Eingeweide heraus, lößten endlich die Glieder ab, legten sie an das Feuer, und so

halb gebraten verzehrten sie solche mit der Ge-
fräßigkeit eines reißenden Tigers.

Der Grimm über diese Unmenschlichkeit flamm-
te uns zur Rache wider sie an. Ich schrie, es
sind Menschenfresser, sind Cannibalen, wir wollen
sie angreifen, sie vertilgen! Denn, sagte ich:
es hat den Anschein, daß sie sich für heute mit
diesem begnügen, und den zweiten auf Morgen
sparen, sollten wir sie über Nacht auf der Insel
gedulden, und uns ausspähen lassen, damit, wenn
sie in ihre Insel zurückkommen, sie ihren Lands-
leuten unsere Lage entdecken, diese in großen
Schaaren uns überfallen, und gleich diesem Unglücklichen auffressen könnten? Nein, sagte ich,
so weit wollen wir es nicht kommen lassen, sie
müssen heute noch angegriffen und alle vertilgt
werden, damit keine Kenntniß von uns hinüber
gelange.

Der Hamburger war gleichen Sinnes mit
mir. Wir beschlossen sodann, sie auf der
Stelle zu überfallen. Jedoch müssen wir ihnen
den Weg zu ihren Kanoes verwehren. Dafür
antwortete ich, sollen unsere Gewehre sorgen;
Azur, und die zwei jungen Hunde, hoffe ich,
werden auch dazu beitragen.

In dieser Gemüthsverfassung eilten wir über
den Felsen herab, und ich sagte zu Elisabethen:
Sey ruhig, mein Schatz! wir haben ungebetene
Gäste auf der Insel, wir müssen sie vertreiben,
bevor sie uns schaden können. Sie wurde ganz
blaß, und ich bat sie nochmals, nicht zu erschrecken;

Gott wird uns in unserer gerechten Sache beistehen. Nur fürchte Dich nicht, damit Du Dir
nicht selbst schadest. Dann gürtete ich meinen
Pallasch um, nahm eine Kugelflinten, und das
doppelte Rohr, und nachdem beide gut und sicher
geladen waren, giengen wir unter Begleitung
aller drei Hunde aus dem Thor unserer Verschanzung auf sie los.

Wir eilten mit haftigen Schritten unter den
Bäumen auf ihre Kanoes zu; doch deutete ich
vorher den Hunden, die mir nachfolgten, stille
zu seyn. Sie konnten uns nicht sehen, weil
das Gebüsche, wo sie saßen, dick war, und wir
giengen immer so, daß wir ihnen, sie mochten
sich auf die eine oder die andere Seite wenden
wollen, den Weg zu ihren Fahrzeugen zu nehmen unmöglich machten. Da wir nun das
Ende des Gebüsches fast erreicht hatten, gegen
dessen Spitze es ganz dünne wurde, machten wir
Halt, um wo möglich zu sehen, was sie machten,
und wie wir sie angreifen könnten. Sie saßen
noch alle sechs, und jeder derselben hatte ein
Glied des Unglücklichen zwischen den Zähnen,
mit welchen er das Fleisch von den Knochen her-
unterriß, und mit Frohlocken verschluckte. Sie
waren nicht dreißig Schritte von unserm Hinter-
halt. Ich gab dann Hamburgern das Zeichen
zum Angriff. Unterdessen erhob sich einer, gieng
zum Feuer, und nahm sich ein frisches Stück.
Es war ein großer baumstarker Kerl; auf diesen
legte der Hamburger an, und ich mit dem Doppelrohr

rohr unter die Sitzenden; wir drückten beide
zugleich los. Hamburger streckte seinen Mann
gerade ins Feuer. Sobald der Schuß geschehen
war, sprang Azur in Begleitung der zwei Jungen durch das Gebüsche dem Schuß nach, und
wir um die Spitze desselben mit gespanntem Hahn.
Allein drei lagen schon in dem Grase, und Azur
hatte eben einen bei der Kehle, den er zu Boden riß. Auf diesen eilte der Hamburger, und
schlug ihn mit dem Flintenlauf vor den Kopf,
daß er zappelte, die andern zwei begaben sich
auf die Flucht. Aber den einen von ihnen packten die zwei jungen Hunde von hinten, daß er
jämmerlich schrie, sich aber ihrer nicht erwehren
konnte, und fallen mußte, worauf sie ihn dann
vollkommen erwürgten. Auf den noch in der
Flucht begriffenen hetzte Hamburger den Azur, sobald derjenige, den er zuerst anfiel, getödtet war.
Dies war ein Kerl, wie ein Riese, und schnell
wie ein Reh; allein Azur sprang ihm im Lauf
auf den Rücken, riß ihn mit beispielloser Wuth
rückwärts zu Boden, und biß ihm durch etliche
Drücke die Gurgel ab.

Nun lagen sie alle sechs in ihrem Blute,
mit dem Fleisch ihres Bruders zwischen den Zähnen. Es war ein schauderhafter Anblick, bei dem
uns sowohl in Betracht ihrer, als selbst der frischen Brandstätte, um welche die Gebeine und
der Schädel des getödteten Unglücklichen lagen,
von denen die Barbaren das Fleisch um und um
abgefressen hatten, für Abscheu die Haare em-

19

vorsliegen, und uns ganz mit Schrecken erfüllte. Wir besahen sodann jeden dieser Unmenschen, ob sie wirklich todt wären. Wie erstaunten wir aber, als wir unter den anfangs Getödteten ein Weib von beiläufig zwanzig Jahren erblickten, welcher der Schuß mit dem Doppelrohr mitten durch die Brust gefahren war, und ich zweifelte daher keinesweges, daß der Schuß, den ich unter sie gethan hatte, als sie beisammen saßen, diese und ihren Nachbar zugleich getroffen habe, weil ich und der Hamburger nur einmal abgefeuert hatten. Sie waren aber alle dahin. Wir ließen sie unterdessen liegen, und wollten das zweite Schlachtopfer ihrer unmenschlichen Grausamkeit, so noch in dem Kanoe zitternd lag, besehen. Dieses elende Geschöpf war an Händen und Füßen, wie ein Schwein, gebunden, und winselte, als es uns erblickte. Wir waren unschlüssig, was wir thun sollten: denn, sagte der Hamburger, lassen wir ihn leben, so ist es nothwendig, daß wir ihm die Freiheit geben, sich mit seinem Kanoe nach seiner Insel zu verfügen, alsdann aber haben wir eben das durch ihn zu befürchten, wogegen wir uns durch die Erlegung der andern verwahren wollten. Ihn gleichwohl zu tödten, der uns nicht zu beleidigen hiehergekommen war, wäre unerlaubt. Was ist also mit ihm zu thun? Von Mitleid durchdrungen, wollten wir ihn bei uns behalten, wenn wir hoffen dürften, daß er gut thäte; wenigstens glaubten wir einen Gehülfen in der Arbeit an ihm zu haben. Ganz von Menschengefühl eingenommen, stieg ich in das Kanoe, und lößte den Bast, mit dem Hände und Füße gebunden waren, auf; aber mit Verwunderung sah ich, daß es ein schönes, gut gewachsenes Mädchen von ohngefehr sechszehn Jahren war. Ich gab ihr zu verstehen, daß sie aus dem Kanoe an das Ufer steigen sollte; allein sie konnte sich nicht aufrichten. Die Bande hatten ihr die Gelenke steif gemacht, die noch überdies stark geschwollen waren. Sie redete eine Menge von Worten in dem kläglichsten Tone, die ich nicht verstand, und geberdete sich übrigens so, als ob sie uns bäte, sie nicht umzubringen und zu fressen. Mein Herz wurde dadurch sehr gerührt, und ich trug sie aus dem Kanoe. Sobald ich sie auf den Boden gesetzt hatte, umfaßte sie meine Kniee, und winselte, wobei sie sich so anklammerte, daß ich nicht von der Stelle konnte. Dieses aber wär ihr beinahe übel bekommen: denn Azur, der mir auf den Fußtritt folgte, fuhr mit dem größten Grimm auf sie los, als sie sich so um meine Beine hieng, und nur meine äußerste Vorsicht und mein ernstes Drohen gegen den Hund, konnte ihn abhalten, daß die Unglückliche von ihm nicht mißhandelt wurde.

Da sonach dieses traurige Spektakel glücklich vollendet war, und wir die Getödteten nicht länger vor unsern Augen sehen wollten, gieng ich in die Wohnung zurück, um Werkzeuge zu ihrer Verscharrung zu holen, und zugleich meine

Frau aus der Unruhe zu reißen, in der sie wegen des Ausgangs unsers Unternehmens natürlich schweben mußte. Bei meinem Eintritt in
die Verschanzung sah ich Elisabethen mit Fritzen
auf dem Arme vom Felsen herabkommen. Freudig drückte ich beide an mein Herz, und sagte:
Gott hat sich über uns erbarmt, und uns von
diesen Unmenschen befreiet. Ich wollte ihr alsdann den ganzen Verlauf der Sache erzählen;
allein sie sagte mir, daß sie selbst schon von dem
Felsen herab ein Augenzeuge alles dessen, was
vorgegangen, gewesen sey, wohin sie sich auch
mit dem Kinde, falls uns die Wilden überman-
nen sollten, sich zu flüchten, und endlich zu verbergen für gut befunden habe. Aber, fragte sie,
was soll denn wohl mit jenem geschehen, den du
aus dem Kanoe getragen hast? Erst sagte ich
ihr, daß es ein Mädchen von etwa sechzehn
Jahren, nicht häßlich, sondern einer angenehmen
Bildung sey, die ich zur Erleichterung eines
Theils ihrer Arbeit bestimmt habe. Wenn sie
aber, fuhr sie in einem ganz hastigen und er-
schrockenen Tons auf, mir Fritzen fräße? O,
sagte ich, dafür darfst Du Dich nicht fürchten, ich
werde sie schon verhindern, daß ihm nichts geschehe. Mit diesem Bescheid beruhigte ich sie,
nahm die Hauen und Schaufeln, nebst etwas
Essen und Wasser für die Errettete auf meinen
Karren, und fuhr dem Schlachtfelde zu, das wir
nach verrichteter Einscharrung und gänzlichen
Reinigung von allen Merkmalen dieses hier vor-

gefallenen scheußlichen Auftrittes mit weit fröhli-
cherem Herzen endlich verließen, als wir es betreten hatten.

Das erbeutete Mädchen setzte ich unterdessen
neben der Stallung auf das Gras hin, wo sie sich
durch Speis und Trank zwar bald wieder erholte,
aber doch immer noch zwischen Furcht und Hoffnung in Ansehung ihres Lebens zu schweben schien,
indem sie, so oft sie einen von uns ansah, sich mit
den kläglichsten Gebehrden anließ, und um Ver-
schonung bat.

Zwanzigstes Kapitel.

Sie leben seit diesem in beständiger Furcht vor den
Wilden. Schilderung des Mädchens, das sie errettet haben. Sie untersuchen während der Regenzeit die Reichthümer, die sie auf dem Schiff
gefunden, und der Anfang zur Beschreibung
gegenwärtiger Geschichte wird gemacht. Elisabethens Niederkunft, und Begräbniß des Kindes.

Unsere Glückseligkeit war von diesem Augenblick
an verschwunden. Wir lebten bei all unserer
Verschanzung, und den fürchterlichsten Verthei-
digungsanstalten dennoch in beständiger Furcht, von
den Wilden überfallen zu werden, wobei, da wir
nun ihr Verfahren zu unserem Schrecken mehr,
als wir wünschten, erfahren hatten, wir uns
immer vorstellen konnten, daß uns das nämliche
Schicksal bevorstünde, wenn wir in ihre Hände
zu fallen das Unglück haben sollten. Der Abend
dieses fürchterlichen Tages, welches der 1ste Nov.
des 1745sten Jahres war, rückte unterdessen heran, und ein Wind, der sich von Westen her erhob, und immer stärker wurde, ließ mich urtheilen, daß wohl die Regenzeit eintreten könnte.
In dieser Absicht, um unsern neuen Gast doch

einigermaſſen unterzubringen, bereitete ich ihr ein
Lager, gab ihr eine Matraze ſammt Decke und
zwei Kopfkiſſen, und richtete alles ſo ein, daß
ſie zufrieden ſeyn konnte. Durch dieſe ihr be-
wieſene Gefälligkeiten gewann ich das Herz dieſes
unmoraliſchen Geſchöpfes in ſolchem Grade, daß,
wenn ſie mich ſah, ſie mit lächelnder Miene auf
mich zueilte, und mir, wie ſie immer konnte,
ſchmeichelte. Den Grund, wodurch der Charakter
ihres Herzens entwickelt wurde, glaubte ich darin zu
finden, da ſie in ihrer gegenwärtigen Lage, nichts
als den augenſcheinlichen Tod, und von ihren
Räubern gefreſſen zu werden, zu erwarten hatte,
von dem ich ſie durch meine Dazwiſchenkunft ſo
liebreich errettete. Und dies war auch, wie ſie
mir nach einiger Zeit, da ſie ſich in der deutſchen
Sprache beſſer ausdrücken konnte, ſelbſt geſtand,
die Urſache der Ergebenheit und Treue, mit welcher ſie mir durch viele Jahre und in den mißlich-
ſten Umſtänden meines unglückſeligen Aufenthalts
auf der Inſel zugethan blieb.

Unterdeſſen hielten wir das Nachtmahl vor
der Wohnung, in geſammter Familie, bei welchem ſie eine Zuſchauerinn abgab, ſie verwendete
kein Auge von dem, was vorgieng. Ich wollte
wiſſen, wie ſie ſich betrüge, wenn ſie um uns
wäre, und ſagte zu meiner Frau, daß ich ſie
rufen würde, ſie möchte ihr ſodann von den Speiſen, ſo wir vom Hirſch und dem Haaſen hatten,
mit ihrer Hand reichen, um nur zu ſehen, ob
ſie es eſſen, und wie ſie ſich dabei verhalten würde.

Ich winkte ihr zu kommen; sie fiel aber auf ihre
Kniee, redete einige Worte, und zeigte mit dem
Finger auf die Hunde zum Zeichen, daß sie sich
vor ihnen fürchte. Ich rufte sodann die Hunde
zu mir, die überhaupt zum Gehorsam gewöhnt
waren. Sobald sie das gesehen hatte, gieng sie
schnell auf mich zu, fiel vor mir auf die Kniee,
allein ich deutete ihr, daß sie auf die Seite Elisabethens, die den Fritz auf dem Schoos hatte, gehen möchte; das that sie, fiel aber eben so geschwind zur Erde, wie bei mir, nahm derselben
Hand, und küßte sie vielmal nacheinander, sie
hieß sie aber aufstehen, und das zu essen, was
sie ihr reichte. Ohne sich viel zu weigern,
fuhr sie damit in den Mund, worüber wir uns
wunderten, und schloßen daraus, daß sie nicht
beständig Menschenfleisch, sondern auch andere
Dinge zu ihrer Nahrung haben müssen, weil
sie diese, so wir ihr gaben, ganz bekannt verschluckte. Wie sie das erste verzehrt hatte, reichte
ihr meine Frau auch von dem Käse, allein dieser
schien ihr nicht wohl behaglich, er mußte aber
doch hinunter; und es kann seyn, daß sie solchen
nur, um uns keinen Korb zu geben, aß, nicht
aber weil er ihr schmeckte. Sie ward endlich
ganz beherzt, plauderte viel, wobei sie die Worte:
Oiha muha. Oo Tungi Mohnamaluki ogi öfters
wiederholte, und gegen die Westseite mit der Hand
zeigte, wobei ihr die Thränen in die Augen stiegen, und seufzte.

Alles was sie sah erregte ihre Neugierde, sie verwendete kein Auge von meiner Frau, die ihr sehr gefallen mußte. So oft sie sich aber zu Fritz wendete, so fuhr er mit dem Gesicht nach dem Busen seiner Mutter, und versteckte sich. Allein dies war nur heute so, weil er sie zum erstenmal sah, sie wurden bald bekannter miteinander, und endlich solche Freunde, daß er ohne sie nicht mehr seyn wollte. Wir entließen sie, und gaben ihr durch Zeichen zu verstehen, daß sie sich schlafen legen sollte. Sie verstand uns, und entfernte sich unter den Worten: Tungi Oo mugi.

Wir muthmaßten, daß das Wort Tungi ihr Name sey, weil sie dasselbe am meisten aussprach, wenn sie auf sich deutete, wie ich auch nachher, da sie mit mir reden konnte, erfahren habe, daß sie so hieß. Meiner Frau gefiel sie ungemein, nur fürchtete sie sich anfänglich, daß sie ihr den lieben Fritz fressen möchte. Ich sagte demnach, daß wir sie kleiden müßten, damit sie nicht immer nakend wäre. Was sollte man ihr aber geben? seidene türkische Hosen von meiner Frau waren nicht für sie, besonders zu der Arbeit, wozu sie bestimmt schien. Wir hatten freylich Cattun und andere Zeuche im Ueberfluß, es war aber nichts verfertiget. Ich entschloß mich also, bis wir etwas zurechte gemacht hätten, wollte ich ihr ein Hemd von mir geben, um ihre Blöße zu bedecken; und so blieb es. Wir legten uns endlich auf diesen heißen Tag zur Ruhe.

Das erste was ich am andern Morgen, ehe
ich die Wohnung verließ, that, war ein Hemd
von mir zu nehmen, welches Tungi, (so nannten
wir das wilde Mädchen) anziehen mußte. Sie
war, wie ich in den Stall kam, schon munter,
und küßte mir die Hand; ich gab ihr darauf das
Hemd, um zu sehen, was sie damit machen würde. Allein sie sah es beständig an, und fragte
mich gleichsam mit den Augen, was sie damit
sollte? um dieser Sache ein Ende zu machen, warf
ich dasselbe über den Kopf, und zog ihr die Hände durch die Aermel. Hatte ich vorher gelacht,
so mußte ich nun noch mehr lachen, wenn ich
ihre Olivenfarb mit dem weißen Hemd verglich.
Es war ihr freylich etwas unbequem, weil sie in
ihrem Leben nichts am Leib gehabt hatte, daher
stellte sie sich auch närrisch genug dabey, aber
aus Ehrfurcht, und weil sie sah, daß wir alle
gekleidet waren, ließ sie sich es endlich gefallen.

Ich fieng nun an, die Kühe zu melken, und
rufte Tungi! Sie kam auf der Stelle. Ich war
Willens, ihr in dieser Verrichtung Unterricht zu
geben. Sobald sie aber sah, was es beträfe,
schickte sie sich sogleich darzu an, und sie machte es
besser und geschwinder, als ich. Dies freute mich
von Herzen, und ich bezeigte ihr meine Zufriedenheit über ihre Geschicklichkeit, und sagte! so, Tungi, so! — Diese wenigen Worte waren ihr durch
die Seele gedrungen, und feuerten sie dergestalt
an, daß sie, sobald die Kühe besorgt waren, ohne

zu warten, auch die Schaafe vornahm, dabei aber
stets mit aller Ordnung und Reinlichkeit verfuhr.

Diese Benehmungsart war mir für eine Wilde
ein Räthsel. Ich war überhaupt der Meinung,
diese Menschen hätten in ihren elenden Umständen
gar keine Kenntniß von solchen Arten sich zu ernähren, da sie sich blos der Faulheit und dem
Müßiggang überließen, und das nächste beste, was
ihnen vorkäm, zur Nahrung wählten. Allerdings
hatte ich mich auch nicht geirrt; doch, wie ich
nachher von ihr vernommen habe, leben diejenigen,
die sich ohnweit den Plantagen aufhalten, ordent-
licher und legen sich auf die Viehzucht, von der sie
sich ernähren. Von einem solchen Zweige war
Tangi, daher sie auch in allem viel geschickter war,
als ich vermuthete. Ihre Bereitwilligkeit ließ mich
hoffen, ein gutes und brauchbares Geschöpf an ihr
zu haben: denn sobald sie eine Arbeit vollendet
hatte, kam sie schon wieder, und machte mit den
Händen ein Zeichen, was sie nun zu thun hätte.
Ich zeigte ihr eines um das andere, besonders
was täglich zu verrichten wäre, und ich durfte es
ihr gewiß nicht zum zweitenmal befehlen.

Da die Regenzeit wirklich eingetreten war,
und wir uns während derselben beständig inner-
halb unserer Verschanzungen aufhielten, und überdies bei dieser bösen Witterung nichts von aus-
wärtigen Feinden zu befürchten war, so wollten
wir uns einmal zur Untersuchung unserer vielen
Güther, so wir aus dem Schiffe gerettet hatten,
besonders aber der eisernen Kiste, anschicken. Das

mit wir aber auch in dem Innern unserer Wohnung Reinlichkeit beibehielten, und meine Frau
dieses Geschäfts überhoben würde, so führte ich
Tungi dahin, und gab ihr die nöthige Leitung,
was sie zu thun hätte, wodurch sie nach und nach
den Hausgebrauch lernte, dem kleinen Fritz bekannter wurde, und sich eins um das andere von unserer Sprache einprägte.

Wir öffneten den eisernen Kasten, und erstaunten über die Menge Gold und Silbermünzen,
Perlen, Ringe, gute Steine und dergleichen, welches alles ungefehr einige hunderttausend Gulden
betragen mogte, die uns aber gegenwärtig zu gar
nichts nützen konnten. Wir legten wieder alles
zusammen hinein, und thaten auch die Beutgürtel, die ich aus Candien, als meiner Frau dama-
liges Vermögen, um den Leib trug, dazu,
samt noch andern Kostbarkeiten, die sie in ihrem
Koffer besonders hatte, und versperrten es wieder,
ohne uns von dem mindesten Hochmuth träumen
zu lassen, daß wir mehr als eine Million an Geld
und Kostbarkeiten besäßen. Das übrige, was
wir in Päcken im Schiffe gefunden, und in unser
Magazin gebracht hatten, nahmen wir uns niemals Zeit zu untersuchen, weil wir ohnehin wußten,
daß es solche Kaufmannsgüter wären, die uns
zu nichts auf unserer Insel dienen konnten.

Da das Regenwetter dies Jahr viel länger
anhielt, als das vorige, und ich doch etwas zu
thun haben wollte; so entschloß ich mich, meine
Begebenheiten für die Nachwelt aufzuzeichnen,

weil sie doch hie und da nicht ganz unmerk-
würdig waren.

Endlich gieng die Regenzeit auch vorüber,
die uns diesmal so lange im Kerker gehalten hatte.
Wir benutzten die ersten Tage der schönen und
stillen Witterung durch einen allgemeinen Spaziergang um die Saatfelder. Mit Pulver und Bley
und allem übrigen Jagdgeräthe versehen, machten
wir uns auf den Weg. Tungi trug den Fritz
an der Seite meiner Frau auf dem Arm, und
so giengen wir dem Thore der Verschanzung zu.
Hamburger that, als wollte er sich aus der Werk-
hütte etwas holen, und rief nach einer kleinen
Weile uns zurück; wie sehr verwunderten wir
uns aber, als wir eine Art Wagen erblickten,
den er in Geheim zum Behuf meiner Frau und
des Kindes verfertigt hatte. Dieses Fuhrwerk
war sehr bequem, stand auf vier Rädern, wovon
die zwey hintern größer und die Achse auch höher
war, um dadurch zur leichteren Fortbringung
behälflich zu seyn. Sie war inwendig mit Mat-
tazen belegt, und hatte zur Abhaltung der Sonne
einen Schirm, dann zum Ziehen eine Deichsel mit
einer Handhabe. Er bat meine Frau sich ihm zu
Liebe desselben zu bedienen, und diese, um ihm
für seine gute und gefällige Denkungsart nach
Willen zu seyn, setzte sich mit Fritzen ein, und
ließ sich so fortführen.

Wir kamen nun auf die Felder zu. Hier
wollten wir uns rechts und links theilen, um
die Diebe bei der Mahlzeit zu belauschen. Es

stand uns aber lange nichts auf, bis wir uns endlich den Erbsen näherten, wo wir sie schon das
letzte Mal angetroffen hatten. Sie waren auch
wieder und in nicht geringer Anzahl darinn.
Auf einen Laut, den ich von mir gab, standen
sie mit einem schnurrenden Getöse auf, und paf,
paf! stürzten zehn Stücke der schönsten Wildtauben todt und einige gelähmt zu Boden. Die
zwei Schüße erschreckten Tungi so sehr, daß sie,
wie sie vor dem Wagen stand, auf die Erde fiel,
und sich eine gute Weile nicht bewegte. Meine
Frau fieng an zu schreyen, und ich eilte selbst er-
schrocken über den Zufall hinzu und hob sie auf;
da ich aber sah, daß ihr nichts fehlte, und sie nur
aus Schrecken über den ihr unbekannten Knall
des Gewehres zu Boden gesunken sey, eilte ich
den Tauben zu. Da wir aber nichts mehr erhaschen konnten, kehrten wir zurück.

Unter solchen Abwechselungen rückte die Zeit
zur Aerndte herbei, die unsere Scheunen mit reichem
Seegen füllte, und wobei uns Tungi ausnehmende
Dienste leistete. Sie hatte sich während der etlichen Monate, die sie bei uns war, sehr vieles von
unserer Sprache eigen gemacht, so zwar, daß, wenn
ich ihr etwas nannte, und zu welchem Gebrauch
es seyn sollte, mit der Hand, oder wie es seyn
mochte, vormachte, so brachte sie mir es richtig.
Man sah es ihr auch an der Miene an, die sie
machte, wenn man ihr etwas befahl, wie ängstlich
sie sich stellte, es aus Mangel der Sprachkenntniß
nicht sogleich verrichten zu können. Dieser gute

Wille und die Begierde zur Dienstfertigkeit er=
höhten ihren Werth, und die Treue und Redlichkeit
ihres Herzens machten sie unschätzbar.

Die Niederkunft meiner Frau war nun der
Gegenstand, der mich neuerdings mit Angst über=
häufte. Ihre außerordentliche Dicke und beständ=
diges Klagen über Schmerzen im Leibe, von de=
nen sie das erstemal nichts empfunden hatte, ver=
ursachten mir vielen Kummer und schlaflose Näch=
te, wenn ich sie jammern hörte. Ich sah diesem
Zeitpunkt mit bangem Herzen entgegen. Er er=
schien endlich den 30sten April 1746. früh um
6 Uhr, wo sie mich nach einer etwas härteren
Geburt mit einem Mädchen beschenkte. Die
Freude dieses Geschenks dauerte nicht lange, denn
es wurde mir in einigen Tagen durch den Tod
wieder entrissen.

Ein und zwanzigstes Kapitel.

Entwicklung des Charakters des wilden Mädchens.
Ihre Taufe. Dritte Schwangerschaft Elisabethens. Ein fürchterlicher Traum. Sie werden von Wilden überfallen, die sie aber glücklich
überwinden und vertilgen. Aber ein unglücklicher Fall vom Felsen verursacht Elisabethen
eine todte Geburt, und bringt ihr selbst den Tod.

Die Mutter war über den Verlust ihres Kindes
nicht zu besänftigen. Noch war ich immer glücklich, sie durch Trostgründe in verschiedenen mißlichen Vorfällen, die uns sowohl vorher, als seit
unseres Hierseyns betroffen hatten, aufzurichten,
und ihre Ruhe wieder zu geben; diesmal aber
wollte es mir nicht so leicht gelingen. Alle meine
Mühe war vergebens, und nur die Zeit allein war
vermögend sie von diesem Schmerz nach und nach
zu heilen; doch durfte ich sie nie in die Gegend
des Begräbnißplatzes führen, wenn ihr nicht die
Erinnerung ihres Verlustes die bittersten Thränen
verursachen sollten.

Unterdessen bildete sich Tungi immer mehr,
und ihr Charakter fieng an sich zu entwickeln.
Wenn ich und meine Frau unsere Andacht ver-
rich-

richteten, so war sie meistentheils zugegen, und
tändelte mit dem Fritz. Es entgieng ihr aber
nichts von allem dem, was wir thaten, und sie
schien Wohlgefallen daran zu haben. Ich lernte
ihr nach und nach das Vater Unser beten. Knie-
ten wir bei dem Gebete, so that sie es auch, und
faltete die Hände dabei, wie wir. Dies bewog
mich, daß ich mich in dieser Absicht recht viel mit
ihr abgab, besonders wenn sie Abends allein um
mich und meine Frau war. Sie fieng auch an,
ein und anderes zu reden, und kurze Fragen zu
beantworten. Ich fragte sie einst bei dieser
Gelegenheit, ob sie nach ihrem Vaterland wollte,
und zeigte mit der Hand über das Meer hin.
Sie verstand mich gleich, was ich damit sagen
wollte. Allein wie verwunderte ich mich, da sie,
anstatt wie ich vermuthen sollte, sich über diesen
Antrag zu erfreuen, in Thränen ausbrach, und die
Hände faltend sagte: Tungi nicht will, bleib da
bei Fritz, bitte, nicht auf Kanoe, o lieber sterben, dort wo Theres! Ich fragte sie also nochmals, ob sie nicht mit dem Kanoe fortfahren
wollte? Nein, heulte sie mir entgegen, und fiel
vor mir zur Erde. Nicht will, bitte Tungi,
mich fressen. — Ich lachte, daß sie sich so wider-
setzte, da es ohnehin nicht mein Wille, und ich
vielmehr froh war, sie zu besitzen. Laß sie mit
Ruhe, fieng meine Frau an, und mache sie nicht
kleinmüthig! Nun fragte ich sie, ob sie wolle eine
Christinn werden, und mit uns Gott im Himmel
(wohin ich ihr deutete) anbeten? Tungi will,

fiel sie mir in die Rede, und hielt die Hände in die Höhe, und nachdem sie das Vater Unser vollendet hatte, sagte sie: ich Christ, dein Gott mein Gott seyn! —

Da ich nun von ihrem wahren Willen, sowohl hier zu bleiben, als sich taufen zu lassen, mehr als zu viel überzeugt war, so nahmen wir diese Feierlichkeit gleich den darauf folgenden Sonntag vor, und gaben ihr bei der Taufe den Namen Theresia. Ihre Freude war ausnehmend, so wie ihr nachheriges Betragen erbaulich, und ich muß es aufrichtig gestehen, daß sie uns durch dasselbe vielmal reizte, und nicht selten beschämte.

In solchem Verhältniß lebten wir in unserer Insel durch fünf Jahre ganz von dem häuslichen Glücke beseelt, ohne daß uns etwas widriges zustieß, oder ein Wilder vor Augen gekommen wäre. Der einzige Umstand, daß meine Frau durch vier Jahre nicht gesegneten Leibes ward, gieng mir etwas zu Herzen, und ich tröstete mich dadurch, daß, wenn es Gottes Wille seyn sollte, auch dieses geschehen würde. Im fünften Jahre wurde mein Vertrauen gerechtfertiget, sie fühlte sich abermals schwanger. Die Freude, die ich über dieses unverhoffte Ereigniß hatte, war jener meiner Frau gleich.

Es mangelte uns also nichts zu unserem kleinen Glücke. Wir verrichteten unsere Arbeit, hatten glückliche und reiche Aerndte, die Jagd lieferte unserer Küche die köstlichsten Braten, und so waren wir ganz zufrieden. Was aber alles dieses noch

übertraf, war, daß mein Fritz durch seinen guten
Fortgang im Wachsthum und in der Ausbildung
seines moralischen Charakters ungemein viel hoffen
ließ; auch seine Vernunft entwickelte sich schon
sehr frühzeitig.

Wer hätte uns also in der Lage, in der wir uns
nun befanden, nicht glücklich schätzen sollen! Wir
waren es auch allerdings, und dachten bei der
langen Zeit, da wir weder ein Kanoe, noch weniger aber von einem Wilden etwas sahen noch hörten, gar nicht mehr an sie. Doch bei all der anscheinenden Sicherheit, und dem Glücke, das wir
genossen, nagte ein Wurm an meinem Herzen, der
mir von Zeit zu Zeit zusetzte, daß ich endlich un-
merkbar in eine Melancholie verfiel, die mich, ich
mochte thun oder unternehmen, was ich wollte,
nicht verließ. Es trieb mir unwillkührliche Seufzer aus, die mich selbst erschreckten, und wovon ich
gar keine Ursache wußte. Ich gieng einsam, ward
traurig, und hatte mit einem Worte Ahndungen
eines mir bevorstehenden großen Unglücks. Ich
richtete mich aber selbst mit vielem Muthe auf,
und schrieb es der Menge und Dicke meines Ge-
blütes zu. Was mich in dieser Muthmaßung
noch bestärkte, waren fürchterliche Träume, die
mich von Zeit zu Zeit erschreckten, und den Schlaf
verhinderten. Unter jenen war dieser der fürchter-
lichste: Es kam mir nämlich vor, wir giengen
in dem Gewürzwäldchen spazieren, als ein weiß-
gekleideter Mann zu uns trat, meine Frau bei der
Hand nahm, und so mit ihr verschwand. Ich

wußte nicht, wohin sie so geschwind gekommen
sey, erblickte sie aber auf dem Felsen, wo sie mir
ein Abschiedszeichen zuwarf. Unverweilt eilte ich
demselben zu, und da ich schon so nahe war, daß
ich sie fragen wollte, warum sie mich verließ,
stürzte sie der weiße Mann vom Felsen herab, und
sie lag todt vor meinen Füßen. Ich that einen
Schrei, erwachte jähling, und meine Frau ward
ebenfalls dadurch ermuntert, und fragte mich, was
mir fehlte, daß ich so geschrien hätte. Ich faßte
mich aber, ob ich gleich vor Schrecken kaum reden
konnte, und sagte, um ihr in ihren Umständen
keine Ursache zu widrigen Auslegungen zu geben,
nur so viel, daß ich im Traume gefallen wäre.
Mir aber blieb die Sache immer bedenklich. Der
Hamburger mußte mir eine Ader öffnen, um des
überflüssigen Blutes los zu werden. Doch blieb
ich niedergeschlagen, wie zuvor.

Wir machten meiner Frau eines Morgens die
Freude, sie in das Gewürzwäldchen zu führen,
um, wie sie wünschte, den Geruch der erquickenden Pomeranzenblüthen aus der Quelle einzuhau-
chen. Tungi führte sie, und Fritze lief zuweilen
neben ihr zu Fuße, und setzte sich neben sie, wenn
er müde war. Die Hunde, die sich seitdem um
zwei vermehrt hatten, fiengen inzwischen einige
Haasen, und so kamen wir fröhlich dort an.
Meine Frau suchte sich gleich zwischen den Pome-
ranzenbäumen einen Platz, und wir saßen in der
Runde, und hielten Mittagsmahl. Hier fiel mir
der Traum von dem weißen Manne ein, und man

kann sehen, was das Vorurtheil bei dem Men:...
vermag! Ich ließ meine Augen unvermerkt auf
alle Gegenden schießen, und erwartete, ob sich
nicht der Traum zur Wahrheit machen würde.
Nichts vermochte mich von ihrer Seite zu bringen,
und ich war endlich froh, wie die Zeit des Auf-
bruchs erfolgte, daß wir den mir verdächtigen
Ort verließen. Im Gehen lachte ich über meine
eigene Albernheit; aber ich hätte billig nicht lachen sollen. Wir kamen glücklich zurück, und
Hamburger begab sich nach seiner Wohnung auf
den Felsen.

Es war beiläufig acht Uhr Abends, als der
Hamburger unvermuthet und ganz erblaßt in unserer Höhle erschien, und mit erschrockener Stimme meldete, daß er mehrere Kähne entdeckt habe.
Ich lief mit ihm in Eile hinauf, und da fand es
sich auch, daß es deren acht waren, die gegen Osten
hin noch ziemlich weit auf dem Meere auf uns zu
ruderten. Auch sah ich, daß jeder mit vier Mann
besetzt war. Sie setzten ihren Zug an der Küste
hin fort. Doch waren wir froh, daß sie von
Osten kamen, und unsere Bucht nicht wahrnehmen
konnten. Sie fuhren also gegen das Ende der
Insel, von woher sie bis zu uns noch eine starke
Tagreise hatten.

Doch dies verhinderte uns nicht, auf der Stelle alle Vorkehrungen zu treffen. Ueber Nacht,
sagte ich, bleiben sie nun schon einmal da; was
sie während derselben machen werden, wissen wir
nicht; und ihnen entgegen zu gehen, und sie anzu-

greifen, wäre Tollkühnheit. Wir wollen sie also thun lassen, was sie wollen; kommen sie aber auf die Verschanzung los, so soll ihnen der Spaß vertrieben werden.

Unterdessen beschlossen wir, daß meine Frau und Fritz nebst Tungi auf dem Felsen in Hamburgers Wohnung bleiben sollen. Zu diesem Ende trugen wir sie auf einem Tragriemen sitzend ganz gemächlich hinauf, und Tungi mit dem Buben folgte nach. Ich bat sie, alle Furcht bei Seite zu setzen, und sich übrigens ruhig zu verhalten. Wir aber giengen beide in die Verschanzung zurück, und da die Kanonen mit Kartätschen ohnedieß geladen waren, richteten wir die Munition sowohl, als alles übrige Gewehr, gut geladen zur Hand, und hielten uns bereit auf alle Fälle. Aber die Nacht verstrich, ohne daß wir etwas sahen noch hörten; und ich begab mich bei Anbruch des Tages auf den Felsen, um zu sehen, ob man nichts von ihnen wahrnehme. Nach einer kurzen Zeit erblickte ich sie aber in der Gegend, wo wir den Auerochsen erlegt hatten; schon im Anzuge gegen uns. Sie hatten Bogen und Pfeile, und schienen verwegene Kerls zu seyn. Ich zeigte sie der Tungi, die mich bat, ihr zu erlauben, daß sie auch einige niederschießen dürfe. Der Antrag war mir ganz lieb.

Wie ich und Tungi zurückkamen, sagte ich dem Hamburger wo sie wären, und daß sie mit Bogen und Pfeil versehen seyen. Mögen sie haben was sie wollen, gab er zur Antwort, so stehe ich demungeachtet gut, sie werden uns wenig schaden. Tungi, die mit dem Gewehr, seitdem sie bei uns war, gut umzugehen gelernt hatte, nahm dann ihre Flinte, und stellte sich damit auf ihren Posten in Bereitschaft.

Nach beiläufig einer halben Stunde hörten wir sie schon lärmen und schreyen, und nach einer kleinen Weile rückten einige um die Ecke des Waldes auf die Ebene hervor. Noch konnten wir sie nicht erreichen. Sie giengen immer, ohne was zu ahnden, tapfer auf die Verschanzung zu, und der größere Haufen folgte ihnen etwa hundert Schritte nach. Der Hamburger sagte mir, noch nicht zu schießen, bis sie näher kämen. Wir erwarteten sie also. Unterdessen machten die ersten Halt, bis die letztern bei ihnen waren. Jetzt schien es uns, als ob sie sich berathschlagten, was sie machen wollten. Allein auf dies wollten wir es nicht ankommen lassen, und gaben zugleich Feuer unter sie. Die Kartätschen hatten eine gräuliche Verwüstung unter ihnen angerichtet; sowohl diese, als der Schall selbst schmetterte sie zu Boden; sie blieben liegen, bis sie sich erhohlen konnten, und sahen sich dann erst um, von welcher Seite das Donnerwetter sie überfallen habe. Wir machten uns ihren ersten Schrecken zu Nutzen, und luden frisch. Sobald sie sich aber nach und nach, was nicht todt war, in die Höhe machten, und ihre todten Kameraden auch aufzustehen ermahnten, erfolgte eine zweite Salve, die die erstere weit übertraf.

Wir hielten nun eine Weile mit Schießen inne, gaben aber auf alle Fälle frische Ladung, um zu sehen, wie viele aufstehen, und was sie ferner thun würden. Diesmal erhoben sich nicht mehr, als sieben; die, unentschlossen wohin sie sich wenden sollten, da sie nicht sahen, wo die Schüße herkamen, sich auf die Seite der Bucht wendeten, um dahin zu entfliehen, allein der Hamburger brannte noch einmal los, und streckte noch zwei zu Boden.

Nun schien es uns Zeit zu seyn, um den wenigen noch die Flucht zu verwehren, sie mit den Hunden zu zernichten. Wir öffneten dann das Thor, und schickten ihnen die fünf Hunde auf den Leib. Allein es war ein fürchterliches Schauspiel, das diese unter den Fliehenden anstellten. Jeder holte seinen Mann richtig ein, und bevor wir sie erreichten, war jeder von ihnen zerrißen.

Mit Entsetzen besahen wir das Schlachtfeld, und zählten nur in der Geschwindigkeit 28 Todte; da wir aber wußten, daß derselben 32 waren, so standen wir an, wo wir die noch Abgängigen aufsuchen sollten. Wir hießen die Hunde also solche suchen; allein nach einer Stunde kamen diese lechzend und abgemattet zurück, und wir nahmen nicht wahr, daß sie solche angetroffen hatten. Daher fiel die Muthmaßung dahin, daß diese Vier im Nachtrabe gewesen seyn, und gleich bei dem ersten Schuß, da sie die ihrigen stürzen sahen, die Flucht ergriffen haben müßten. Dies bewog uns dann endlich, daß, damit von diesem

greulichen Mord nichts unter ihrer Nation kund
werde, wir trachten müßten, das fliehende Kanoe, wie immer möglich, zu vertilgen, weil wir
sonst zu befürchten hätten, daß sie, um den
Tod so vieler ihrer Brüder zu rächen, in größerer
Anzahl nach der Insel überschiffen, und uns Gleiches mit Gleichem vergelten möchten. In dieser
Absicht begab sich der Hamburger ohne Zeitverlust
auf den Felsen, um sie mittelst der Kanonen, da
sie keinen andern Weg, als vor dem Felsen vorbei
nehmen konnten, in Grund zu bohren; ich und
Tungi aber schleppten die Getödteten zu der Bucht,
und warfen sie ohne weiteres Bedenken den Fischen
zur Speise in die See. Wir waren auch noch
nicht gänzlich zu Stande, als der Hamburger wirklich zwei Schüße nacheinander that, und durch
den zweiten das Kanoe zerschmetterte, wo sodann
die Wilden noch eine Weile im Meere, um sich
vom Untergang zu retten, herumtrieben, aber
endlich doch untersinken mußten.

Während dem dieser nun die Kanonen wieder lud, blieb Fritz unweit von ihm auf der Erde
sitzen; Elisabeth aber wagte sich, ihm unwissend,
über den Felsen herabzugehen, und muß unglück-
licherweise einen Fehltritt gemacht haben, über
welchen sie höher als eine Klafter zur Erde stürzte.
Wie erschrack Hamburger, als er mit dem Knaben
herunter kam, und meine Frau in Ohnmacht und
und im Blut schwimmend antraf. Er und das
Kind fiengen an zu schreyen, und ich in Schrecken darüber warf alles von mir, um zu sehen,

was es gäbe; aber, o Gott! wie ward mir bei diesem Anblick, ich glaubte in die Erde zu sinken. Allein dies half nichts; man mußte sehen, wie man sie retten könnte. Wir trugen sie in die Wohnung, der Hamburger öffnete ihr eine Ader, aber keine Kenntniß der Gegenstände, noch der Gebrauch der Sinnen erfolgte; das Geblüt floß stromweis. Eine todte Geburt, und zugleich auch ihr Tod erfolgte. Die ganze Zeit zwischen dem Fall und ihrem Verscheiden, betrug keine zwei Stunden.

Sobald der Hamburger sagte: Gott sey ihr gnädig und barmherzig! Sie ist verschieden: so sank ich selbst besinnungslos zu Boden; Hamburger brachte mich wieder zu mir selbst, und sprach mir Trost zu, allein ich hörte nicht auf ihn, sondern warf mich auf den erstarten Leichnam, und geberdete mich wie ein Verzweifelnder. Endlich erwachte meine Vernunft, und ich fieng an mich zu fassen. Ich gab ihr den letzten Kuß, und eilte weg.

Nun erzählte ich dem Hamburger den vor einigen Tagen gehabten Traum. Verwundert darüber schüttelte er den Kopf, und sagte: Sie ist im Himmel, sie hat als ein Engel gelebt, und ist als eine Heilige gestorben! ach, beste Elisabeth, komm und hole mich auch bald nach! — Thränen quollen ihm auf die Erde, und wir weinten alle drey zur Linderung unsers Schmerzens.

Nun wollte der Hamburger, der so vieles für sie gethan hatte, ihr auch den letzten Dienst

noch erweisen, und machte ihr Grab; bat mich
aber, daß, wenn er sterben würde, welches
ihm sein Herz ganz gewiß sage, daß es bald
geschehe, ich seine Grube der Queere nach bei
Elisabethens Füßen machen möchte. Ich suchte
ihm diese schwermüthigen Gedanken auszureden,
allein er beharrte darauf. Den folgenden Mor=
gen verrichteten wir alle unsere Andacht, und
trugen sie endlich in ihr Ruheort. Bevor wir
das Grab zuscharrten, mußte ich sie nochmals
sehen. Ihre englische Gestalt hat auch der
Tod nicht vertilgen können, mit der sie alles,
was sie ansah, beglückte. Ich gab ihr noch
einen Kuß, dann deckten wir das Grab zu,
und verließen den Ort unter Vergießung häu=
figer Thränen.

Zwey und zwanzigstes Kapitel.

Er setzt seiner Frau ein Grabmal. Ein Erdbeben drohte der Insel den Untergang, und er wurde verschüttet, durch die Hülfe des Hamburgers und Tungi aber glücklich gerettet, und von letzterer gepflegt. Hamburgers Krankheit und Tod.

Das einzige Vergnügen, so mir noch in meinem betrübten Zustand eine Beruhigung verschaffen konnte, war mein Sohn. An diesem suchte ich mich zu erquicken, wenn mich Schwermuth drückte, die mir schon, wenn ich erwachte, mit ausgestreckten Armen entgegen eilte, und dann erst verließ, wenn ich vom Jammer um Elisen, ermattet in Schlaf versank. Ich habe ihr in meinem Herzen ein ewiges Denkmal errichtet, und damit auch die etwanigen Nachkömmlinge dieser Insel, besonders wenn sie Christen seyn sollten, wüßten, wer hier begraben läge, so setzte ich ihr ein Grabmal mit einer schönen Inschrift.

Die Schwermuth, welche den Hamburger seit dem Tod meiner Frau, unserer einstigen Gebieterinn, befallen hatte, machte ihn mir selten, und ich mußte, um mich nur einigermaßen aus meiner

mißlichen Lage zu reißen, in Gesellschaft meines
Sohnes und seiner Pflegerin Tungi mich zu zer-
streuen suchen. Der heitere Geist, der aus dem
Thun und Lassen dieses guten Kindes hervorblickte,
war Salbung für mein verwundetes Herz, weil ich
immer seine seelige Mutter darinn erkannte.

Sein moralischer Charakter ließ gute Früchte
hoffen; dazu trug sein offener Kopf, und ein gewisses Etwas, das man bei Kindern seines Alters
so selten antrifft, ungemein bei. Schon im fünften
Jahre konnte er lesen, was ich ihm vorschrieb;
welches ich in Ermanglung deutscher Bücher so
vornehmen mußte. Die welsche Sprache erlernte
er von seiner Mutter, und die deutsche von mir,
in der er selbst Tungis Lehrmeister wurde. Nun
da ich von seiner Mutter getrennt, und Tungi
nebst ihrer gewöhnlichen Hausarbeit auch die Küche
zu versehen hatte, hielt er sich unablässig an mich,
und war mein Theilnehmer an allem. Schon im
siebenten Jahre ward er ein verläßlicher Jäger,
dem so leicht nichts entwischte, was ihm zu Gesichte kam.

Da wir nun eines Morgens unsere Saaten
besahen, und in der Absicht, Wildtauben zu schießen, um dieselben herumstreiften, bemerkte ich, daß
ein guter Theil der Erbsen umwühlt war. Ich
erstaunte und dachte, woher dieses und durch
welches Thier es geschehen seyn könne? Noch mit
diesen Gedanken beschäftigt, erblickte ich zu meinem Schmerz, wie zu Ende des Ackers eine Schaar
Wildschweine aus demselben hervorbrach, die sich

durch ihr Grunzen verriethen. Unverzüglich hetzte ich die Hunde auf sie, und wir eilten ihnen mit unsern Gewehren nach, waren auch so glücklich, vier zu erlegen, die übrigen aber liefen in die Gebüsche, wo sie sich verlohren.

Nun löste sich mit einem Male das Räthsel, das wir durch die ganze Zeit unseres Hierseyns nicht ergründen konnten, nemlich wohin die Schweine, die wir von dem Schiffe gerettet hatten, gekommen seyn mußten. Diese Thiere hatten sich wahrscheinlich am Ende der Insel gegen Westen niedergelassen wo sie Sümpfe fanden, und sich nun nach und nach ihrer Vermehrung wegen gegen Süden zuwendeten, um frische und bessere Nahrung zu suchen. Ich gieng auch in meinen Gedanken noch weiter, und dachte: daß wohl gar die Wilden in diesem Theile der Insel, obgleich uns unwissend, schon mehrmals Besuche gemacht haben könnten, und blos durch den Fang der Schweine, wovon sie große Liebhaber sind, gereizt worden wären, was auch allem Anschein nach die Hauptursache gewesen seyn mag. Wir ließen daher nicht eher ab, bis wir diese Thiere in soweit vertilgt hatten, daß wir wenigstens in unserer Gegend keine mehr erblickten.

Der Hamburger, der seit dem Tode meiner Frau ganz mißmüthig war, schien bei dem mich ohnehin schon getroffenen vielen Unglück durch seine Niedergeschlagenheit dasselbe noch zu vermehren; es befiel ihn ein Husten, der ihm im Gehen und Arbeiten durch Verkürzung des Athems

hinderlich war, und mir ängstliche Gedanken verursachte. Wir kochten ihm verschiedene Getränke
von Rosinen und Zitronen, die aber nichts be-
wirkten. Das Uebel blieb immer das nämliche.
Ach! sagte er, wenn ich für seine Herstellung eif-
rig bemüht war, laß es gut seyn, Peyer! Du
weißt, was ich gesagt habe, meine Ahndungen werden eintreffen, und ich hoffe, Elisabethen bald zu
sehen! So wehe mir diese Erinnerung that, so
sehr suchte ich ihm doch diese Gedanken auszureden.

Ich hatte vor einigen Tagen zur beßern und
geräumigern Versorgung der Milch eine Höhlung
zu graben angefangen, und war nun fast zu Ende.
Der Hamburger kam oft zu mir dahin, und ob er
gleich noch schwach war, versuchte er es doch, mir
zu helfen; und da er sehr wünschte, daß es bald
zu Stande kommen möchte, bedauerte er, daß seine
Schwachheit ihm nicht erlaubte, beständig mit
daran zu arbeiten. Indessen ist gerade dieser Zustand der Erholung meine Rettung von einer uns
vorhergesehenen Gefahr gewesen, die mir beinahe
das Leben gekostet hätte.

Die Nothwendigkeit, seine Kräfte zu erlangen,
nebst meinen Bitten, machte, daß er einen guten
Theil des Vormittags in meiner Wohnung im Bette
blieb, da ich, unterdeß Tungi und Fritz mit anderen Geschäften sich abgaben, an gedachtem Milch-
keller fortarbeitete, um damit fertig zu werden, als
sich ein dumpfer Knall, wie der einer in der Ferne
abgefeuerten Kanone, hören ließ. Der Felsen
bebte, und die Insel ward entsetzlich erschüttert.

Ich war zu hinterſt im Keller, und wollte fliehen.
Aber kaum war ich vier bis fünf Schritte vor=
wärts, als ein großes Stück Erde, das ſich durch
den Stoß des Erdbebens vom Gewölbe losgeriſſen
hatte, krachend vor mir und beinahe mir auf den
Kopf herabfiel. Ich wurde umgeworfen, und unter
die Erde vergraben.

Der Hamburger, der nicht ſchlief, ward des
Erdbebens an dem Stoße, den er im Bette em=
pfand, und an dem Krachen des Felſens wohl ge=
wahr. Eilends ſtand er ganz erſchrocken auf, und
lief halbnackend nach dem Keller, wo er wußte,
daß ich war. Seine Angſt ward größer, da er
mich nicht auf dem Wege antraf. So wie er
mein Herz kannte, das ſich nicht ſo leicht ſchrecken
ließ, ſo mußte er eben aus dieſer Urſache fürchten,
daß ich zuviel getraut, und dadurch habe unglück=
lich ſeyn können. Er zitterte vor Furcht, wenn
er ſich die Möglichkeit dachte, daß der gewaltige
Stoß, wovon die Inſel erſchüttert worden, mich
unter dem Schutt begraben haben möchte. Die
ſchreckenvolle Einbildungskraft beflügelte ſeinen
Lauf zu dem Eingang der Höhle, und da er mich
zu Boden liegend und mit Schutt von dem Ge=
wölbe halb bedeckt ſah, ſprang er mit einem Ge=
ſchrei, das Tungi und meinen Sohn herbeilockte,
auf mich zu.

Ich kam endlich wieder zu mir, und alle drei
halfen mir mit vieler Mühe aus dem Schutt her=
vor; aber meine Kräfte waren verloren, ich wuß=
te nicht, ob ich noch ganze Glieder hätte, und ſuchte

bei

bei all dem Schmerzen, so ich fühlte, nur sie zu beruhigen. Erschrecket nicht, sagte ich, ich hoffe, dieser Zufall werde keine schlimme Folgen haben. Die Gefahr, worein ich gerathen bin, ist noch sehr glücklich abgelaufen. Die Vorsehung hat euch eures Freundes, den ihr an mir habt, nicht berauben wollen.

Meiner Angst, Arm und Bein gebrochen zu haben, war ich nun entledigt, aber zerquetscht war ich so sehr, daß ich, so tapfer ich mich stellen wollte, mich kaum auf meinen Füßen halten konnte, und auf Tungi stützen mußte, um aus dem Keller herauszukommen. Dieser Zustand machte, daß wir sehr langsam fortschlichen, und ich mich ungeachtet der kleinen Strecke Wegs doch mehr als einmal niedersetzen mußte, um Kräfte zu sammeln.

Da wir noch so auf dem Grase beisammen saßen, hörten wir ein unterirdisches Gerassel, wie eines Wagens, der schnell über ein Pflaster daher fährt, und empfanden einen neuen Stoß vom Erdbeben, der noch gewaltiger war, als der erste. Der Erdboden bewegte sich so stark, daß wir gewiß hätten niederstürzen müssen, wenn wir nicht eben gesessen wären. Die Gipfel der Bäume wurden wie von einem Wirbelwind herumgetrieben, und Felsenstück rollten auf die Ebene herab. Zu gleicher Zeit sah man gegen Nordost einmal über das andere Feuersäulen aufsteigen, da indeß ein dicker Rauch die Atmosphäre der Insel deckte, und die Asche bis zu uns hertrug.

Es war ein erbärmlicher und zugleich fürchterlicher Zustand, worin wir schwebten. Ich machte nachgehends die Jahre hindurch, als ich noch hier zubrachte, öfters die Beobachtung, daß sich das Erdbeben durch merkliche Zeichen vorher anmeldet. Des Abends vor dieser Erschütterung stand der Perpendickel an meiner seligen Frau Wanduhr stille, und kam von selbst wieder in Bewegung, so bald die Erde wieder ruhig war. Unsere Hunde heulten, und alle unsere Thiere kamen in Furcht und Angst nach Hause. Ich hätte mich gewiß besser in Acht genommen, wenn ich diese Anzeigen gewußt hätte, und anstatt mich in die Gefahr zu begeben, von dem Schutte in dem Felsen erdrückt zu werden, wäre ich in einer unserer Hütten geblieben, deren leichtes Holzwerk uns bei weitem nicht so gefährlich gewesen wäre.

Diese Betrachtungen machten, daß ich mich ohne Bedenken nicht in die Wohnung wagte, sondern in dem Magazin blieb, wohin mir Tungt und mein Sohn folgten, und mich keinen Augenblick verließen, damit sie mir jeden Dienst, dessen ich benöthiget war, leisten könnten.

Es ist überflüßig zu sagen, daß Tungt mein Unglück sehr zu Herzen nahm. Sie that dem Hamburger alle ersinnliche Dienste, die er in seinem betrübten und wehemüthigen Zustande nur bedurfte, mit aller Liebe und Bereitwilligkeit; allein doch merkte ich, daß sie mir weit eifriger beistand, und sich um meinen Zufall auch mehr betrübte. Das weibliche Herz ist ohnedem schon mitleidig, und Tungis Herz war gut und eingedenk, daß ich sie errettet hatte. Ich mußte mich bei vierzehn Tage im Bette halten, um mich von der Abmattung zu erholen, während der Zeit dieses gute Geschöpf nichts vergaß, was sie zu meiner Erleichterung dienlich glaubte. Sie verließ mich keinen Schritt, als wenn es die Besorgung der Viehställe und des Hühnerhofs unumgänglich erforderte, dann gieng sie zu dem Hamburger, dessen Zustand ihm vieles Leiden, mir aber, wegen seinem, allen Anschein nach, bald zu erfolgenden Tode, große Angst verursachte, und wartete ihn einige Zeit; dann versah sie die Kühe, und kam endlich wieder zu meinem Krankenlager. Kurz, sie vergaß für sich selbst zu forgen, um meiner auf das geflißenste zu pflegen.

Endlich half mir Gott, der mich nacheinander mit so vielen niedergeschlagenen Zufällen, um meine Geduld zu prüfen, heimgesucht hatte, wieder zur Gesundheit, und ich konnte mich meiner Arbeit, und dem, was zu unserem Unterhalt nöthig war, vollkommen unterziehen. Ich dankte nach Erlangung meiner Gesundheit Gott für die mir ertheilte Gnade, und war im Herzen froh, daß ich meinem Freund in seinen Nöthen beistehen konnte. Sein Zustand, in dem ich ihn sah, und der nun schon in das zweite Jahr sich erstreckte, ließ mir eine baldige Auflösung vermuthen, von der er selbst, wie er sagte, bald befreyt zu seyn wünschte. Gott erhörte ihn auch, denn ich fand ihn eines Morgens todt im Bette, und schloß daraus, daß er erstickt seyn mußte.

Vor Wehmuth rang ich die Hände, und schrie, daß mein Sohn und Tungi herbeieilten, um zu wissen, was mir sey. Sie beruhigten mich und sprachen mir Trost zu, bis ich mich wieder ermannte. Wir erfüllten ihm nach zweien Tagen seine Bitte, nämlich ihn zu den Füßen Elisabethens zu begraben, wohin wir ihn auch unter Vergießung vieler Thränen trugen, und die Erde, die ihn decken sollte, mit denselben befeuchteten. O, wie sehr wünschte ich, statt seiner dieses Grab zu füllen; um mit dem Gegenstand, den ich so zärtlich liebte, vereint zu seyn! —

Drei und zwanzigstes Kapitel.

Sein Zustand wird nun weit empfindlicher, als vorhin.
Er bezieht die Höhe des Felsen, und wird endlich von einem englischen Schiff gerettet.

—

Ich war nun nach dem Verlust dieses Freundes
in noch größere Schwermuth versunken, und
füllte oft die Luft mit meinen Klagen, um mein
gepreßtes Herz zu erleichtern, wozu mir immer
ein wohlthätiger Thränenguß behülflich war.

Mein Sohn eilte mir oft entgegen, und beschwerte sich über mein langes Ausbleiben. Das
Erdbeben und die Furcht, die ich deswegen nun
hatte, bewogen mich, daß wir unsere Höle verlassen, und auf den Felsen ziehen wollten. Fritz
war hierüber voll Freuden, und lief zu Tungi,
ihr diesen Willen zu hinterbringen. Unterdessen
gieng ich hinauf, und richtete alles so ein, wie
ich es haben wollte.

Hamburger, der in diesem Fach Geschmack
hatte, hat in diesem Gebäude, ob es gleich nur
von Holz war, alles anzubringen gewußt, was
sowohl zur Bequemlichkeit, als zur Annehmlichkeit etwas beitragen konnte. Es hatte sechs Ab-

theilungen, die geräumig genug und so eingerichtet waren, daß man im Bette liegend die ganze
Meeresfläche übersehen konnte. Noch weil Elise
lebte, hätten wir Luft, da zu wohnen; doch unser
Freund war unsern Herzen zu theuer, als daß wir
ihn dieser mit vieler Mühe verschafften Bequemlichkeit berauben, oder wenigstens nur darin hinderlich seyn wollten; und in dieser Rücksicht haben
wir uns auch immer mit der Höhle beholfen.

Sobald alles gereinigt und geordnet war,
fieng ich an die Betten hinaufzuschleppen, wobei
sich Fritz und Tungi ungemein beschäftigten. Ich
merkte aus ein und andern Reden meines Sohns,
daß er angelernt worden, mich zu fragen, ob Tungi auch oben schlafen werde? Ich sagte aber,
nein! Tungi müsse wegen der Viehpflege unten
bleiben. Diese Antwort war ihm ein Donner-
schlag, er fieng an zu weinen, und bat mich sehr
dringend, auch diese oben schlafen zu lassen. Nu,
sagte ich, du kannst ihr sagen, daß sie ihr Gepäcke
herauf tragen soll, daß sie aber, sobald sie einmal
ihre Arbeit verschlafen würde, von diesem Tage an
ihre alte Wohnung zu beziehen hätte. Siehst du,
fuhr ich fort, dieses ist ihre Kammer. — Der Kna-
be eilte voll Vergnügen über den Felsen hinab,
und brachte ihr diese Nachricht. Sie war nun
auch bald mit ihren Sachen fertig, kam dann zu
mir, und bedankte sich mit der Erinnerung: ihre
Arbeit nach wie vor ordentlich und fleißig fortzusetzen. Ich ergriff aber ihre Hand, und sagte
lächelnd, daß sie das, was ich Fritzen gesagt hätte,

nicht als einen Verweis nehmen sollte, den ich ihr über ihre Verrichtungen zu geben Willens gewesen wäre, sondern nur als einen Spaß zu betrachten hätte, mit dem ich seine Vorbitte zu gewähren für gut befunden. Sie wäre ohnedem heraufgekommen, um jemand bei der Hand zu haben, der mir beistände, falls mir etwas widriges zustoßen sollte. Sie würde immer da seyn, wo ich wäre, weil sie nun Frau und Magd zugleich vorstellen, und alles besorgen müßte. Sie küßte mir die Hand, und die Freude blitzte ihr aus ihren schönen Augen.

Wir waren nun besorgt, die Aussaat in die Erde zu bringen, und griffen mit vereintem Fleiße das Werk an. Tungi, die ungemein geschickt und thätig war, überhob mich in allen Arbeiten, die mir gewiß viel zu schaffen gemacht haben würden, wenn sie der Himmel nicht zu meiner Unterstützung geschickt hätte. Denn was wollt ich von Fritzen mit acht Jahren fordern? Doch Tungi war zu allem, was ich brauchte, nicht nur vorzüglich geschickt, sondern auch willig. Auf der Jagd entgieng ihr nichts, und oft nahm sie, wenn ich etwas anders zu thun hatte, und uns doch nach einem Wildpret gelüstete, die Flinte und die Hunde, und kam selten leer zurück.

Als wir die erste Nacht auf dem Felsen schliefen, erhob sich nach Mitternacht der Wind, unter beständigem Donnern und Blitzen. Noch hatte ich die Wirkung des Donners, solang ich auf der Insel war, nicht so gehört, als diesmal, weil wir bei solcher Gelegenheit immer in der Höhle waren. Und wenn ich ihn duch so vernommen hätte, wie es vielmals bei Tage zutraf, wenn Wetterstreiche ausbrachen, so war es doch mit dem, wie man es in der Höhe hörte, in keine Vergleichung zu setzen. Alles war still, und der Regen verursachte, nachdem das Donnern nachgelassen hatte, durch sein angenehmes Plätschern auf das Dach einen angenehmen Schlaf, aus dem wir alle erst bei schon hohem Tage erwachten. Ich lachte Tungi aus, wie ich sie erst eine gute Weile nach mir aus ihrer Kammer über die Treppe hinunter eilen hörte, und rief ihr nach, daß das, was ich ihr gestern im Spas sagte, wahr geworden sey. Ohne ein Wort zu reden, lief sie zu ihrer Arbeit, zu der sie aber noch zeitlich genug kam.

Der Sturmwind, der sich bei der gewöhlichen Regenzeit gemeiniglich in andern Jahren nach einigen Tagen gelegt hatte, hielt diesmal nicht nur beständig an, sondern wurde vielmehr von Tag zu Tag tobender, so, daß ich auf dem Felsen in Angst gerieth. Bei Tage gieng es noch immer leidlicher zu, da ich mich mit der Aussicht, soviel der Nebel verstattete, der gleichsam auf dem Wasser lag, unterhalten konnte; aber tausendmal schrecklicher war er bei finsterer Nacht. Denn das Getöse der Wellen, wenn sie sich an dem Felsen brachen, war einem Kanonenknall ähnlich, und konnte dem Herzhaftesten die Haare zu Berge treiben, und ihn mit Furcht und Zittern erfüllen.

In solcher quälenden Angst lag ich nun vierzehn volle Nächte hindurch, als ich einmal einen Kanonenschuß zu hören glaubte. Es war wieder alles stille. Nach etwa einer halben Stunde hörte ich wieder einen Schuß, und viel näher, als das erstemal, konnte aber nichts entdecken. Ich sprang aus dem Bette, und stand bebend an der Felsenwand. Mein Gott! rief ich, was kann dies bedeuten? Ich wußte nicht, was ich thun, oder wie ich mich verhalten sollte. Zum Glück brach der Tag bald an, und ich war nun die Aufmerksamkeit selbst. Alle Ferngläser lagen um mich herum, ich nahm eines nach dem andern in der Verwirrung in die Hände, wollte sehen, konnte aber der Dunkelheit wegen noch nichts ausnehmen. Ich sah mit dem blosen Auge mehr, als mit jenen. Nun geschah der dritte Schuß, und wieder näher. Das ist ein Nothschuß! rief ich, und fiel auf die Kniee, schrie zu Gott um Erleuchtung, was ich thun sollte.

Nun fiel mir mit einmal ein, ich soll schießen. Ich gieng denn in Gottes Namen, rief ihn um Hülfe und Beistand an, nur bat ich ihn, mich in keine feindlichen Hände fallen zu lassen. Doch fühlte ich zugleich Muth, und dachte: da ich auch Kanonen habe, will ich die vom Himmel verliehene Macht so lange zu meinem Schutz gebrauchen, als es mir möglich ist. Ich brannte nun los, und erschrak in meiner Verwirrung selbst über den Knall.

Mein Schuß wurde gehört, und gehörig beantwortet. Ich brannte noch einmal los, und dachte, vielleicht schickt dir Gott Rettung in deinem Elend; und in Kurzem geschah auch von der Gegenseite ein gleicher. Endlich erblickte ich ein Boot, und das Herz schlug mir aus Furcht und Freude, da ich es gegen die Insel zu rudern sah. Das Schiff aber segelte eine gute Strecke hinter demselben nach, das ich der Bauart nach für ein englisches hielt. Nun fieng ich an Hoffnung zu schöpfen, und mich zu freuen.

Da das Boot nahe genug war, um einen Flintenschuß zu hören, brannte ich auch eine solche los, und Fritz so wie Tungi schwungen weiße Tücher, zum Zeichen der Freundschaft und des Empfanges. Sobald ich dasselbe nahe genug glaubte, verließ ich die Höhe, und lief auf die Bucht zu, um ihnen zu zeigen, wo sie anlanden sollten. Da sie mich erblickten, landeten sie an; es waren 16 Mann. Ich fragte, wessen Nation sie wären? Auf einmal schrieen sie sowohl auf deutsch als englisch: Engländer. Ich verlangte den Herrn Officier am ersten zu sprechen. Fritz und Tungi standen hinter mir, und sie mußten glauben, daß sie mit einem respektabeln Mann sprächen, indem der Officier, seinen Hut in der Hand auf mich zueilte, und im gebrochenen deutsch sagte, wie sie Holz und Wasser höchst nöthig hätten, indem sie von zwei französischen Schiffen verfolgt, und sehr beschädigt — — endlich aber gar von dem Sturm in diese Gewässer geworfen worden seyen. Ich sagte ihm sodann mit aller Aufrichtigkeit, daß sie ein und anderes, was

ste brauchten, finden würden; bat ihn aber zu=
gleich, dem Herrn Kapitain zu vermelden, daß
es mir sehr lieb seyn würde, ihn bei mir zu sehen.
Mit diesen Auftrag gieng das Boot zurück, wo
ich sodann nach einer halben Stunde die Ehre
hatte, denselben zu empfangen, und nach Mög=
lichkeit zu bewirthen.

Da ich inzwischen in der Höhle alles in Ord=
nung brachte, auch wo mir ungefähr Schaden
geschehen konnte, da ich noch nicht wußte, ob
mich das Schiff aufnehmen würde, Vorkehr=
ungen zur Sicherheit traf, und alles verschloß,
gieng das Boot mit dem Kapitain vom Schiffe
ab, und kam endlich mit ihm in der Bucht an.
Mit entblößtem Haupt grüßten wir einander, und
ich führte ihn unter den freundschaftlichsten Ehren=
bezeigungen durch die Verschanzung auf den Fel=
sen, wo er ein wenig ausruhete, und über die
ungemein schöne Aussicht seine Zufriedenheit be=
zeigte.

Er war ein Mann von beiläufig funfzig Jah=
ren, etwas angenehmen Umgangs, und für einen
Seemann ungemein leutselig und höflich. Er
sagte mir, daß er von dem Vorgebürg der guten
Hoffnung abgefahren, und mit seiner Ladung nach
England zurück zu gehen Willens war, aber in
der Gegend von der Insel St. Helena durch ei=
nen zwei ganze Tage anhaltenden Sturm ganz
von der Straße verschlagen, denn fünften Tag
darauf abermal durch zwei französische Schiffe so
stark angegriffen worden sey, daß er nicht mehr

geglaubt hätte, ihnen entgehen zu können; allein
vor drey Tagen habe ihn ein noch weit stärkerer
Sturm zum zweitenmal überfallen, der ihm aber
zu seinem Glück den französischen Schiffen ent-
rißen habe. Da sie nun durch fünf Tage ohne
Wasser waren, die Gegend aber überhaupt weder
ihm noch seinen Leuten bekannt, und das Schiff
überdies sehr beschädigt war, so habe er sich genöthigt gefunden, die Nothschüße zu versuchen,
um etwa ein vorübergehendes Schiff zu seinem
Beistand herbei zu rufen. Er sey aber nun zufrieden, daß er eine Hülfe erhalten, die er nicht
vermuthet hätte.

Seine außerordentliche Höflichkeit veranlaßte
mich, ihm nun meine ganze Geschichte zu erzählen, und ihm alle meine Schicksale, die ich die
zehn Jahre meines Hierseyns erfahren habe, nach
der Länge vorzustellen, wo er sodann von Mitleid
gegen mich hingerißen fragte, ob ich nicht Verlangen trage, nach Europa zurück zu kehren?
Vor Freude außer mir über diese Frage fiel ich
ihm zu Füßen, und bat ihn, mich mitzunehmen.
Mit Entzücken hob er mich auf, fiel mir um den
Hals, und sagte: er rechne es sich zur Ehre und
zum Glück, einen verdienstvollen Mann, der dem
Schicksal so viele Jahre zu einem Ball habe dienen müssen, einigermaßen gefällig seyn zu können.
Es sollte mir alles, was ich ihm zukommen laßen
würde, bei meiner Ankunft in London bei einem
Heller bezahlt werden. O Gott, rief ich hierüber
aus: ich mache mir eine Freude daraus alles,

wenn Sie es einnehmen können, als ein Merk=
mal meiner Dankbarkeit Ihnen zu schenken. Ich
habe nur einige Koffers, die mein Weniges ent=
halten, dann meinen Sohn, und die getreue
Wilde, die ich mir allein vorbehalte; das übrige
alles steht vollkommen zu Ihren Diensten. Er
stand nun auf, und sagte: er wolle nur Befehle
ertheilen, was geschehen solle. In Kurzem werde
er mit einigen Officieren mir wieder zusprechen.

Sobald er mich verlassen, begab ich mich dann
zu Tungi, und half ihr mit Eifer unsere werthen
Gäste, so gut wie möglich bedienen. Der
Kapitain kam endlich mit drey seiner Officiere,
und wir aßen und tranken, was uns schmeckte,
und was wir fanden.

Es wurde nun die Veranstaltung getroffen,
daß von Morgen an über acht Tage unsere Ab=
reise erfolgen sollte; da das Schiff längstens in drey
Tagen hergestellt werden könne, so soll ein Theil
der Mannschaft die Insel durchstreifen, und alle
Thiere zum Proviant auf die Reise erlegen, end=
lich wolle man auch alles übrige, was vorfindig
wäre, an Bord bringen, und die Insel im Na=
men des Königs von England durch die ge=
wöhnliche Form in Besitz nehmen.

Bei diesem Beschluß blieb es. Ich über=
ließ den Kapitain und den Officieren die Woh=
nung auf dem Felsen, und machte mich sammt
den Meinigen in die Höhle.

Nachdem wir mit allem Nöthigen versehen
und das Schiff ausgebessert war, wurden am

23ſten May 1755. die Anker gelichtet, und ich verließ die Inſel, nachdem ich zehn Jahre und acht Monate unter Abwechslungen der Freude und des Kummers auf derſelben zugebracht hatte.

Ehe ich aber noch am Bord gieng, nahm ich meinen Sohn bei der Hand, und gieng mit ihm zur Grabſtätte ſeiner Mutter und ſeines Wohlthäters, unſers gemeinſchaftlichen Freundes, und nahmen unter Vergießung vieler Thränen von beiden Abſchied.

Vier und zwanzigstes Kapitel.

Er kommt glücklich nach London, verliert aber durch
den Tod seinen Sohn, und verheirathet Tungi.
Kehrt zurück nach seinem Vaterland, thut seiner
Schwester Gutes, und erkauft sich endlich ein
Bauergut bei Kremsmünster, wo er seine Tage
beschließen will.

So fuhren wir nun mit dem Boote dem Schiffe
zu, das schon in Bereitschaft stand. Der Kapitain und die Offiziere empfiengen uns mit vieler
Freundlichkeit, lachten aber, daß mehr Hunde,
als Menschen im Boote waren. Da sie aber
wußten, daß diese Thiere so herrliche Thaten
verrichtet, und mich bei verschiedenen Gelegenheiten und in mehreren augenscheinlichen Gefahren
gerettet hatten, mußten sie selbst eingestehen, daß
es Schade wäre, dieselben zurückzulassen, oder
zu vernichten, indem ich damit einem Jagdlieb-
haber in London, deren es viele gebe, ungemein
willkommen seyn würde. Sie führten mich und
meine Angehörigen in eine besondere Abtheilung,
worin wir wenigstens sitzen und schlafen konnten, — und dies heißt auf einem Schiffe, auf dem
man nur ein Mitreisender ist, schon sehr viel.

Bei dieser besondern Auszeichnung dünkte es mir Zeit zu seyn, die Geschenke zu vertheilen, die ich in dieser Absicht, um mir die Freundschaft der Offiziere sowohl, als der gemeinen Mannschaft guten Willen zu gewinnen, zu mir gesteckt hatte. Ich verehrte dann dem Kapitain einen sehr schönen brillantenen Ring von hohem Werthe, und jedem der Offiziere einen dergleichen, aber von etwas minderem Belang. Der übrigen Schiffsequipage gab ich durch die Bank jedem zwei Thaler, wodurch ich mir Liebe und Hochachtung erworben hatte.

Es war Mittag, als wir vom Lande stießen, und weil der Wind uns nicht günstiger seyn konnte, verlohren wir Land und Aufenthalt in kurzem aus den Augen. Unterdessen gieng unsere Fahrt glücklich fort. Wir hatten zwar einige Stürme, die aber von keiner Erheblichkeit waren, und gelangten nach zehn Wochen wohlbehalten am grünen Vorgebürge an, wo wir bei der Insel St. Jago Anker warfen.

Die ersten Wochen, nachdem wir unsern Aufenthalt verlassen hatten, ward Fritz und Tungi von der Seekrankheit befallen, welches Uebel jedem zustößt, der zum ersten Male dieses Element betritt. Doch der Schiffsarzt stund ihnen getreulich bei, und sie wurden bald wieder hergestellt.

Sobald das Schiff geankert hatte, erzeigte mir der Kapitän die Höflichkeit, und fragte mich, ob ich nicht ans Land steigen wollte, da er Willens sey, einige Tage auszuruhen, und das Schiff mit

frischen

frischen Lebensmitteln zu versehen. Ich ergriff diese
Gelegenheit freudig, und verließ mit meiner klei=
nen Familie das Schiff: Es hatte aber auch noch
einer der Officiere den Auftrag, mich daselbst an
ein Haus anzuweisen, wo ich mit Wahrheit be=
kennen muß, daß ich recht gut bewirthet wurde.
Wir bekamen hier den besten Wein, frisches Fleisch,
Früchte, und alles im Ueberfluß um einen sehr
billigen Preis. Ich machte mir daher, um mich
für so viele Gefälligkeiten einigermaßen dankbar zu
bezeigen, das Vergnügen, den Kapitain, Wilkes
war sein Name, samt den Officieren den Tag vor
unserer Abreise auf ein Mittagsmal zu laden, wo=
bei wir recht vergnügt waren.

Da wir nun einige Tage unter Seegel waren,
kam der Kapitain eines Morgens mit einer Schrift
in der Hand in mein Stübchen, und sagte: er
habe seiner Pflicht gemäß nun alles ordentlich
aufsetzen lassen, was er an Lebensmitteln sowohl,
als an allen übrigen, wie ich es hier sehen würde,
übernommen habe. Der Betrag dafür solle mir
bei meiner Ankunft in London bei einem Heller
von der Admiralität ausgezahlt werden. Ich nahm
das Papier aus seiner Hand, ohne es durchzuse=
hen, und sagte: über diesen Gegenstand habe
ich Ihnen meine Meinung schon auf der Insel
entdeckt. Ich bin ein Mann von Wort. Sie
haben mich von meinem Elend errettet, und
für diese Wohlthat soll dieses (hier übergab
ich ihm die Specifikation wieder) meine Erkennt=

22

ßhkeit seyn; ich werde solche in stetem Angedenken behalten.

Mit Verwunderung sah er mich an, und wußte nicht, was er von mir denken sollte. Sie sind, hub er endlich an, mehr als großmüthig; ich danke recht herzlich für dieses Geschenk. Ihr edles Betragen soll mir und allen, die auf dem Schiffe sind, unvergeßlich bleiben. Mit diesen Worten verließ er mich.

Unterdessen seegelte das Schiff mit dem günstigsten Winde beständig fort; doch die übermäßige Hitze, die wir ausstehen mußten, und die Seeluft konnte mein Sohn nicht ertragen. Er wurde krank, und zwar so gefährlich, daß selbst der Schiffsarzt darüber besorgt war. Dieser gab sich wirklich alle nur erdenkliche Mühe, um das liebe Kind zu retten, und es gelang ihm endlich in so weit, daß er die Gefahr zwar abwendete, aber ihm doch zur vollständigen Gesundheit nicht verhelfen konnte. Die einzige Hoffnung, die mich noch tröstete, war, daß ich, sobald wir in London seyn würden, alle Mittel zu seiner Herstellung anwenden könnte, und nun wünschte ich mir, recht bald dort zu seyn.

Nach einigen Tagen bekamen wir starken Wind, und endlich Sturm. Wiewohl er unserer Fahrt nicht entgegen war, sondern dieselbe vielmehr beförderte: so war es uns dennoch nicht lieb, da wir befürchten mußten, daß, wenn er sich drehete, wir in unserer Fahrt gar sehr gehindert

werden würden. Er hielt auch länger an, als
wir dachten; und wir hatten dadurch das Unglück, unsern Steuermann einzubüßen, der von dem
Wind, ich weiß nicht wie, über Bord gerissen
ward und ertrank. Dieses Unglück betrübte den
guten Kapitain und alle, weil es nicht nur ein
verständiger, sondern auch ein durchaus guter
Mann war.

Wir erreichten endlich nach einer ununterbro-
chenen Fahrt von zwölf Wochen die englischen
Gewässer, und warfen zu Plymouth am 25sten
Octob. 1755 die Anker. Es war Abends gegen
4 Uhr, als ich mit meinem kranken Sohn und der
Tungi ans Land trat. Unwissend in allem, bat
ich den Kapitain Wilkes nochmals um seine
Freundschaft. Er merkte, daß ich wegen meiner
Koffer in Verlegenheit sey; er versprach mir aber
alles zu besorgen, ich möchte nur heute über Nacht
im Gasthof zur Sonne bleiben, und morgen mit
der Post nach London fahren. Er nannte mir auch
dort einen Gasthof, wohin er am folgenden Tage
alles mir Zugehörige abzuschicken, und dann mich
selbst zu besuchen versprach. Ich beurlaubte mich
also von den Officieren, und allen übrigen, und
bezog das erste Quartier in Europa wieder, nachdem ich über sechszehn Jahre aus diesem Welttheile entfernt war.

Die Nacht war für mich gar nicht ruhig.
Das beständige Lärmen, das in einem Gasthofe
nie aufhört, wo Fremde zu jeder Stunde ankom-

men und abgehen; das faſt zur Gewohnheit ge-
worbene Schwanken des Schiffes; die Besorgniß
über die Krankheit meines Sohns, und endlich
die Gedanken über mein gegenwärtiges Verhalten:
alles dieses hatte mich so beunruhigt, daß ich kein
Auge schließen konnte, und froh war, als der Tag
anbrach, wo ich sodann die Post nahm, und nach
London fuhr.

Das erste und nothwendigste war, einen ge-
schickten Arzt für meinen kranken Sohn rufen zu
laſſen. Er kam auch bald, und nachdem er alles
untersucht hatte, gab er mir Hoffnung zur Ge-
nesung, wozu die Jugend vieles beitragen könne.
Er verordnete Mittel, und verließ mich. Doch
bat ich ihn, daß er täglich, und wenn er es für
nöthig hielte, so oft kommen sollte, als es
die Umstände zu erfordern schienen; und übrigens
alles anzuwenden, was nur immer nützlich seyn
könne.

Sein Versprechen gab meinem Herzen Trost,
befriedigte es aber doch nicht ganz. Unterdessen
kamen meine Koffers an, und ich hatte das Vergnügen, Herrn Wilkes zu empfangen. Ich bat
ihn, mir zu sagen, was ich für Fracht, und
alles übrige zu entrichten hätte. Allein, er bat
mich, davon zu schweigen; er wäre ja selbst mein
Schuldner. Was wollte ich machen? ich gab zum
Scheine nach, nahm mir aber vor, es auf eine
andere angenehme Art zu ersetzen. Er mußte mit
mir zu Mittag speisen, das er mir zwar zusagte,

jedoch müsse er noch vorher in das Admiralitäts-Haus, um seine Ankunft zu melden; bei welcher Gelegenheit, fuhr er fort, ich auch zugleich von Ihnen sprechen werde. Ich fragte, ob dies nothwendig sey; allerdings sagte er; ich muß, und es ist meine Pflicht, ich muß mich über alles ausweisen, und Sie selbst werden vor der Admiralität zu erscheinen haben, deßwegen muß ich Sie auch ersuchen, gedachte Specification zu sich zu nehmen, und dann vorzuweisen, solche wird an der Stelle bezahlt; alsdann aber können Sie damit machen, was sie wollen. Wenn es so ist, sagte ich, so bin ich zufrieden, nahm die Specification, und versprach, mich seinem Gutdünken in allem zu unterziehen. Er verließ mich, und kam erst nach Verlauf von vier Stunden zurück.

Gleich beim Eintritt sagte er mir mit freudigen Mienen: „Ich habe alles glücklich zu Stande gebracht. Meine Ausweisungen sind gutgeheißen, nur muß ich Sie bitten, Morgen Vormittag mit mir bei der Admiralität zu erscheinen, wo Sie Ihr Schicksal zu erzählen haben werden." Gut, antwortete ich, das will ich gerne thun. Wir speißten zusammen, und waren so fröhlich, als es unsere Umstände gestatteten. Jetzt fragte ich ihn, ob er verheirathet sey? Ja, sagte er, erst seit zwei Jahren, ich logire in der nämlichen Gasse, und es sind nur fünf Häuser zwischen mir und Ihnen. Ich werde die Ehre haben, Sie, wenn wir von der Admiralität zurückkommen, bei einem kleinen Mittagmahl zu bedienen, und Ihnen zugleich meine Gemahlinn aufzuführen. Ich sagte es ihm auch mit vieler Zufriedenheit zu. Endlich brach der Abend ein, und wir schieden.

Ich war von dem lieblichen Wesen dieses Mannes so eingenommen, daß ich mein Herz mit ihm theilen wollte. Ich gieng auch auf der Stelle, und suchte ein Geschenk für seine Gemahlinn. Dies bestand in fünf Reihen schönen großen Perlen, einem Paar Ohrgehängen von Brillanten mit Perlen, und zwey kleinen Ringen von Brillanten. Mit diesen Stücken wollte ich die Fracht bezahlen, die er mir so großmüthig bezahlen zu lassen, verweigert hat. Ich machte alles in ein Paket zusammen, und ließ es bei der Specification liegen, die ich Morgen mit nehmen mußte.

Schon um 9 Uhr des Morgens hörte ich einen Wagen vorfahren, und sah Herrn Wilkes aussteigen. Ich nahm alles zu mir, und wir erschienen endlich vor der Admiralität. Voll Erstaunen einen kaiserlichen Unterthan und Soldaten, den so viele und außerordentliche Schicksale bis in einen unbekannten Winkel der Welt verfolgt hatten, zu sehen, boten sie mir, ihre Würde vergessend, einen Sitz an, um alles erzählen zu können, was mich betroffen habe. Mitleid und Entsetzen stand während meiner Rede auf ihren Gesichtern, aber die größte Verwunderung äußerten sie alle zugleich, da ich von der Wuth und Tapferkeit meiner Hunde zu sprechen kam.

Alle fragten mich, wo sie hingekommen wären? Ich habe sie alle fünf bei mir, und weiß nicht, was ich damit machen soll. Es wäre Schade, wenn sie in keine gute Hände kämen; denn ihres Gleichen sind keine, und überdies sind drey Hündinnen trächtig. Auf diese Worte stand alles auf. Zwei Lords liefen auf mich zu, und fragten, was ich verlange. Gar nichts, gab ich zur Antwort, nur um die Gnade bäte ich, solche anzunehmen, und mich je eher, je lieber davon zu befreien. Hierauf mußte ich mein Quartier melden, und den folgenden Tag waren sie auch alle aus dem Hause.

Nun mußte ich meine Forderung vorzeigen, die mir dann einer unterzeichnete, und mit den Worten wieder zustellte: Haben Sie die Güte, sich den Betrag nach Ihrem Belieben auszahlen zu lassen. Nachdem sie mir noch eine Menge über den Besitz der Insel gesagt hatten, wurde ich mit allen Ehren von diesem erlauchten Staatskörper beurlaubt, und wir fuhren vergnügt in Wilkes Haus zum Mittagmahl.

Schon beim Eintritt in dessen Haus, da wir zur Treppe kamen, trafen wir eine junge sehr schöne Frau; hier, sagte er, habe ich das Vergnügen, Ihnen meine Frau vorzustellen. Ich machte ihr Complimente und sagte ihr viel Schönes. — Doch zum Unglück verstand sie nicht deutsch, und ich nicht englisch. — Wir setzten uns endlich zu Tische; ich überreichte ihm aber noch vorher die Schrift mit den Worten: Sie wissen

nun, was damit zu thun ist! und damit was alles
geendet. Man bediente mich mit allem Vorzug,
und ich aß mit Vergnügen, was mir diese schöne
Engländerinn vorlegte.

Endlich schien es mir Zeit zu seyn, weil sie
sich so gar viel mit mir zu schaffen machte, mit
dem Geschenke heraus zu rücken. Ich sah, daß
sie keinen andern Ring, als den Trauring am
Finger hatte, ob sie gleich übrigens ganz nett und
zierlich angekleidet war, aber von einem weitern
Schmuck erblickte ich nichts. Ich machte mir
dann in dieser Absicht mit ihrer Hand etwas zu
thun, und steckte ihr in der Geschwindigkeit einen der
zwei Ringe an den Finger. Roth wie Scharlach
färbte sich ihr Gesicht bei Erblickung des Glanzes,
den die Brillanten ihr in die Augen warfen, was
bei sie unter vielen Worten bald mich, bald ihren
Gemahl, gleich aber wieder den Ring ansah. Das
Vergnügen und die Freude blitzte ihr aus den
Augen. Da ich sie über diese Wenigkeit so entzückt sah, so konnte ich mir die Zufriedenheit nicht
länger versagen, und zog das ganze Paket aus der
Tasche. Schon funkelten ihre Augen der Entwicklung des Papiers entgegen, aber wie versteis
nert und ohne Bewegung blieben sie, da ich alles
auf dem Tisch auskramte. Wie zwei leblose Sta-
tuen saßen beide. Sie wollten und konnten doch
nicht sprechen, und nur einzelne abgebrochene halbe Worte waren alles, was sie vorbrachten. Ich
stand nun von meinem Size auf, und war ver-

wegen genug, ihre einfachen ordinären Ohrgehänge
auszulösen, und die brillantenen an deren Statt
einzuhängen. Die Perlen aber und den zweiten
Ring legte ich vor ihr hin, und sagte: das hätte
ich ihr für die Gefälligkeiten ihres Gemahls, so
er mir erwiesen hatte, bestimmt. Beide drückten
mir herzlich die Hände, doch der Druck der schönen Dankenden allein gieng mir zu Herzen.

Diese freudige Szene wurde mir bei meiner
Nachhausekunft durch das Kränkerwerden meines
geliebten Sohnes verbittert. Alle Hoffnung, die
ich anfänglich geschöpft hatte, verschwand, und ich
sah voraus, daß ich ihn einbüßen werde.

Nun lag mir noch das viele Gold und Sil-
berzeug, wie auch die Edelgesteine am Herzen,
dessen allen ich gerne los seyn wollte. Ich ließ
daher eines Tages durch Herrn Wilkes einen Juwelier zu mir bestellen, und zeigte ihm den Plunder. Wie große Augen aber machte dieser, als er
alle die Schönheiten in einem so kleinem Raume
beisammen sah! Ich überließ ihm alles um
650,000 Gulden, die er mir auch am dritten
Tage baar zustellte.

Die Beutgürtel hatte ich seit Candien nicht
eröffnet; ich gieng bei dieser Gelegenheit auch
darüber. Wie erstaunte ich aber, da ich von den
40,000 Gulden Banknoten nur noch zerriebene
Papierstückchen fand; ich kümmerte mich aber
wenig um diesen Verlust, und dachte: ist die Ei-
genthümerin hin, so brauch ich euch auch nicht;

der Himmel hat mir diesen Schaden schon ersetzt. Doch die Juwelen machte ich zu Gelde, die Ringe ausgenommen, die ihre Hand geziert hatten, und löste noch 25,000 Gulden daraus. Ich fand nun, daß mein baares Vermögen sich über 730,000 Gulden belief. Diese Summe baar mit mir zu schleppen, wäre Thorheit gewesen. Ich gieng daher zu den Wechslern Grawfort und Comp. und nahm Wechselbriefe auf Wien an den Banq. Riesch.

So reich ich nun auch war, konnte ich doch das Leben meines Sohnes nicht erkaufen, den ich leider am Weihnachtsfeiertag verlor. Ein Blut= sturz raubte mir ihn; und mit ihm war auch der letzte Funke meiner angebeteten Elise verloschen. Traurig über diesen Todesfall, schloß ich mich et= liche Tage ein, und hieng meiner Wehmuth nach.

Als ich an einem Nachmittag tiefsinnig mei= nem Schicksal nachdachte, kam ein sauber gekleide= ter Mann mit aller Höflichkeit in mein Zimmer, und bat mich auf deutsch um die Hand meiner Tungi. Ich machte große Augen, und wußte nicht, was ich denken sollte. Ich fragte ihn, woher er sie kenne? Er sagte, er wäre Steinschneider bei dem Juwelier, der von mir gekauft hätte, bei wel= cher Gelegenheit er sie gesprochen, und sich in sie verliebt hätte. Ich rufte sie und fragte, ob sie diesen Herrn kenne? Ganz schüchtern sagte sie, ja. Ob sie ihn heirathen wolle? Wenn ich es erlaubte, war ihre Antwort. Ich erlaube dir es allerdings, und will dir keineswegs hinderlich seyn. Du bist

ein gutes Mädchen, warum soll ich dein Glück nicht
machen? Was sind Sie für ein Landsmann? Ich
bin aus Wien gebürtig. Sind Sie katholisch? Ja!
Nun gut! bringen Sie mir morgen ein Zeugniß
Ihres Wohlverhaltens, und zugleich einen Mann
zum Zeugen, so will ich euer Glück zu machen suchen. Er küßte mir die Hand und gieng.

Jetzt nahm ich Tungi vor. Sie gestand mir
ihre Liebe zu diesem Menschen, mit der ihr eigenen
Aufrichtigkeit. Sieh! ich schenke dir 10,000 Gulden Heirathsgut, du hast es bei mir verdient, wegen deiner Treue und Redlichkeit. Sey wirths-
schaftlich, und lebe, wie es einem ehrbaren Weibe
zusteht. Sie versprach mir alles.

Den Morgen darauf kam der Juwelier selbst,
noch ein anderer Mann, und auch der Liebhaber.
Schriftlich und mündlich gaben sie ihm das beste
Zeugniß sowohl über seine Aufführung, als die Geschicklichkeit in seiner Kunst. Dies ist mir genug,
sagte ich, wenn Sie das bezeugen. Ja, erwiedern
beide, das können wir. Gut, war meine Antwort, bringen Sie mir einen katholischen Priester,
der sie verbinde, so will ich es auf der Stelle beschließen. Ich gebe ihr 10,000 Gulden zu ihrem
Anfang, und dies wird beiden helfen. O Gott!
ja freilich! riefen beide. Der Bräutigam gieng,
und in einer halben Stunde waren sie verbunden. Ich gab ihnen das Geld und wünschte
ihnen alles mögliche Glück. Tungi konnte sich
nicht von meinen Händen losmachen, die sie uns

zähligemal küßte. Sie giengen endlich, und nun war ich ganz allein.

Nichts fehlte mir nun zur Abreise, als mein Zeugniß von der Admiralität. Ich gieng zu Wilkes, und entdeckte ihm mein Anliegen. Sogleich eilte er dahin. Es war auch schon in der Kanzlei ausgefertiget. Er brachte mir es, und bei dieser Gelegenheit sagte ich ihm, daß ich morgen abreisen wolle. Wir beurlaubten uns unter wiederholten Danksagungen von einer und der andern Seite und schieden unter Vergießung zärtlicher Thränen von einander.

Mit Anbruch des Tages setzte ich mich am 12ten März 1756 auf die Post, und eilte der Ueberfahrt über den Kanal zu. Sobald ich über demselben war, reißte ich glücklich bis Paris, hielt mich drei Tage auf, nahm mir einen Wagen, und gieng bis Straßburg und von da fort bis Wien. Hier blieb ich wieder nur drey Tage, und eilte sodann meiner Vaterstadt Linz zu, die ich aber fast nicht mehr kannte. Ich quartierte mich im Gasthof zum rothen Krebs ein, erkundigte mich nach einem und dem andern; — die Antwort war immer: er ist todt! Diese ist gestorben! u. s. w. Endlich fragte ich, ist denn die Webermeisterin Elisabeth Peyerin auch gestorben? Ja wohl, hieß es, schon vor zehen Jahren! Gott tröste sie, sagte ich. Aber sie hat ja eine Tochter gehabt, die Clara hieß. — Diese lebt noch, und hat ebenfalls einen Weber, es geht ihnen aber nicht gar zu gut. Sie wohnt in dem Hauſe, wo ihre Mutter wohnte. — Nun, fragte ich, wo denn der Sohn hingekommen ſeyn müſſe, der zu ſeinem Vetter nach Wien reißte, und deſſen Vermögen geerbt hat? O, ſagte ein neben mir ſitzender Mann, dies war ein luſtiger Bube; wie ich mich entſinne, ſo iſt er Soldat geworden, und im Türkenkrieg geblieben. Dieſes hat mir ſeine Mutter ſelbſt geſagt.

Ich ſchwieg eine Weile ſtill, und ſagte endlich: es kann doch ſeyn, daß er noch lebt. Nein, wies derholte dieſer, ich kann Sie verſichern, er iſt gewiß todt. Nu, ſagte ich, weil er denn todt iſt, ſo will ich demungeachtet ſeine Geſundheit trinken! Ich trank, ſetzte das Glas auf den Tiſch und ſagte, daß gar viele für todt ausgegeben werden, die doch leben. In dem Gewühle der Schlacht, beſonders wenn ſie verloren wird, muß man immer glauben, der oder jener ſey todt, ob er ſchon inzwiſchen gefangen weit verſchleppt wird. Ich, ſehen Sie, meine Herren! ich bin der Georg Peyer, der für todt gehalten, aber nur gefangen worden iſt. Sie erſtaunten, hießen mich willkommen und tranken meine Geſundheit. Ich dankte ganz höflich, und begab mich endlich in das Urfahr, wo meine Schweſter verheirathet war. Ich trat in die Stube und ſah einen Mann am Weberſtuhl ſitzen, und ein Mädchen an ſeiner Seite, die ſpulte. Wie geht es Meiſter, giebt es brav Arbeit? wo iſt die Frau Clara? Sie iſt erſt ausgegangen, antwortete er, wird aber bald zurückkommen. Ich sprach mit ihm von verschiedenen Dingen; allein Klagen über böse Zeiten und Mangel an Geld war es, was ich, so wie überall, auch da hörte.

Unterdessen kam meine Schwester, ich erkannte sie gleich, sie grüßte mich — aber mein Herz konnte sich nicht länger verstellen. Ich gieng auf sie zu, nahm sie bei der Hand, nun schrie sie: Das ist mein Bruder Georg! Ja, sagte ich, liebe Clara, der bin ich, sie fiel mir um den Hals, und wir weinten beide, wie die Kinder.

Ich hieß sie nun ruhig seyn, und sagte: Freuet euch mit mir, Gott hat mich geschickt, und durch tausend Widerwärtigkeiten erhalten, um euch zu helfen, euch glücklich zu machen. Ich schenke euch zehntausend Gulden, kauft euch dieses Haus, oder welches ihr wollt, ich habe kein Weib, keine Kinder, und ihr oder eure Kinder sollen meine Erben seyn.

Ich gieng nun eine Weile um die Stadt spazieren, um mich von dem rührenden Auftritt etwas zu erholen, und kehrte im Wirthshaus zum Bock ein. Der Wirth war ein beredter rechtschaffener Mann, und hieß Ployer. Ich wußte, daß er Bekanntschaft mit vielen Wirthschafts-Pflegern hatte, und sagte ihm, daß ich eine Wirthschaft in der Nähe kaufen wolle, die aber in einer angenehmen Gegend, nicht weit von Linz, und übrigens mit einem schönen Baumgarten versehen seyn müsse. Er betrachtete mich eine gute Weile, schlug dann

auf den Tisch: Sapperment! sagte er; just recht,
ich weiß einen solchen! Das wäre mir lieb, antwortete ich. — Aber, dazu müßte gleich getrach-
tet werden, sagte er, denn der Hof ist gut, hat
alles, was Sie wünschen, und ist eben nicht zu
theuer, für das, was er ist. Ich fragte nun,
wie hoch er wohl gehalten werde? Wie ich ihn
kenne, antwortete er, so wird er beiläufig sieben
bis achttausend Gulden zu stehen kommen. Ich bezeigte ihm meine Zufriedenheit über den Preiß, und
nun sagte er: Wissen Sie was, wir fahren Morgen dahin, ich lasse einspannen; Kremsmünster ist
nicht weit, gefällt Ihnen der Hof, so können Sie
darauf handeln; wo nicht, so ist es auch recht.
Ich reichte ihm die Hand, und dabey blieb es.

Schon um 4 Uhr des Morgens war alles bereit. Wir kamen bald dahin, und bis Mittag
hatte ich schon alles gesehen, nach meinem Geschmack
gefunden, und ihn zu kaufen beschlossen. Wir
speißten mit dem Verkäufer, und nach dem Mittagmahl ward der Kauf angestoßen, wir handelten
einige Male hin und wieder, was ich ohnehin nur
auf den Schein that; ich schlug endlich ein, und
der Kauf für Achttausend Gulden ward geschlossen.
Ich zahlte auf der Stelle zweitausend Gulden daran, und beschied ihn auf Morgen nach Linz, wo
ich ihm den Rest bei einem Heller auszahlte.

Sobald alles in Richtigkeit gesetzt war, hatte
ich weder Ruhe noch Rast, bis ich in meinem Eigenthum war. Damit ich aber nicht ganz allein

seyn dürfte, so nahm ich meiner Schwester Sohn,
einen Knaben von zwölf Jahren zu mir, der ein
recht sauberer Bube war, ließ ihn studiren, und in
verschiedenen Wissenschaften unterrichten.

Ich lebe nun nach so vielen erlittenen Ungemach
ruhig, und sehne mich nach jenem Augenblick, wo
mich der Tod mit Elisen vereinigen wird.

Nachschrift:

Dieser gewünschte Augenblick erschien erst spät,
und in einem Alter von ungefähr 70 Jahren ent-
schlummerte er sanft zu einem bessern Leben.

Der Herausgeber.

Lightning Source UK Ltd.
Milton Keynes UK
UKHW032031100921
390308UK00008B/1680